LA JUSTICE AU CONGO : BILAN STATUTAIRE SOIXANTENAIRE

L'autorité judiciaire
Le service public de la justice
Le pouvoir judiciaire

Collection « Études africaines »
dirigée par Denis Pryen et son équipe

Forte de plus de mille titres publiés à ce jour, la collection « Études africaines » fait peau neuve. Elle présentera toujours les essais généraux qui ont fait son succès, mais se déclinera désormais également par séries thématiques : droit, économie, politique, sociologie, etc.

Dernières parutions

Charles ZAGOH, *Le franc CFA : une monnaie en débat,* 2024.
Balla CISSÉ, *Le mirage de la IVe République du Mali. 22 juillet 2023-6 juillet 2024*, 2024.
Ernest-Marie MBONDA, *Pouvoir, droits et justice en Afrique, Essais de philosophie politique appliquée*, 2024.
Jean-Alexis MFOUTOU, *Stigmatisation et discrimination au Congo-Brazzaville. L'homme devient étranger à l'homme*, 2024.
Jean OTEMIKONGO MANDEFU YAHISULE (dir.), *Gouverner l'État en temps de crise, Survivre à la mort programmée de l'État congolais*, 2024.
Joachim E. GOMA-THETHET, *Les cols bleus de Pointe-Noire. La révolution congolaise au bout de la chanson (1965-1972)*, 2024.
Stéphane NGWANZA, Rodrigue TASSE (dir.), *La francophonie dans les relations internationales contemporaines. Un instrument de projection de l'Afrique dans un monde multipolaire*, 2024.
Sidiki KABA, *Modélisation de la mortalité des enfants de moins de 5 ans en guinée, Apport des modèles multiniveaux et des méthodes de décomposition*, 2024.
Konin AKA, *Le patrimoine musical traditionnel et son rôle dans la société ivoirienne. Tome 2*, 2024.
Konin AKA, *Les instruments et genres musicaux traditionnels en Côte d'Ivoire. Tome 1*, 2024.

Auguste Iloki
Valencia Engamba Iloki
Raïssa Kartelle Iloki

LA JUSTICE AU CONGO : BILAN STATUTAIRE SOIXANTENAIRE

L'autorité judiciaire
Le service public de la justice
Le pouvoir judiciaire

Avec la collaboration de Mireille Iloki Gondo

L'Harmattan

Du même auteur Auguste Iloki

1. *Le droit du licenciement au Congo,* édition, L'Harmattan, 2000, collection « Logiques juridiques ».

2. *Le recours pour excès de pouvoir au Congo,* 1ère édition, L'Harmattan, 2002, collection « Études africaines ».

3. *Le droit du divorce au Congo,* L'Harmattan, 2004, collection « Études africaines ».

4. *Le droit des successions au Congo,* tome 1, L'Harmattan, 2006, collection « Études africaines ».

5. *Le droit des successions au Congo,* tome 2, L'Harmattan, 2006, collection « Études africaines ».

6. *Le droit du mariage au Congo,* L'Harmattan, 2008, collection « Études africaines ».

7. *Le droit des parcelles de terrain au Congo,* tome 1, L'Harmattan, 2010, collection « Études africaines ».

8. *Le droit des parcelles de terrain au Congo,* tome 2, L'Harmattan, 2012, collection « Études africaines ».

9. *Le droit des parcelles de terrain au Congo,* tome 3, L'Harmattan, 2014, collection « Études africaines ».

10. *La justice au Congo, bilan global soixantenaire, la genèse et l'évolution de la justice de droit commun,* L'Harmattan, 2023, collection « Etudes africaines », série droit.

De la même auteure Valencia Iloki Engamba

1. *Au tribunal de Wamy,* tome 1, Les éditions du Panthéon, 2020.

2. *Une industrie pour la justice congolaise,* Éditions Mabiki, Kinshasa-Bruxelles-Wabre, 2021.

3. *La justice au Congo, bilan global soixantenaire, la genèse et l'évolution de la justice de droit commun* (coauteure), L'Harmattan, 2023, collection « Etudes africaines » série droit.

De la même coauteure Raïssa Kartelle Iloki

La justice au Congo, bilan global soixantenaire, la genèse et l'évolution de la justice de droit commun (coauteure), L'Harmattan, 2023, collection « Etudes africaines », série droit.

5-7, rue de l'École-Polytechnique ; 75005 Paris

http://www.editions-harmattan.fr

ISBN : 978-2-336-50676-0

EAN : 9782336506760

Nos hommages à :

- Emmanuel Iloki, père et grand-père ;
- Nianguengue Engondzo, mère et grand-mère.

Nos compliments à :

- Mireille Iloki Gondo dont l'expertise dans la mise en forme des livres, sur la base des « Conseils pratiques aux auteurs pour l'élaboration d'un prêt-à-clicher » des Editions L'Harmattan, est avérée depuis 2000 avec le premier livre « Le droit du licenciement au Congo, 432 pages », s'est poursuivie jusqu'à se consolider, actuellement, avec la présente publication.
- Nos enfants auxquels nous vouons un amour inconditionnel.

Toute notre gratitude aux relecteurs :

- Francis Akiene Mayoke ;
- Dietrich Roddy Siki Ngambe.

AVANT-PROPOS

Il était prévu, dans le livre « La justice au Congo : bilan global soixantenaire, la genèse et l'évolution de la justice de droit commun » (L'Harmattan, 2023, collection « Etudes africaines, série droit), des auteurs Auguste Iloki, Valencia Engamba Iloki et Raïssa Kartelle Iloki, l'analyse consacrée au bilan d'ensemble de la justice de droit commun, spécialement, en ce qui avait trait à sa genèse et à son évolution pendant les soixante trois années d'indépendance de la République du Congo. Il s'agissait, donc, d'une étude effectuée dans un contexte plus général d'évaluation de la situation de la justice incluant plusieurs aspects afin de présenter une vue d'ensemble du système judiciaire.

Cette approche estimée salutaire par les auteurs leur permet, à présent, d'envisager l'analyse exhaustive d'un domaine particulier, celui du statut de la justice, dont la spécificité l'inscrit dans un débat profond, largement ouvert, toujours actuel, animé et émouvant, qui secoue les juristes, notamment les professionnels du droit (magistrats, avocats, notaires, huissiers de justice). La recherche du statut de la justice, en tant qu'élément typique ne pouvant être, singulièrement, examiné lors des précédents travaux sus rappelés en raison de la complexité de sa composition résulte, en effet, au fil des décennies, des réformes qui constituaient des réponses estimées précises et adaptées aux changements sociaux, politiques et économiques ayant affecté le système judiciaire.

Quelle que soit la nature du statut de la justice à l'époque considérée, l'élaboration de la législation sur le système judiciaire impacte les conditions d'exercice des activités juridictionnelles par les magistrats. Rendant la justice au nom du peuple congolais, ceux-ci ont, donc, besoin d'y procéder en disposant de la garantie de leur indépendance. Cependant, celle-ci ne peut être entrevue qu'au regard de l'autorité reconnue à l'institution judiciaire au travers de la place qui lui est réservée dans les différentes Constitutions adoptées depuis l'indépendance de la République du Congo, en 1960, jusqu'en 2024, année au cours de laquelle est rédigée le présent ouvrage.

Considérée comme « Autorité judiciaire », « Service public » ou « Pouvoir judiciaire », la justice congolaise présente quelques caractéristiques susceptibles de manifester plus ou moins l'indépendance requise pour assurer la protection des droits et la sauvegarde des libertés dans une société démocratique.

Les réformes du système judiciaire entreprises pendant les périodes marquantes de son histoire révèlent, ainsi, son triple statut d'autorité judiciaire, de service public de la justice et de pouvoir judiciaire, au travers des périodes bien déterminées, au regard des normes qui définissent les institutions de l'Etat congolais et organisent leurs rapports.

INTRODUCTION

L'organisation judiciaire congolaise était, dès l'accession du pays à l'indépendance, inspirée par la première Constitution de la République du Congo (L. n° 22-61 du 2 mars 1961 portant adoption de la Constitution de la République du Congo, JORC, 4 mars 1961, p. 2).

La justice apparaissait, dans cette Constitution, dans deux titres évocateurs de son existence : le titre 6 intitulé « De la Cour suprême » et le titre 7 qui était réservé à « l'autorité judiciaire » (cf., sur l'apparition de l'autorité judiciaire en 1963, Auguste Iloki, Valencia Engamba Iloki, Raïssa Kartelle Iloki, « La justice au Congo : bilan global soixantenaire, la genèse et l'évolution de la justice de droit commun », L'Harmattan 2023, éd. Etudes africaines, chap. 2, la Constitution du 8 décembre 1963, sp. Sect. 1, l'autorité judiciaire en 1963, n° 145, p. 105 et n° 146, p. 106).

Ce fractionnement des titres 6 et 7 de la Constitution liés à la justice, de libellés différents, régissant une même institution, manifestait, sans conteste, la constitutionnalisation de l'institution judiciaire. Il ne trouvait aucune justification dès lors que les matières traitées au titre consacré à l'autorité judiciaire (la reddition de la justice au nom du peuple congolais, la soumission des juges à l'autorité de la loi dans l'exercice de leurs fonctions, la garantie de l'indépendance de l'autorité judiciaire par le président de la République assisté par le Conseil supérieur de la magistrature, la nomination des magistrats du siège, l'inamovibilité des magistrats) incluaient les éléments impliquant la Cour suprême, en tant que juridiction nationale, au même titre que les autres juridictions instituées par la loi n° 6-61 du 11 janvier 1961 fixant l'organisation judiciaire (la cour de cassation, la cour d'appel, la cour criminelle, les tribunaux de grande instance, les tribunaux d'instance, les tribunaux du travail).

Bien évidemment, la Constitution du 2 mars 1961 instituait, non plus la cour de cassation mais la cour suprême qui se substituait à celle-là. Cependant, la cour suprême n'ayant été installée qu'en 1962, ses fonctions furent confiées, auparavant, à une commission extraordinaire composée du président de la cour d'appel, qui en assurait la présidence, et des membres comprenant le président du tribunal de grande instance de Brazzaville, le président du tribunal de grande instance de Pointe-Noire, le président du tribunal administratif et un avocat-défenseur.

Les travaux de secrétariat de ladite commission étaient assurés par un magistrat dont la désignation incombait au garde des Sceaux, ministre de la Justice.

La prévision, dans la Constitution, des titres différents régissant le statut constitutionnel de la justice ne semble, pourtant, pas procéder d'une idée d'exclusion de la Cour suprême de l'expression « autorité judiciaire » intégrative de toutes les juridictions qui rendent la justice pour faire prévaloir l'harmonie dans la société.

Le vocable « autorité judiciaire » avait sa source dans la Constitution française du 4 octobre 1958 dont le titre 8 lui était consacré.

La référence de la Constitution congolaise de 1961 (L. n° 22-61 du 2 mars 1961 portant adoption de la Constitution de la République du Congo) à l'autorité judiciaire inscrite dans la Constitution française de 1958 est, à ce sujet, évidente au regard des dispositions de l'article 64 de la première Constitution qui sont reprises à l'article 60 alinéa 2 de la seconde, dans les mêmes termes, s'agissant de la garantie d'indépendance de l'autorité judiciaire par le président de la République assisté à cet égard par le Conseil supérieur de la magistrature. Par suite des considérations politiques ayant affecté la justice, l'autorité judiciaire fut éclipsée au profit du « service public de la justice ».

Alors que l'expression « autorité judiciaire » demeure telle qu'elle a été conçue depuis ses origines dans la législation française, elle a été supplantée, en République du Congo, en 1991, par le nouveau vocable « pouvoir judiciaire ».

Il convient de rechercher les éléments justificatifs du statut constitutionnel qui se rattachent à l'autorité judiciaire (première partie), au service public de la justice (deuxième partie) et d'autres qui, plutôt, se rapportent au pouvoir judiciaire (troisième partie) pour mieux cerner leurs régimes juridiques respectifs révélateurs de la place de la justice parmi les autres institutions, suivant les périodes considérées afin de mieux évaluer l'impact des réformes opérées sur la justice pendant six décennies et quatre années, autrement dit de 1960 à 2024.

ABRÉVIATIONS ET SIGLES

Add.	: additif
AJ	: auditeur de justice
Al.	: alinéa
All.	: allocution
Arr.	: arrêté
Art.	: article
A. r.	: avis de réunion
Att.	: attestation
Bzv	: Brazzaville
CA	: cour d'appel
CAB	: cabinet
CCDB	: cour des comptes et de discipline budgétaire
CE	: conseil d'Etat
CCF	: centre culturel français
CCM	: chambre correctionnelle pour mineurs
Cf	: confer (voir, se reporter à)
Chap.	: chapitre
CFJ	: centre de formation judiciaire
CM	: conseil des ministres
CNEJ	: centre national d'études judiciaires
Coll.	: collection
Conv. ann.	: convention annexe
CS	: cour suprême
CSC	: confédération syndicale congolaise
CSM	: conseil supérieur de la magistrature
Déc.	: décision
Décr.	: décret
ENM	: école nationale de la magistrature
ENAM	: école nationale d'administration et de magistrature
Éd.	: édition
GDSMJ	: garde des Sceaux, ministre de la Justice
GDSMJDH	: garde des Sceaux, ministre de la Justice et des Droits humains
GDSMJDHPPA	: garde des Sceaux, ministre de la

	Justice, des Droits humains et de la Promotion des Peuples autochtones
Infra	: plus loin dans le texte, ci-dessous
IGJSJ	: Inspection générale des juridictions et des services judiciaires
IHEOM	: institut des hautes études d'Outre-mer
ISM	: institut supérieur de la magistrature
JORF	: journal officiel de la République française
JORC	: journal officiel de la République du Congo
JORPC	: journal officiel de la République populaire du Congo
L.	: loi
LC	: loi constitutionnelle
LDB	: les Dépêches de Brazzaville
LSA	: la Semaine Africaine
M.	: monsieur
MM.	: messieurs
MESRS	: ministère de l'Enseignement supérieur et de la Recherche scientifique
MJ	: ministère de la Justice
MJT	: ministère de la Justice et du Travail
MJDH	: ministère de la Justice et des Droits humains
N°	: numéro
OFNACOM	: office national du commerce
Ord.	: ordonnance
P.	: page
Parag.	: paragraphe
P.A	: protocole d'accord
PCT	: parti congolais du Travail
PN	: Pointe-Noire
PND	: plan national de développement
PP.	: pages
PSP	: poste de sécurité publique
PTT	: postes, télégraphes et téléphones
RM	: répertoire des magistrats
RSS	: revue de sciences sociales
Sect.	: section

Sp.	: spécialement
Supra	: ci-dessus
TA	: tribunal administratif
TC	: tribunal de commerce
TG	: total général
TGI	: tribunal de grande instance
TI	: tribunal d'instance
TPC	: tribunaux populaires de commune
TPCB	: tribunal populaire de commune de Brazzaville
TPR	: tribunal populaire de Région
TPRC	: tribunal populaire de région de la Cuvette
TPRK	: tribunal populaire de région du Kouilou
TT	: tribunal du travail
TE	: tribunal pour enfants
TPQ	: tribunal populaire de quartier
TPVC	: tribunal populaire de village centre
TPVCQ	: tribunal populaire de village centre ou de quartier
UJSC	: Union de la jeunesse socialiste congolaise
UMNG	: université Marien Ngouabi
UPADS	: union panafricaine pour la démocratie sociale
URFC	: union révolutionnaire des femmes du Congo

SOMMAIRE

PREMIERE PARTIE

L'AUTORITE JUDICIAIRE DE 1961 A 1979

Se référant au droit positif de la France métropolitaine, qui instituait l'Autorité judiciaire consacrée, pour la première fois, au titre 8 de la Constitution du 4 octobre 1958, le constituant congolais qualifiait, moins d'une année après l'acquisition de l'indépendance de la République du Congo, au titre 7 de la Constitution du 2 mars 1961, la justice comme étant, également, une « autorité judiciaire ».

En ne reconnaissant pas, expressément, le « pouvoir judiciaire », mais préférant l'Autorité judiciaire, ce choix pouvait être compris comme l'expression de la volonté des autorités de reléguer la fonction judiciaire au rang inférieur par rapport à celui des autres pouvoirs d'Etat, à savoir le pouvoir législatif et le pouvoir exécutif.

Aussi, le statut constitutionnel de la justice, en tant qu'« autorité judiciaire » de 1961 à 1968, se révélait-il au travers des Constitutions du 2 mars 1961, du 8 décembre 1963 et de l'Acte fondamental du 5 août 1968.

La doctrine affirme, cependant et récemment, que « C'était avec la Constitution du 24 juin 1973 que la justice fut reconsidérée au sein des institutions constitutionnelles, non plus avec la même dénomination d'autorité judiciaire, mais de « juridictions nationales » au titre 9 qui lui fut, ainsi, consacré pour la première fois afin de mieux rendre compte de sa place, réellement, reconnue » (Auguste Iloki, Valencia Engamba Iloki, Raïssa Kartelle Iloki, « La justice au Congo, bilan global soixantenaire, la genèse et l'évolution de la justice de droit commun », deuxième partie, la justice de 1963 à 1983, titre 2, le système judiciaire de 1969 à 1979, chap. 2, les réformes en 1973 et 1979, sp., section 1, le rejet de l'autorité judiciaire, Editions L'Harmattan, p. 119).

L'article 60, alinéa 2, de la Constitution du 2 mars 1961 conférait au président de la République le rôle de garant de l'autorité judiciaire, assisté par le Conseil supérieur de la magistrature dont l'organisation et le fonctionnement relevaient de la loi (art. 61 de la Constitution précitée). L'article premier de la loi n° 5-62 du 20 janvier 1962 sur l'organisation et le fonctionnement du Conseil supérieur de la magistrature attribuait au président de la République la présidence de cet organe.

Elu au suffrage universel direct (art. 7, al. premier de la Constitution susdite), le président de la République était chargé de veiller au respect de la Constitution et d'assurer la continuité de l'Etat (art. 6, al. 3 de la même Constitution). Il déterminait et conduisait la politique de la nation (art. 8 de cette Constitution). Détenteur exclusif du pouvoir exclusif, il était Chef du Gouvernement (art. 9, al. premier de ladite Constitution).

Revêtu de ces qualités qui faisaient de lui une sorte d'arbitre, il paraissait, par conséquent, normal de confier au président de la République le rôle de garant de l'indépendance de l'autorité judiciaire qu'il exerçait avec l'assistance du Conseil supérieur de la magistrature dont l'autonomie ne paraissait pas acquise. Or l'indépendance de l'autorité judiciaire était concevable s'il était procédé à la nomination des magistrats par un organe indépendant du pouvoir exécutif et du pouvoir législatif. Ce qui ne fut pas le cas pendant une longue période.

Il convient, en effet, pour s'en convaincre, de présenter les modalités de nomination des magistrats en les confrontant aux prévisions légales à chaque période concernée (titre 1) et d'analyser la garantie de l'inamovibilité des magistrats en tant que l'une des composantes de l'indépendance de ces derniers (titre 2) impliquant l'examen des questions de formation des auditeurs de justice et des magistrats (titre 3).

TITRE I

LA NOMINATION DES MAGISTRATS DE 1961 A 1980

Reconnaissant le président de la République comme garant de l'indépendance de l'autorité judiciaire, à l'article 60 alinéa 2 de la Constitution congolaise du 2 mars 1961, le constituant déterminait, ainsi, le statut constitutionnel de la justice à cette époque. Toute référence au pouvoir judiciaire était, par conséquent, exclue.

Selon les révélations de la doctrine, le Parlement de la IVème République, en France, aurait dégagé des principes que devait respecter le Gouvernement lors de la révision de la Constitution du 27 octobre 1946, dont celui selon lequel « … Seul le suffrage universel est source du pouvoir. C'est du suffrage universel ou des instances élues par lui que dérivent le pouvoir législatif et le pouvoir exécutif » (Olivier Pluen, thèse de doctorat, 2011, Université Panthéon-Assas, p. 212).

Dans ce contexte où l'élection des magistrats n'était pas envisageable, la consécration constitutionnelle du « pouvoir judiciaire » était, conséquemment, compromise. La logique de ce système obligeait, comme modalité unique d'accès au corps de la magistrature, la nomination des magistrats par le pouvoir exécutif. C'est cela qui manifestait la dépendance de l'autorité judiciaire audit pouvoir.

La Constitution congolaise du 2 mars 1961 prévoyait, à l'article 60, alinéa 3, que pour garantir l'indépendance de l'autorité judiciaire, le président de la République était assisté par le Conseil supérieur de la magistrature. Elle renvoyait, à la loi, aux termes de l'article 61 de ladite Constitution, « l'organisation et le fonctionnement du Conseil supérieur de la magistrature ». L'indépendance de la justice était, alors, rattachée à l'autorité judiciaire dont le fondement constitutionnel était, formellement, reconnu.

La loi n° 5-62 du 20 janvier 1962 sur l'organisation et le fonctionnement du Conseil supérieur de la magistrature déterminait les attributions dudit organe.

L'organisation du Conseil supérieur de la magistrature ne faisait pas apparaître la commission de nomination des magistrats comme constituant une des formations de cet organe. En effet, si au chapitre 2 relatif à ses attributions, la section première était consacrée aux nominations des magistrats du siège, c'est à l'institution entière que revenait la nomination desdits magistrats.

Les magistrats du siège de la Cour suprême étaient, eux, nommés par décret en conseil des ministres sur présentation du Conseil supérieur de la magistrature (art. 10, al. premier, L. n° 5-62 du 20 janvier 1962 précitée).

Le garde des Sceaux, ministre de la Justice proposait les nominations des magistrats du siège des autres juridictions. Le Conseil supérieur de la magistrature, sous la présidence du président de la République, dès lors qu'il statuait sur la nomination des magistrats, comme le prévoyait l'article 11, alinéa premier, de la loi n° 5-62 du 20 janvier 1962 susvisée, donnait son avis sur lesdites propositions (art. 10, al. 2, L. n° 5-62 du 20 janvier 1962 ci-dessus citée).

Statuant en matière de nomination des magistrats, le Conseil supérieur de la magistrature pouvait être présidé par le ministre de la Justice en cas d'empêchement du président de la République. Ses délibérations ne revêtaient leur portée juridique que si le quorum d'au moins quatre de ses membres, outre le président, était atteint, sur un total de sept membres qui le composaient (le président de la République, le garde des Sceaux, ministre de la Justice, le président de la Cour suprême, le président de la Cour d'appel, un magistrat de la Cour d'appel, un magistrat du siège des tribunaux, un juge d'instance). Et, s'il survenait un partage de voix, c'est celle du président du Conseil supérieur de la magistrature qui était prépondérante (art. 11, al. 3, L. n° 5-62 du 20 janvier 1962 sur l'organisation et le fonctionnement du Conseil supérieur de la magistrature).

Il était prévu que « Le Conseil supérieur de la magistrature propose les magistrats autres que ceux de la Cour suprême, à la nomination du président de la République (art. 9, L. n° 024-92 du 20 août 1992 portant institution du Conseil supérieur de la magistrature). Cet organe établissait et présentait la liste des magistrats qui remplissaient les conditions de nomination à la Cour suprême.

Les attributions du Conseil supérieur de la magistrature en matière de nomination des magistrats au Congo couvraient la période de la promulgation de la loi n° 5-62 du 20 janvier 1962 citée ci-haut jusqu'à l'avènement du pouvoir judiciaire en 1991.

Avant la création de l'organe habilité à procéder à la nomination des magistrats, et, donc, en l'absence de règle régissant le Conseil supérieur de la magistrature, il avait été prévu que les « nominations des magistrats du siège seront faites sur proposition du garde des Sceaux, ministre de la Justice » (art. 61, al. premier, L. n° 42-61 du 20 juin 1961 portant statut de la magistrature). Le gouvernement appliquait, alors, les accords de coopération avec la France et nommait les magistrats en Conseil des ministres. Ce fut, sur le fondement de la loi n° 5-62 du 20 janvier 1962 sur l'organisation et le fonctionnement du Conseil supérieur de la magistrature que les magistrats étaient nommés en 1961 (chap. 1), en 1962 (chap. 2), en 1963 (chap. 3), en 1964 (chap. 4) et pendant la période comprise entre 1965 et 1980 (chap. 5).

CHAPITRE I

LA NOMINATION DES MAGISTRATS EN 1961

Le cadre de nomination des magistrats n'étant pas encore mis en place, en 1961, le gouvernement se référait aux conventions conclues avec la France (sect. 1) et nommait ce personnel en Conseil des ministres (Sect. 2).

Section 1– Le régime conventionnel de nomination

1 - Nomination des magistrats en 1961, régime conventionnel de nomination des magistrats français. La République du Congo avait acquis les attributs de sa souveraineté nationale le 15 août 1960. La première organisation judiciaire du pays découlait de la loi n° 6-61 du 11 janvier 1961 fixant l'organisation judiciaire.

Il n'existait pas, à cette époque, de législation nationale régissant le fonctionnement du service judiciaire relativement à la nomination du personnel magistrat. Il a fallu, alors recourir aux conventions signées entre la République du Congo et la France en 1959, au moment où le pays était, encore membre de la Communauté.

En effet, aux termes de la délibération n° 112-58 du 28 novembre 1958, le territoire du Moyen-Congo était érigé en Etat membre de la Communauté et acquérait, par conséquent, le statut de République du Congo (art. 2 de ladite délibération, recueil des comptes rendus de l'assemblée territoriale, session budgétaire 1958-1959, 1ère partie, p. 1, cité dans « Repères de l'histoire de la République du Congo, V-Proclamation de la République du Congo, présidence de la République, 2016, p. 30 »).

2 - Nomination des magistrats en 1961, conventions conclues entre la République du Congo et la France. En attendant l'élaboration d'une législation adéquate en matière de nomination des magistrats pour pourvoir les nouvelles juridictions (la Cour d'appel, la Cour criminelle, les tribunaux de grande instance, les tribunaux d'instance, les tribunaux du travail), le Gouvernement de la République du Congo appliquait les conventions conclues entre la République du Congo et la France, en l'occurrence, la convention relative au concours en personnel et la convention annexe relative à l'emploi du personnel judiciaire.

3 - Nomination des magistrats en 1961, convention relative au concours en personnel. Dans le cadre de la convention générale relative au concours en personnel apporté par la République française au fonctionnement des services publics de la République du Congo du 23 juillet 1959 (JORC, 15 septembre 1959, p. 563), il revenait au Gouvernement de la République du Congo de faire notification au Gouvernement de la République française de la liste des emplois à pourvoir afin de lui permettre de les mettre à sa disposition pour une durée fixée à deux ans (art. 2 de ladite convention signée à Paris, le 23 juillet 1959 par Monsieur Robert Lecourt, ministre d'Etat chargé de l'aide et de la coopération avec les Etats de la communauté, représentant le Gouvernement de la République française et Monsieur Fulbert Youlou, Premier ministre, représentant le Gouvernement de la République congolaise).

Il s'agissait, en l'occurrence, d'une convention générale dont les modalités particulières d'exécution furent fixées par la Convention annexe qui régissait le personnel judiciaire dont avait besoin la République du Congo.

4 - Nomination des magistrats en 1961, convention annexe relative à l'emploi du personnel judiciaire. Sauf dispositions dérogatoires particulières, la convention générale susdite du 25 juillet 1959 s'appliquait au personnel judiciaire relevant de la République du Congo (art. 1er, al. 2 de ladite convention).

Il était prévu certaines conditions de nomination des magistrats tant à l'égard du Gouvernement de la République française que de celui de la République congolaise.

Pour sa part, le Gouvernement de la République française s'engageait à mettre à la disposition du Gouvernement de la République du Congo les magistrats nécessaires pour assurer le fonctionnement des juridictions (art. 4, al. 1er, conv. ann. relative à l'emploi du personnel judiciaire, JORC, 15 septembre 1959, p. 565).

Pour ce faire, le Gouvernement de la République du Congo devait s'employer à notifier au Gouvernement français la liste des emplois à pourvoir par appel aux fonctionnaires français.

Sur la base de la liste des emplois déterminés par les Gouvernements français et congolais, le ministre d'Etat chargé de l'aide et de la coopération de la République française mettait à la disposition du Gouvernement congolais le personnel sollicité.

C'est ainsi que dans le cadre de l'exécution de la convention judiciaire entre la République française et la République du Congo, le Gouvernement français s'engageait à mettre les magistrats à la disposition du Gouvernement congolais pour lui permettre de faire fonctionner les juridictions de la République du Congo.

En contrepartie, le Gouvernement congolais ne pouvait apporter toute modification à l'organisation judiciaire du pays qu'après avoir consulté le Gouvernement de la République française (art. 4, al. 2, conv. ann. relative à l'emploi du personnel judiciaire, 25 juillet 1959, JORC, 15 septembre 1959, p. 565).

Il était, en outre, précisé que la nomination des magistrats aux fonctions judiciaires par le Gouvernement de la République du Congo ne pouvait intervenir que si les intéressés étaient titulaires de la licence en droit et avaient reçu une formation professionnelle assurée par le Gouvernement de la République française les rendant, ainsi, aptes à assumer les fonctions judiciaires dans des juridictions (art. 3, conv. ann. relative à l'emploi du personnel judiciaire, JORC, 15 septembre 1959, p. 565).

C'est sur le fondement des conventions précitées et de celui de l'article 62 de la Constitution du 2 mars 1961 qu'il était procédé à la nomination des magistrats du siège. Selon cette disposition constitutionnelle, le pouvoir de nomination des magistrats du siège était dévolu au président de la République. La proposition, à cet égard, devait être faite par le garde des Sceaux, ministre de la Justice.

Section 2 – La nomination des magistrats en CM

5 - Nomination des magistrats en 1961, nomination des magistrats en Conseil des ministres. La Constitution congolaise du 2 mars 1961 ne prévoyait pas, spécifiquement, les conditions de nomination des magistrats du parquet. Ces derniers devaient, certainement, être nommés sur le fondement de son article 17 qui reconnaissait, au président de la République, la qualité de chef de l'administration compétent pour nommer aux emplois civils de l'Etat. Le cadre dans lequel intervenait la nomination de ces magistrats était celui du conseil des ministres compétent pour délibérer, conformément à la Constitution, sous la présidence du président de la République, sur la nomination aux emplois supérieurs de l'Etat (art. 15, L. n° 22-61 du 2 mars 1961 portant adoption de la Constitution de la République du Congo).

Les magistrats étant administrés par le ministère de la justice, organe du pouvoir exécutif, leur nomination relevait, par conséquent, du Conseil des ministres, en l'absence de dispositions légales contraires du statut de la magistrature et du Conseil supérieur de la magistrature.

Ainsi, furent nommés en 1961 :

- Amega Koffi Louis, magistrat contractuel, juge d'instruction au tribunal de Brazzaville, désigné en qualité de président du tribunal du travail de Pointe-Noire (décr. n° 161-61 du 13 juillet 1961, JORC, 15 juillet 1961, p. 457) ;

- Robert Lecorche, magistrat du 3e grade, président du tribunal du travail de Pointe-Noire, cumulativement avec ses fonctions de président du tribunal de grande instance de Pointe-Noire (décr. n° 61-190 du 16 août 1961 portant nomination de M. Lecorche aux fonctions de président du tribunal de grande instance de Pointe-Noire, JORC, 1er septembre 1961, p. 597). Il était proposé audit poste par lettre n° 622/MJ. du 7 juillet 1961 du garde des Sceaux, ministre de la Justice ;

- Michel Perceval, magistrat du 4e grade, 2e échelon, mis à la disposition de la République du Congo, substitut au tribunal de Brazzaville, (décr. n° 61-192 du 16 août 1961 portant nomination de M. Perceval Michel aux fonctions de substitut au tribunal de Brazzaville, JORC, 1er septembre 1961, p. 598). Le garde des Sceaux, ministre de la Justice l'avait proposé à ce poste par lettre n° 36/MJ. du 19 janvier 1961, suite à la décision du secrétaire d'Etat aux relations avec la Communauté n° 213 du 13 janvier 1961 le mettant à la disposition de la République du Congo ;

- Georges-Jean-Louis Bulitt, magistrat du 5e grade, 4e échelon, nouvellement mis à la disposition de la République du Congo, juge d'instruction au tribunal de grande instance de Pointe-Noire (décr. n° 61-197 du 22 août 1961 portant nomination de M. Bulitt aux fonctions de juge d'instruction au tribunal de grande instance de Pointe-Noire, JORC, 1er septembre 1961, p. 598). L'intéressé était proposé à ce poste suivant lettre du garde des Sceaux, ministre de la

Justice n° 621/MJ. du 7 juillet 1961, après sa mise à la disposition de la République du Congo par lettre du chef de la mission permanente d'aide et de coopération de Bangui n° 1156/D du 28 juin 1961.

6 – Nomination des magistrats en 1961, confusion de statuts. Le décret de nomination susmentionné comporte le visa du décret n° 60-101 du 11 mars 1960 déterminant les modalités d'affectation et de nomination du personnel. Pourtant il était prévu que seuls devaient être nommés par décret pris en conseil des ministres le secrétaire général, les inspecteurs des affaires administratives, les préfets, les directeurs et les chefs de service des administrations centrales (art. 1er, décr. n° 60-101 du 11 mars 1960 déterminant les modalités d'affectation et de nomination du personnel, JORC, 15 mars 1960, p. 196).

C'était ainsi que se manifestait la confusion du statut des magistrats avec celui des agents de la fonction publique, en l'absence de texte portant statut de la magistrature et précisant, donc, les conditions particulières de nomination des magistrats.

Ces nominations intervenaient sur proposition du garde des Sceaux, ministre de la justice dont les attributions y afférentes découlaient du décret n° 60-78 du 3 mars 1960. Deux types d'attributions lui étaient conférés suivant qu'il agissait en qualité de garde des Sceaux ou de ministre de la Justice.

7 – Nomination des magistrats en 1961, attributions du ministre de la Justice en qualité de garde des Sceaux. Comme garde des Sceaux, le ministre de la Justice avait la charge :

- De la garde des Sceaux de la République ;
- Des traités et actes de la chancellerie ;
- D'apposition des Sceaux de la République sur les lois ;
- De la conservation des originaux de ces lois, des traités et des actes (art. 1er, a) Garde des Sceaux, décr. n° 60-78 du 3 mars 1960 déterminant les attributions du garde des Sceaux, ministre de la Justice, JORC, 15 mars 1960, p. 195).

8 - Nomination des magistrats en 1961, attributions du garde des Sceaux, ministre de la justice en qualité de ministre de la justice. Au titre de ministre de la Justice, les missions étaient les suivantes :

- L'organisation et la surveillance de l'ensemble des juridictions civiles, commerciales, pénales, administratives, du travail et de droit traditionnel ;

- L'émission des propositions de nomination des magistrats, des greffiers, du personnel des diverses juridictions et des officiers ministériels ;

- L'établissement de la correspondance avec les parquets pour ce qui est confié à l'action ou soumis à la surveillance du ministère public ;

- La réalisation des études relatives aux projets de lois et décrets ou rapports au président de la République sur les matières intéressant l'ordre judiciaire ;

- L'établissement des rapports au président de la République sur les recours en grâce, les commutations de peines et les libérations conditionnelles (art. 1er, b) Ministre de la justice, décr. n° 60-78 du 3 mars 1960 déterminant les attributions du garde des Sceaux, ministre de la Justice, JORC, 15 mars 1960, p. 196).

CHAPITRE II

LA NOMINATION DES MAGISTRATS EN 1962

S'il était prévu que le Conseil supérieur de la magistrature émettait, en 1962, des avis en matière de nomination des magistrats (sect. 1), une confusion apparaissait en ce qui concerne l'organe compétent pour nommer les magistrats (sect. 2).

Section 1 – L'avis du CSM

9 - Nomination des magistrats en 1962, pouvoirs du Conseil supérieur de la magistrature. Si, auparavant, le Gouvernement congolais procédait à la nomination des magistrats sur les fondements conventionnel et constitutionnel, il lui revenait d'envisager, en 1962, leur nomination, également, sur la base des dispositions combinées du statut de la magistrature et du Conseil supérieur de la magistrature en application de la Constitution.

La Constitution du 2 mars 1961 faisait, en effet, apparaître pour la première fois deux titres qui manifestaient l'éclosion de la justice en République du Congo : le titre VI « De la Cour suprême » et le titre VII « De l'autorité judiciaire ».

La nomination des magistrats était prévue, au titre VII susdit réservé à l'autorité judiciaire, à l'article 62 de la Constitution précitée qui disposait ainsi : « Les magistrats du siège sont nommés par le Président de la République, sur la proposition du Garde des Sceaux, ministre de la Justice, après avis du Conseil Supérieur de la Magistrature ».

Cet organe assistait le président de la République qui garantissait l'indépendance de l'autorité judiciaire (art. 60, al. 2 et 3, Const., 2 mars 1961).

L'article 61 de la Constitution du 2 mars 1961 renvoyait l'organisation et le fonctionnement du Conseil supérieur de la magistrature à la loi. La mise en œuvre de cette disposition constitutionnelle avait permis l'adoption de la loi n° 5-62 du 20 janvier 1962 sur l'organisation et le fonctionnement du Conseil supérieur de la magistrature.

Disposant, en matière de nomination, uniquement des attributions relatives à la nomination des magistrats du siège, le Conseil supérieur de la magistrature y procédait, seulement, par la simple présentation au Conseil des ministres des dossiers des magistrats du siège de la Cour suprême. L'avis dudit organe suffisait en ce qui concerne la nomination des magistrats du siège d'autres juridictions, laquelle était faite sur la base des propositions du garde des Sceaux, ministre de la Justice après un rapport fait par un membre du Conseil supérieur de la magistrature (art. 10, al. 1 et 2, L. n° 5-62 du 20 janvier 1962 sur l'organisation et le fonctionnement du Conseil supérieur de la magistrature).

L'article 10 de la loi n° 5-62 du 20 janvier 1962 sur l'organisation et le fonctionnement du Conseil supérieur de la magistrature prévoyait la nomination des magistrats du siège de la Cour suprême par décret en Conseil des ministres sur présentation du Conseil supérieur de la magistrature et sur son avis s'agissant des autres nominations des magistrats. L'article 11 de la loi susmentionnée disposait que ledit organe était présidé par le président de la République ou, en cas d'empêchement de celui-ci, par le garde des Sceaux, ministre de la justice lorsqu'il statuait sur la nomination des magistrats.

Cependant, la procédure de nomination des magistrats demeure quasiment la même après la promulgation de la loi n° 5-62 du 20 janvier 1962 sur l'organisation et le fonctionnement du Conseil supérieur de la magistrature.

Section 2 – La confusion liée à l'autorité de nomination

10 - Nomination des magistrats en 1962, confusion sur l'autorité de nomination des magistrats du siège. Deux dispositions de la loi n° 5-62 du 20 janvier 1962 précitée paraissaient compromettre la clarification sur l'autorité compétente pour procéder aux nominations des magistrats du siège :

- D'abord, l'article 9 de cette loi disposait que « Le Conseil supérieur de la magistrature se réunit sur convocation de son président, ou le cas échéant, du garde des Sceaux, ministre de la Justice » ;

- Ensuite, l'article 10 du même texte prévoyait que :

« Les magistrats du siège de la Cour suprême sont nommés par décret en Conseil des ministres sur présentation du Conseil supérieur de la magistrature ;

« Pour les autres nominations des magistrats du siège, l'avis du Conseil supérieur de la magistrature est donné, sur les propositions du garde des Sceaux, ministre de la Justice et après un rapport fait par un membre du Conseil ».

Etant donné que le Conseil supérieur de la magistrature et le Conseil des ministres étaient deux organes délibérants, l'on se trouvait, alors, en face d'une interrogation : laquelle des deux instances pouvait être reconnue compétente pour nommer les magistrats du siège ?

La réponse était à rechercher dans la formulation du chapitre 2 de la loi n° 5-62 du 20 janvier 1962 susvisée intitulé « Attributions » (sous entendu, du Conseil supérieur de la magistrature). Et si la première section concernait « des nominations des magistrats du siège », elle se limitait, clairement, à traiter des questions relatives aux nominations desdits magistrats par le Conseil supérieur de la magistrature de sorte que la confusion qui apparaissait quant à la nomination des magistrats du siège de la Cour suprême en Conseil des ministres ne semblait pas difficile à démêler. En effet, l'on pouvait percevoir, à l'article 10, alinéa premier, de la loi n° 5-62 du 20 janvier 1962 susmentionnée, la subsidiarité de la compétence, en la matière, du Conseil des ministres, présidé par le président de la République, spécialement, lorsqu'il s'agissait de la nomination des magistrats du siège de la Cour suprême.

Cependant, l'on pouvait encore être troublé par la disposition de l'alinéa 2 dudit article qui vise l'avis du Conseil supérieur de la magistrature en précisant la modalité de nomination des magistrats du siège des juridictions autres que la Cour suprême. Alors que c'est cet organe qui était habilité à nommer lesdits magistrats, comment pourrait-on lui exiger son avis ? Cela paraissait révélateur de l'existence d'une autre instance, en l'occurrence le Conseil des ministres compétent pour apprécier l'avis sollicité. D'où l'imbroglio.

Pourrait-on imaginer que l'acte réglementaire, qui est le décret pris en Conseil des ministres, résultait de la délibération du Conseil supérieur de la magistrature ? C'était peu probable car le législateur indiquerait si le décret de nomination des magistrats résultait des débats en Conseil supérieur de la magistrature.

Pourtant il était, clairement, précisé que le président de la République ou, s'il était empêché, le garde des Sceaux, ministre de la justice, présidait le Conseil supérieur de la magistrature lorsqu'il statuait sur la nomination des magistrats du siège.

On peut, dans ces conditions, raisonnablement, penser que ce fut sur présentation du Conseil supérieur de la magistrature que le Conseil des ministres, présidé par le président de la République, chef du Gouvernement, procédait à la nomination des magistrats du siège comme cela ressort, d'ailleurs, nettement, du décret n° 62-116 du 20 avril 1962 portant nomination du président de la Cour suprême (JORC, 1er mai 1962, p. 358). Or cette position contredisait les dispositions du décret n° 62-97 du 9 avril 1962 relatif au fonctionnement du Conseil supérieur de la magistrature. En effet, il résultait de ce texte que seul le Conseil supérieur de la magistrature était habilité à procéder à la nomination au poste de magistrat du siège à la Cour suprême, de Président de la Cour d'appel ou de tous autres magistrats de diverses juridictions quel que soit le poste (art. 3 et 4 dudit décret).

L'article 10, alinéa premier, de la loi n° 5-62 du 20 janvier 1962 sur l'organisation et le fonctionnement du Conseil supérieur de la magistrature paraissait formel sur la nomination des magistrats en Conseil des ministres dès lors qu'il disposait ainsi : « Les magistrats du siège de la Cour suprême sont nommés par décret en Conseil des ministres sur présentation du Conseil supérieur de la magistrature ».

C'est dans ce sens qu'il convenait de comprendre la disposition de l'article 24 de la loi n° 42-61 du 20 juin 1961 portant statut de la magistrature qui évoquait les nominations des magistrats aux divers postes de la magistrature au moyen du décret du président de la République sans expliciter s'il est pris en Conseil des ministres ou en Conseil supérieur de la magistrature.

Etant donné qu'il était opéré une distinction entre la nomination des magistrats du siège dont la proposition émanait du Conseil supérieur de la magistrature et celle des magistrats du parquet qui ne pouvait être proposée que par le garde des Sceaux, ministre de la Justice, il apparaissait que l'organe compétent en matière de nomination des magistrats du parquet ne pouvait être que le Conseil des ministres.

L'harmonie ne paraissait, cependant, pas être parfaite entre les dispositions du statut de la magistrature en 1961 et celle du Conseil supérieur de la magistrature en 1962 concernant l'autorité compétente en matière de nomination des magistrats dès lors qu'il était prévu que « Lorsqu'il statue sur la nomination des magistrats, le Conseil supérieur de la magistrature est présidé par le Président de la République, ou en cas d'empêchement, par le Garde des Sceaux, Ministre de la Justice » (art. 11, al. premier, L. n° 5-62 du 20 janvier 1962 sur l'organisation et le fonctionnement du Conseil supérieur de la magistrature).

Les modalités d'adoption des décisions furent, d'ailleurs, indiquées, dans le sens que pour la validité de ses décisions, au cours de ses délibérations, le Conseil supérieur de la magistrature devait être composé de son président et d'au moins quatre de ses membres, la voix du président dudit organe étant prépondérante en cas de partage des voix (art. 11, al. 2 et 3, L. n° 5-62 du 20 janvier 1962 précitée).

L'article 10 de la loi n° 5-62 du 20 janvier 1962 sur l'organisation et le fonctionnement du Conseil supérieur de la magistrature fut modifié par l'article 2, alinéa premier de l'ordonnance n° 64-7 du 24 février 1964 modifiant les articles 2 et 10 de la loi n° 5-62 du 20 janvier 1962 relative au Conseil supérieur de la magistrature. En effet, plutôt que d'être nommés par décret en Conseil des ministres « sur présentation » du Conseil supérieur de la magistrature, les magistrats du siège de la Cour suprême étaient, désormais, nommés sur « proposition » dudit organe.

Les autres magistrats du siège étaient nommés, par décret du Président de la République, non plus après « avis » du Conseil supérieur de la magistrature « sur les propositions du garde des Sceaux, ministre de la Justice et après un rapport fait par un membre du Conseil » mais par le « Président de la République sur présentation du Conseil supérieur de la magistrature » (art. 2, al. 2, ord. n° 64-7 du 24 février 1964 modifiant les articles 2 et 10 de la loi n° 5-62 du 20 janvier 1962 relative au Conseil supérieur de la magistrature).

11 – Nomination des magistrats en 1962, nomination des premiers magistrats congolais et français. Il paraissait logique d'imaginer que la nomination des magistrats du siège de la Cour suprême ressortissait de la compétence du Conseil des ministres tandis que celle des autres magistrats du siège relevait du Conseil supérieur de la magistrature. Dans les deux cas, la nomination était formalisée par acte réglementaire, le décret du président de la République pris, curieusement, « en Conseil supérieur de la magistrature » en sa qualité de président dudit organe.

C'est dans ces conditions que furent nommés les premiers magistrats de nationalité congolaise, en 1962, ainsi que les magistrats français mis par la République française à la disposition de la République du Congo :

- Pouabou Joseph, procureur général près la Cour suprême (décr. n° 62-91 du 6 avril 1962 portant nomination du procureur général près la Cour suprême du Congo, JORC, 1er mai 1962, p. 356). Il était, à sa nomination, magistrat du 1er groupe, 1er grade (art. 2, décr. n° 62-91 du 6 avril 1962 susdit) ;

- Pouabou Joseph, président de la Cour suprême (décr. n° 62-116 du 20 avril 1962 portant nomination du président de la Cour suprême, JORC, 1er mai 1962, p. 358). L'intéressé, intégré dans les cadres de la magistrature (décr. n° 61-305, 23 décembre 1961 portant intégration de M. Pouabou dans les cadres de la magistrature congolaise) occupait, au moment de sa nomination, le poste de procureur général près la Cour suprême. Etant donné qu'il était en position de détachement au cabinet du président de la République, en qualité de directeur de cabinet, il fut prévu son maintien dans ces fonctions jusqu'à son installation au nouveau poste à la Cour suprême (art. 2, décr. n° 62-116, 20 avril 1962 susvisé) ;

- Placide Lenga, juge d'instance à Dolisie (décr. n° 62-257 du 28 août 1962 portant intégration et nomination d'un magistrat congolais, (JORC, 15 septembre 1962, p. 726). L'intéressé était nommé magistrat stagiaire au 1er échelon du 3e grade de la hiérarchie, pour compter du 1er juillet 1962 ;

- Raphaël Miyoulou, juge d'instance à Ouesso (décr. n° 62-258 du 28 août 1962 portant intégration et nomination d'un magistrat congolais, (JORC, 15 septembre 1962, p. 726). Il fut nommé magistrat stagiaire au 1er échelon du 3e grade de la hiérarchie, pour compter du 1er juillet 1962 ;

- Jacques Okoko, juge d'instance à Mossendjo (décr. n° 62-259 du 28 août 1962 portant intégration et nomination d'un magistrat congolais, (JORC, 15 septembre 1962, p. 727). Il était nommé magistrat stagiaire au 1er échelon du 3e grade de la hiérarchie, pour compter du 1er juillet 1962 ;

- René Emmanuelli, président de la Cour d'appel de Brazzaville, en remplacement de M. Boyer appelé à d'autres fonctions (décr. n° 62-66 du 12 mars 1962 portant nomination du président la Cour d'appel (JORC, 1er avril 1962, p. 288). Il était, à sa nomination, magistrat de 2e grade (art. 2, décr. n° 62-91 du 6 avril 1962 susdit) ;

- Jean-Pierre Bona, président du tribunal de grande instance de Pointe-Noire, en remplacement de M. Lecorche bénéficiaire d'un congé administratif (art. 1er, décr. n° 62-77 du 19 mars 1962 portant nomination de magistrats, JORC, 1er avril 1962, p. 289) ;

- Michel Perceval, magistrat de 2e grade, 1er groupe, substitut du procureur général près la Cour d'appel de Brazzaville en remplacement de M. Antoine Simoni (art. 3, décr. n° 62-77 du 19 mars 1962 portant nomination de magistrats, JORC, 1er avril 1962, p. 289). Il remplaçait, à ce poste, M. Antoine Simoni, magistrat de 2e grade, 1er groupe, nommé directeur des services centraux du ministère de la justice (art. 2, décr. n° 62-77 du 19 mars 1962 portant nomination de magistrats, JORC, 1er avril 1962, p. 289).

Si les textes de nomination des magistrats congolais ne visaient, principalement, que la Constitution, la loi n° 4-62 du 20 janvier 1962 portant création de la Cour suprême et la loi n° 42-61 portant statut de la magistrature, il n'en était pas de même lorsqu'il s'agissait de pourvoir les juridictions en magistrats étrangers où intervenaient les visas de la convention franco-congolaise du 23 juillet 1959 et ses annexes relatives à l'utilisation du personnel relevant de la fonction publique métropolitaine par la République du Congo et la convention judiciaire franco-congolaise du 25 juillet 1959.

C'est ainsi qu'il fut procédé à la nomination de monsieur Charles Boyer, magistrat du 1er groupe, 2e grade (art. 2, décr. n° 62-91 du 6 avril 1962 susdit), en qualité de conseiller à la Cour d'appel de Brazzaville (art. 1er, décr. n° 62-104 du 10 avril 1962 portant nomination aux fonctions de conseiller à la Cour d'appel, JORC, 1er mai 1962, p. 357).

12 - Cour suprême, première nomination des magistrats expatriés en 1962. Des magistrats étrangers avaient, avant les magistrats congolais, exercé les fonctions de juges à la Cour suprême :

- Micouin, précédemment conseiller à la cour d'appel (décr. n° 62-164 du 12 juin 1962 portant nomination des membres de la Cour suprême, J. O de la République du Congo, 1er juillet 1962, p. 543) ;

- De Thevenard, précédemment directeur de cabinet du garde des sceaux, ministre de la justice, cumulativement avec les fonctions de conseiller technique au ministère de la justice (décr. n° 62-164 du 12 juin 1962 portant nomination des membres de la Cour suprême, J. O de la République du Congo, 1er juillet 1962, p. 543) ;

- Simoni, cumulativement avec ses fonctions de directeur des services centraux du ministère de la justice (décr. n° 62-164 du 12 juin 1962 portant nomination des membres de la Cour suprême, J. O de la République du Congo, 1er juillet 1962, p. 543) ;

- Launois, administrateur en chef de classe exceptionnelle, docteur en droit, précédemment secrétaire général du Gouvernement (décr. n° 62-164 du 12 juin 1962 portant nomination des membres de la Cour suprême, J. O de la République du Congo, 1er juillet 1962, p. 543).

Il importe d'indiquer que ces nominations, intervenues le 12 juin 1962, sont les premières dans cette juridiction suprême dont l'installation était prévue le 20 juin 1962 tel que cela résulte de l'article 7 du décret n° 62-165 du 12 juin 1962 portant application de la loi n° 4-62 du 20 janvier 1962 portant création de la Cour suprême (J. O de la République du Congo, 1er juillet 1962, p. 543).

13 - Cour suprême, nomination des magistrats congolais. Après la nomination des magistrats expatriés en 1962, les magistrats congolais ci-après avaient, enfin, plus tard, intégré la Cour suprême :

- Bigemi François (décr. n° 77-281 du 23 mai 1977 portant nomination et affectation des magistrats) ;

- Mampouya Gilbert, en remplacement de Monsieur Tchibinda Jean François (décr. n° 83-1192 du 29 décembre 1983 portant nomination de magistrats) ;

- Mayinguidi Etienne (décr. n° 84-852 bis du 7 août 1984 portant nomination des magistrats) ;

- Sombo Léon (décr. n° 90-268 du 8 juin 1990 portant nomination de magistrats) ;

- Nzoala Germain (décr. n° 90-268 du 8 juin 1990 portant nomination de magistrats) ;

- Mouteke Robert (décr. n° 90-268 du 8 juin 1990 portant nomination de magistrats) ;

- Ballard Henri (décr. n° 90-268 du 8 juin 1990 portant nomination de magistrats) ;

- Kamango André (décr. n° 90-268 du 8 juin 1990 portant nomination de magistrats) ;

CHAPITRE III

LA NOMINATION DES MAGISTRATS EN 1963

14 - **Hiérarchie entre l'autorité judiciaire et la Cour suprême**. Si dans la Constitution du 2 mars 1961, la préséance en ce qui concernait les prescriptions relatives au système judiciaire revenait, paradoxalement, à « La Cour suprême », à laquelle était consacré le titre 6, puisqu'à « L'autorité judiciaire » fut réservé le titre 7, il n'en était plus, ainsi, dans la Constitution du 8 décembre 1963 où il eut inversion car au titre 9 figurait, prioritairement, « L'autorité judiciaire » et au titre 10, secondement, « La Cour suprême ».

Le respect de la hiérarchie entre l'autorité judiciaire et la Cour suprême paraissait avoir été observé même si cette juridiction, recevant pour la première fois, à juste titre, le qualificatif de « plus haute juridiction nationale », méritait d'être prévue au sein de l'autorité judiciaire dont elle constituait l'élément primordial. Si la Constitution du 2 mars 1961 instituait le Conseil supérieur de la magistrature en tant qu'organe qui assistait le président de la République dans l'accomplissement de sa mission de garantir l'indépendance de l'autorité judiciaire, la Constitution du 8 décembre 1963 précisait sa composition en membres de droit et membres nommés.

Etaient membres de droit du Conseil supérieur de la magistrature : le président de la République qui assumait le rôle de président, le garde des Sceaux, ministre de la Justice, qui en fut le vice-président, le président de la Cour suprême et le président de la Cour d'appel.

D'autres membres étaient nommés par décret du président de la République pris en Conseil des ministres : un magistrat du siège de la Cour d'appel, un magistrat du siège des tribunaux de grande instance, un magistrat du siège des tribunaux d'instance (art. 66, Const. 8 décembre 1963).

Il était procédé à la nomination des magistrats du siège par le président de la République, sur présentation du Conseil supérieur de la magistrature (art. 67, Const. 8 décembre 1963). Cependant, la convention franco-congolaise du 23 juillet 1959 et ses annexes relatives à l'utilisation du personnel relevant de la fonction publique française par la République du Congo ainsi que la convention franco-congolaise d'assistance judiciaire du 28 mai 1962 continuaient à régir la nomination des magistrats français.

Il était procédé, en 1963, à la nomination des magistrats en Conseil des ministres (sect. 1) et en Conseil supérieur de la magistrature (sect. 2).

Section 1 – La nomination des magistrats en CM

15 - Nomination des magistrats en 1963, nomination en Conseil des ministres. Comme indiqué, plus haut, en 1961 et en 1962, la nomination des magistrats français mis à la disposition de la République du Congo, en 1963, s'effectuait comme spécifié, auparavant, sur le fondement des dispositions des conventions conclues avec la République française (la convention franco-congolaise du 23 juillet 1959 relative à l'utilisation des personnels relevant de la fonction publique métropolitaine par la République du Congo et la convention franco-congolaise d'assistance judiciaire du 18 mai 1962).

Conformément au statut de la magistrature, l'organisation du Conseil supérieur de la magistrature n'étant pas encore fixée, il était prévu que « Les nominations aux divers postes de la magistrature sont faites par décret du président de la République sur proposition du garde des Sceaux, ministre de la justice, en ce qui concerne les magistrats du parquet et du Conseil supérieur de la magistrature en ce qui concerne les magistrats du siège. Dans ce cas, la proposition est arrêtée sur le rapport d'un membre du Conseil » (art. 24, L. n° 42-61 du 20 juin 1961 portant statut de la magistrature, JORC, 1er juillet 1961, p. 403).

Le Conseil supérieur de la magistrature n'étant pas, encore, fonctionnel, l'examen des décrets de nomination des magistrats permettait de déceler qu'il ne s'agissait pas de décrets simples mais de ceux pris en Conseil des ministres. Furent, ainsi, nommés :

- Henri Spitz, magistrat de 2e grade, 1er groupe, substitut du procureur général près la Cour d'appel de Brazzaville, arrivé à

Brazzaville le 24 mars 1963 (décr. n° 63-163 FP-AT du 11 juin 1963 portant nomination de magistrats, JORC, 13 juin 1963, p. 551). Ni la loi n° 5-62 du 20 janvier 1962 sur l'organisation et le fonctionnement du Conseil supérieur de la magistrature, ni la loi n° 42-61 du 20 juin 1961 portant statut de la magistrature, pourtant en vigueur en 1963, n'étaient pas visées dans ce décret en raison de ce qu'il était pris en Conseil des ministres en application des conventions conclues entre la France et le Congo ;

- Pierre Morel, magistrat de 2e grade, 1er groupe, auditeur à la Cour suprême (décr. n° 63-163 FP-AT du 11 juin 1963 portant nomination de magistrats, JORC, 13 juin 1963, p. 551). Mis à la disposition de la République du Congo, il était arrivé à Brazzaville, le 27 février 1963.

On observait que les nominations des magistrats français mis à la disposition de la République du Congo n'obéissaient qu'aux conventions conclues entre la France et le Congo et non aux dispositions du statut de la magistrature et du Conseil supérieur de la magistrature en vigueur au Congo.

Section 2 – La nomination des magistrats en CSM

Parag. 1 – La nomination des magistrats stagiaires

16 - Nomination des magistrats en 1963, nomination des magistrats stagiaires congolais en CSM. En application de la loi n° 42-61 du 20 juin 1961 portant statut de la magistrature, étaient intégrés dans la magistrature congolaise et nommés stagiaires, en Conseil supérieur de la magistrature, objet de la loi n° 5-62 du 20 janvier 1962 relative à l'organisation et au fonctionnement du Conseil supérieur de la magistrature :

- Alexis Gabou, auditeur de justice, intégré au 2e grade, 2e groupe, 1er échelon (décr. n° 63-265 du 13 août 1963 portant intégration dans la magistrature congolaise, JORC, 15 août 1963, p. 724) ;
- Jean Antchoin Mongo, magistrat stagiaire, 1er échelon, 3e grade de la hiérarchie pour compter du 1er juillet 1963 (décr. n° 63-265 du 13 août 1963 portant intégration dans la magistrature congolaise, JORC, 15 août 1963, p. 724) ;
- François Bigemi, magistrat stagiaire, 1er échelon, 3e grade de la hiérarchie pour compter du 1er juillet 1963 (décr. n° 63-265 du 13 août

1963 portant intégration dans la magistrature congolaise, JORC, 15 août 1963, p. 724) ;

- Etienne Mayinguidi, magistrat stagiaire, 1er échelon, 3e grade de la hiérarchie pour compter du 1er juillet 1963 (décr. n° 63-265 du 13 août 1963 portant intégration dans la magistrature congolaise, JORC, 15 août 1963, p. 724) ;

- Alphonse Mouanga Bila, magistrat stagiaire, 1er échelon, 3e grade de la hiérarchie pour compter du 1er juillet 1963 (décr. n° 63-265 du 13 août 1963 portant intégration dans la magistrature congolaise, JORC, 15 août 1963, p. 724) ;

- Dieudonné Ekaba Okoko, magistrat stagiaire, 1er échelon, 3e grade de la hiérarchie pour compter du 1er juillet 1963 (décr. n° 63-265 du 13 août 1963 portant intégration dans la magistrature congolaise, JORC, 15 août 1963, p. 724) ;

- Gaston Yoyo, magistrat stagiaire, 1er échelon, 3e grade de la hiérarchie pour compter du 1er juillet 1963 (décr. n° 63-265 du 13 août 1963 portant intégration dans la magistrature congolaise, JORC, 15 août 1963, p. 724).

17 - Magistrats stagiaires en position de détachement auprès de la faculté de droit de Paris. Les magistrats stagiaires ci-dessous, furent placés en position de détachement auprès de la faculté de droit de Paris dans des conditions similaires à celles, précédemment, indiquées :

- Charles Assemekang, au 1er échelon du 3e grade de la hiérarchie judiciaire pour compter du 1er septembre 1961 (décr. n° 62-254 du 20 août 1962 intégrant M. Charles Assemekang dans la magistrature congolaise et le nommant juge d'instance à Djambala). Il était, par la suite, mis en position de détachement auprès de la faculté de droit de Paris (art. 4, décr. n° 63-266 du 13 août 1963 portant affectation et détachement des magistrats, JORC, 15 août 1963, pp. 724-725) ;

- Ganga-Zandzou, juge d'instance de Fort-Rousset, mis en position de détachement auprès de la faculté de droit de Paris (art. 4, décr. n° 63-266 du 13 août 1963 portant affectation et détachement des magistrats, JORC, 15 août 1963, pp. 724-725) ;

- Aubert Ganga, au 1er échelon du 3e grade de la hiérarchie judiciaire pour compter du 1er septembre 1961 (décr. n° 62-253 du 20 août 1962 intégrant M. Aubert Ganga dans la magistrature congolaise et le nommant juge d'instance à Mouyondzi). Il fut, ensuite, mis en position de détachement auprès de la faculté de droit de Paris (art. 4, décr. n° 63-266 du 13 août 1963 portant affectation et détachement des magistrats, JORC, 15 août 1963, pp. 724-725).

18 - Nomination des magistrats en 1963, nomination des magistrats stagiaires en position de détachement à l'Institut des hautes études d'Outre-mer (I. H. E. O. M) de Paris. Les magistrats stagiaires ci-après étaient, dans des conditions précisées plus haut, placés en position de détachement à l'Institut des hautes études d'Outre-mer (I. H. E. O. M) de Paris :

- Placide Lenga (art. 4, décr. n° 63-266 du 13 août 1963 portant affectation et détachement des magistrats, JORC, 15 août 1963, pp. 724-725) ;
- Raphaël Miyoulou (art. 4, décr. n° 63-266 du 13 août 1963 portant affectation et détachement des magistrats, JORC, 15 août 1963, pp. 724-725) ;
- Jean Antchoin Mongo (art. 4, décr. n° 63-266 du 13 août 1963 portant affectation et détachement des magistrats, JORC, 15 août 1963, pp. 724-725).

Deux magistrats stagiaires, MM. Lambert Adouki et Gaston Yoyo, affectés auprès du premier président de la Cour d'appel y exerçaient, par intérim, les fonctions de 2e grade tel que le prévoyait l'article 57 du statut de la magistrature. Aux termes de cette disposition, il était, notamment, prescrit que « Les magistrats du 3e grade… pourront être appelés à exercer par intérim des fonctions de 2e grade… ».

Les fonctions de 2e grade sont classées dans les deux groupes suivants :

- Premier groupe : substitut, juge d'instruction, juge à un tribunal d'instance ;
- Deuxième groupe : vice-président d'un tribunal de grande instance, procureur adjoint près un tribunal de grande instance (art. 3, décr. n° 61-183 du 3 août 1961 portant application de la loi n° 42-61 du 20 janvier 1961, relatif au statut de la magistrature, JORC, 1er septembre 1961, pp. 595-596).

Parag. 2 – L'affectation des magistrats congolais

19 - Affectation des magistrats congolais dans les juridictions en 1963. Des affectations des magistrats congolais, ci-après, étaient effectuées dans les conditions indiquées ci-dessus :

- Louis Koffi Améga, vice-président du tribunal de grande instance de Brazzaville, affecté au tribunal de grande instance de Dolisie en vue d'y exercer les fonctions de vice-président (art. 1er, décr. n° 63-266 du 13 août 1963 portant affectation et détachement des magistrats, JORC, 15 août 1963, p. 724) ;

- Alexis Gabou, magistrat du 2e groupe, 2e grade, 1er échelon, affecté au tribunal de grande instance de Brazzaville en qualité de vice-président (art. 2, décr. n° 63-266 du 13 août 1963 portant affectation et détachement des magistrats, JORC, 15 août 1963, pp. 724-725) ;

- Etienne Mayinguidi, magistrat stagiaire du 3e grade, affecté pour exercer les fonctions de juge d'instance à Brazzaville, Poto-Poto (art. 3, décr. n° 63-266 du 13 août 1963 portant affectation et détachement des magistrats, JORC, 15 août 1963, pp. 724-725) ;

- Alphonse Mouanga Bila, magistrat stagiaire du 3e grade, affecté pour exercer les fonctions de juge d'instance à Fort-Rousset (art. 3, décr. n° 63-266 du 13 août 1963 portant affectation et détachement des magistrats, JORC, 15 août 1963, pp. 724-725) ;

- Dieudonné Ekaba Okoko, magistrat stagiaire du 3e grade, affecté pour exercer les fonctions de juge d'instance à Ouesso (art. 3, décr. n° 63-265 du 13 août 1963 portant intégration dans la magistrature congolaise, JORC, 15 août 1963, p. 724).

CHAPITRE IV

LA NOMINATION DES MAGISTRATS EN 1964

L'application du statut de la magistrature s'est précisée en 1964 avec l'adoption du décret indiquant les conditions de nomination du président de la Cour d'appel et du procureur général près cette juridiction (sect. 1). Les difficultés rencontrées pour faire fonctionner les juridictions avaient inspiré les rédacteurs de l'ordonnance relative à la délégation des magistrats (sect. 2). Les discriminations observées en 1962 dans la procédure de nomination des magistrats avaient cessé en 1964 où il eut harmonisation à cet égard (sect. 3).

Section 1 – La nomination des chefs de la Cour d'appel

20 - Nomination des magistrats en 1964, nomination des chefs de la Cour d'appel. L'article 4 de la loi n° 42-61 du 20 juin 1961 portant statut de la magistrature plaçait hors hiérarchie les magistrats de la Cour suprême, le président de la Cour d'appel et le procureur général près cette juridiction. Il renvoyait au décret pour la détermination des modalités de son application. Ce fut l'objet du décret n° 64-302 du 16 septembre 1964 fixant les modalités d'application de l'article 4 de la loi n° 42-61 du 20 juin 1961 portant statut de la magistrature.

Aux termes dudit décret, seuls peuvent être nommés président de la Cour d'appel et procureur général près la Cour d'appel :

- Les magistrats du 2e groupe du 1er grade de la hiérarchie judiciaire ;
- Les magistrats du 2e groupe du 2e grade de la hiérarchie judiciaire, agrégatifs de droit, à titre transitoire et jusqu'au 31 décembre 1965 (art. 1er du décret n° 64-302 du 16 septembre 1964 fixant les modalités d'application de l'article 4 de la loi n° 42-61 du

20 juin 1961 portant statut de la magistrature, JORC, 1er octobre 1964, p. 825).

Il apparaissait, comme précédemment indiqué, que les textes portant nomination des magistrats, en 1964, comportaient, uniquement, le visa de la loi n° 42-61 du 20 juin 1961 portant statut de la magistrature.

Il figurait, cependant, dans ces textes, à la fin des visas, la mention « En conseil supérieur de la magistrature » pour signaler la compétence de cet organe en matière de nomination des magistrats nonobstant le manque d'indication, parmi les visas, de la loi n° 5-62 du 20 juin 1962 sur l'organisation et le fonctionnement du Conseil supérieur de la magistrature.

C'est ce qu'illustrait, à titre d'exemple, le décret n° 64-332 du 15 octobre 1964 portant intégration dans la magistrature congolaise de M. Jules Kounkoud, nommé magistrat stagiaire au 1er échelon du 3e grade de la hiérarchie, indice 740 (JORC, 1er novembre 1964, p. 902).

Outre la loi n° 42-61 du 20 juin 1961 portant statut de la magistrature et la loi n° 5-62 du 20 juin 1962 sur l'organisation et le fonctionnement du Conseil supérieur de la magistrature, l'ordonnance n° 64-6 du 15 février 1964 portant loi organique sur les conditions de nomination aux emplois civils et militaires était, également, appliquée par le Gouvernement en matière de nomination des magistrats.

Prise après avis de la Cour suprême, l'ordonnance n° 64-6 du 15 février 1964 portant loi organique sur les conditions de nomination aux emplois civils disposait ainsi :

« Sont pourvues, par décret pris en Conseil des ministres, les hautes fonctions civiles et militaires ci-après :

1° Les Hauts-Commissaires ;

2°- Sur présentation du Conseil supérieur de la magistrature :

- Le président de la Cour suprême ;
- Les juges de la Cour suprême ;
- Le président de la Cour d'appel ;
- Le procureur général près la Cour suprême ;
- Les membres du Conseil supérieur de la magistrature (art. premier, ord. n° 64-6 du 15 février 1964 précitée).

Cette ordonnance prescrivait, aussi, qu'il était pourvu, par décret, les emplois :

- Des magistrats du siège, sur présentation du Conseil supérieur de la magistrature ;

- Des magistrats du parquet (art. 2, ord. n° 64-6 du 15 février 1964 portant loi organique sur les conditions de nomination aux emplois civils et militaires).

Toutefois, les visas des textes sur les nominations des magistrats ne comportaient pas le visa de l'ordonnance n° 64-6 du 15 février 1964 susvisé mais, seulement, celui de la loi n° 42-61 du 20 juin 1961 portant statut de la magistrature.

Le Gouvernement faisait, donc, dans ces conditions, application des dispositions susvisées des articles, 9, 10 et 11 du statut de la magistrature du 20 juin 1961 prévues pour régir la nomination des magistrats du siège. Et comme il figurait, dans les décrets de nomination des magistrats, la formule « En Conseil supérieur de la magistrature », rien ne permettait de déceler si cet organe agissait au titre de la « présentation » des dossiers des magistrats au Conseil des ministres ou donnait son « avis » sur les dossiers desdits magistrats. On pouvait, cependant, se référer à la qualité des magistrats concernés pour comprendre que s'il s'agissait des magistrats du siège de la Cour suprême, alors les nominations intervenaient « sur présentation du Conseil supérieur de la magistrature ». Pour les autres nominations des magistrats du siège, l'avis du Conseil supérieur de la magistrature était donné sur les propositions faites par le garde des Sceaux, ministre de la Justice après un rapport rédigé par un membre du Conseil supérieur de la magistrature.

Section 2 – La délégation de magistrats par arrêté

21 - Nomination des magistrats en 1964, délégation de magistrats par arrêté. Les difficultés persistantes de nomination des magistrats pour pourvoir les postes dans les juridictions afin de les faire fonctionner avaient inspiré les gouvernants qui instaurèrent l'autorisation de délégation de magistrats.

Cette technique particulière consistait à habiliter le garde des Sceaux, ministre de la Justice à autoriser l'exercice, par les juges des tribunaux de grande instance et des tribunaux d'instance, des fonctions judiciaires autres que celles qui leur sont dévolues par les arrêtés de nomination qui les concernent.

La durée de cette délégation était limitée à quatre mois pour satisfaire les besoins pressants du service judiciaire (art. 1er, ord. n° 64-4 du 21 janvier 1964 autorisant les délégations de magistrats, JORC, 15 février 1964, p. 83).

La délégation de magistrats était susceptible de prorogation par le président de la République si le garde des Sceaux, ministre de la Justice, en faisait la proposition et que le Conseil supérieur de la magistrature y consentait par avis. Toutefois, la durée totale, après l'épuisement de celle de quatre mois prévue, initialement, n'excédait pas dix huit mois (art. 2, ord. n° 64-4 du 21 janvier 1964 susvisée, JORC, 15 février 1964, p. 83).

Cependant, le garde des Sceaux, ministre de la Justice ne pouvait procéder, par arrêté, à la délégation de magistrats qu'après consultation du président de la Cour suprême et avoir recueilli son avis favorable.

Publiée selon la procédure d'urgence pour répondre aux besoins impérieux de fonctionnement du service judiciaire, l'ordonnance n° 64-4 du 21 janvier 1964 autorisant les délégations de magistrats fut, rapidement, exécutée.

Etaient ainsi délégués, pendant quatre mois, dans l'exercice de certaines fonctions, à titre d'illustration, les magistrats ci-après :

- M. Etienne Mayiguindi, juge d'instance au tribunal d'instance de Poto-Poto, Brazzaville, délégué pendant quatre mois aux fonctions de juge d'instruction au tribunal de grande instance de Dolisie (arr. n° 786 du 22 février 1964, JORC, 1er mars 1964, p. 168) ;
- M. Dieudonné Okoko Ekaba, délégué pendant quatre mois pour exercer les fonctions de juge d'instruction du tribunal de grande instance de Fort-Rousset ; (arr. n° 5464 du 11 novembre 1964, JORC, 1er novembre 1964, p. 937) ;
- M. Placide Lenga, délégué dans les fonctions de substitut du procureur de la République près le tribunal de grande instance de Brazzaville, (arr. n° 5464 du 11 novembre 1964, JORC, 1er novembre 1964, p. 937) ;
- M. Guillaume Moungali, magistrat intérimaire, délégué pour quatre mois dans les fonctions de juge d'instruction au tribunal de grande instance de Pointe-Noire en remplacement de M. Lenga Placide (arr. n° 5464 du 11 novembre 1964, JORC, 1er novembre 1964, p. 937) ;
- M. Jules Kounkoud, magistrat stagiaire du 3e grade, délégué pendant quatre mois dans les fonctions de substitut du procureur général près la Cour d'appel de Brazzaville (arr. n° 5464 du 11 novembre 1964, JORC, 1er novembre 1964, p. 937) ;
- M. Lambert Adouki, magistrat du 3e grade, délégué pendant quatre mois dans les fonctions de juge d'instruction au tribunal de

grande instance de Brazzaville (arr. n° 5464 du 11 novembre 1964, JORC, 1er novembre 1964, p. 938).

Section 3 – L'harmonisation des modalités de nomination

22 - Nomination des magistrats en 1964, harmonisation des conditions de nomination des magistrats. Alors qu'en 1962 il apparaissait une discrimination dans la nomination des magistrats du siège suivant qu'il s'agissait du poste de magistrat de la Cour suprême ou du poste de président de la Cour d'appel ou d'autres magistrats, il eut harmonisation des conditions de nomination des magistrats en 1964.

En effet, l'article 3, alinéa premier, du décret n° 62-97 du 9 avril 1962 relatif au fonctionnement du Conseil supérieur de la magistrature qui opérait, en matière de nomination des magistrats, la distinction entre les postes de magistrat du siège de la Cour suprême et de président de la Cour d'appel avait subi la modification dans le sens que tous les magistrats étaient soumis à la même modalité de nomination sans aucune référence à leur appartenance à telle juridiction ou à telle autre. Il revenait, simplement, au ministre de la Justice de faire parvenir au Conseil supérieur de la magistrature la liste des magistrats susceptibles d'être nommés au poste désigné, accompagnée des dossiers y afférents (art. 1er, décr. n° 64-75 du 28 février 1964 modifiant l'article 3 du décret n° 62-97 du 9 avril 1962 relatif au fonctionnement du Conseil supérieur de la magistrature et abrogeant l'article 4 du même décret, JORC, 15 mars 1964, p. 202).

En conséquence, l'article 4 du décret n° 62-97 du 9 avril 1962 relatif au fonctionnement du Conseil supérieur de la magistrature qui précisait les modalités de nomination des magistrats du siège autres que ceux des membres de la Cour suprême et le président de la Cour d'appel étant devenu superfétatoire, subissait l'abrogation afin de n'entretenir aucune contrariété avec le nouveau texte (art. 2, décr. n° 64-75 du 28 février 1964 susdit, JORC, 15 mars 1964, p. 203).

L'on pouvait, nettement, observer que les questions relatives au fonctionnement du Conseil supérieur de la magistrature, impliquant ses attributions, notamment, en ce qui concernait la nomination de ses membres, la nomination des magistrats, la détermination de l'échelle indiciaire des emplois classés hors hiérarchie dans la magistrature, l'application du statut de la magistrature, l'autorisation de la délégation de magistrats, relevaient :

- Du Conseil des ministres (décr. n° 64-75 du 28 février 1964 modifiant l'article 3 du décret n° 62-97 du 9 avril 1962 relatif au fonctionnement du Conseil supérieur de la magistrature et abrogeant l'article 4 du même décret, JORC, 15 mars 1964, p. 202 ; décr. n° 64-78 du 28 février 1964 portant nomination des membres du Conseil supérieur de la magistrature, JORC, 15 mars 1964, p. 203 ; décr. n° 64-317 du 23 septembre 1964 déterminant l'échelle indiciaire des emplois classés hors hiérarchie dans la magistrature, JORC, 1er octobre 1964, p. 826 ; décr. n° 64-308 du 22 septembre 1964 portant titularisation de magistrats JORC, 1er octobre 1964, p. 826 ; décr. n° 64-301 du 15 septembre 1964 complétant l'article 7 du décret n° 61-183 du 3 août 1961 portant application de la loi n° 42-61 du 20 juin 1961 relative au statut de la magistrature, JORC, 1er octobre 1964, p. 825 ; décr. n° 64-302 du 16 septembre 1964 fixant les modalités d'application de l'article 4 de la loi n° 42-61 du 20 juin 1961 relative au statut de la magistrature, JORC, 1er octobre 1964, p. 825 ; décr. n° 64-4 du 21 janvier 1964 autorisant les délégations de magistrats, JORC, 15 février 1964, p. 83).

- Du Conseil supérieur de la magistrature (décr. n° 64-332 du 15 octobre 1964 portant intégration dans la magistrature congolaise, JORC, 1er novembre1964, p. 902).

Dans le cadre du statut d'autorité judiciaire dans lequel était ancrée la justice congolaise, rien ne permettait d'affirmer que l'indépendance de la justice était, dans ces conditions, réellement, assurée puisque l'emprise du Conseil des ministres se manifestait, ostensiblement, dans le fonctionnement de l'institution judiciaire. En effet, le Conseil des ministres exerçait ses compétences dans les domaines qui relevaient du Conseil supérieur de la magistrature.

Cette confusion dans l'exercice des attributions dévolues au Conseil supérieur de la magistrature et au Conseil des ministres rendait douteuse la garantie d'indépendance de la justice, étant entendu que le président de la République signait des décrets relatifs à la nomination des magistrats tantôt en sa qualité de président du Conseil supérieur de la magistrature, tantôt comme chef du Gouvernement, en conseil des ministres et, donc, en tant que membre du pouvoir exécutif.

CHAPITRE V

LA NOMINATION DES MAGISTRATS DE 1965 A 1980

Le dualisme dans la nomination des magistrats était, toujours, perceptible en 1965 (sect. 1). Il s'est poursuivi en 1966 (sect. 2), 1967 (sect. 3), 1968 (sect. 4), 1969 (sect. 5), 1970 (sect. 6), 1971 (sect. 7), 1972 (sect. 8), 1973 (sect. 9), 1974 (sect. 10), 1975 (sect. 11) et 1980 (sect. 12).

Section 1 – La nomination des magistrats en 1965

23 - Nomination des magistrats de 1965 à 1980, nomination des magistrats en 1965. Il apparaissait, encore, même en 1965, le dualisme dans la nomination des magistrats soit en Conseil des ministres pour les magistrats français mis à la disposition de la République du Congo, soit par le Conseil supérieur de la magistrature pour les magistrats congolais.

C'est dans ces conditions que furent nommés Jean-Pierre Bona, magistrat du 2e grade, 1er groupe, en qualité de conseiller à la Cour d'appel de Brazzaville après sa mise à la disposition de la République du Congo par décision n° 2151/DCT- CTA du 23 novembre 1964 du ministre de la coopération de la République française. L'intéressé fut, ensuite, nommé en Conseil des ministres sur proposition du garde des Sceaux, ministre de la Justice de la République du Congo (décr. n° 65-32 du 31 janvier 1965 portant nomination d'un conseiller à la Cour d'appel de Brazzaville, JORC, 1er février 1965, p. 112).

On pouvait observer que Antoine Gabou était appelé, par arrêté ministériel, à exercer les fonctions de 2e substitut du procureur de la République près le tribunal de grande instance de Brazzaville (arr. n° 4186 du 27 septembre 1965, JORC, 1er octobre 1965, p. 86) alors que les nominations des magistrats relevaient du Conseil supérieur de la magistrature, par décret du président de la République en sa qualité de président de cet organe. C'était, par conséquent, la manifestation de la primauté du pouvoir exécutif sur l'institution habilitée à assurer l'indépendance de la justice et, donc, une atteinte avérée au principe de contre-pouvoir, peut-être justifiée par le fait que la justice était considérée, constitutionnellement, comme une « autorité » et non un « pouvoir ».

Section 2 – La nomination des magistrats en 1966

24 - Nomination des magistrats de 1965 à 1980, nomination des magistrats en 1966 aux postes de président de la Cour d'appel et de procureur général près la Cour d'appel. Il était prévu, dans le cadre de l'application de la loi n° 42-61 du 20 juin 1961 portant statut de la magistrature, que les magistrats du 1er grade, 2e groupe de la hiérarchie judiciaire, de même que les magistrats du 2e grade, 2e groupe, agrégatifs de droit, à titre transitoire et jusqu'au 31 décembre 1965 concernant cette dernière catégorie de magistrats, pouvaient être nommés aux postes de président de la Cour d'appel et de procureur général près la Cour d'appel (art. premier, décr. n° 64-302 du 16 septembre 1964 fixant les modalités d'application de l'article 4 de la loi n° 42-61 du 20 juin 1961 portant statut de la magistrature, JORC, 1er octobre 1964, p. 825).

Aussi, passé le 31 décembre 1965, était-il devenu opportun de procéder à la modification de l'article premier du décret n° 64-302 du 16 septembre 1964 précité. Il était, alors, décidé que pouvaient être nommés président de la Cour d'appel et procureur général près la Cour d'appel les magistrats du 1er grade, 2e groupe de la hiérarchie judiciaire et, à titre transitoire jusqu'au 31 décembre 1966, les magistrats du 2e grade, 2e groupe, de la hiérarchie judiciaire, licenciés en droit ayant suivi le cycle d'études du centre national d'études judiciaires (art. premier, décr. n° 66-183 du 27 mai 1966 modifiant l'article 1er du décret n° 64-302 du 16 septembre 1964, JORC, 15 juin 1966, pp. 379-380).

Bénéficiant de la modification du décret n° 64-302 du 16 septembre 1964 susvisé et, par voie de conséquence, des dispositions nouvelles du décret n° 66-183 du 27 mai 1966, susmentionné, Alexis Gabou, magistrat de 2e grade, 2e groupe, licencié en droit ayant suivi les cours du centre national d'études judiciaires (CNEJ), fut nommé, en Conseil des ministres, après avis du Conseil supérieur de la magistrature, président de la Cour d'appel de Brazzaville (art. premier, décr. n° 66- 184 du 27 mai 1966, JORC, 15 juin 1966, p. 380).

Il était, en effet, mentionné, audit décret, à la suite des visas, le dernier d'entre eux formulé ainsi qu'il suit : « Le Conseil des ministres entendu ».

C'était, donc, ainsi que devait être compris l'article 10, alinéa 2, du statut de la magistrature relatif à la nomination, en « Conseil des ministres », des magistrats autres que ceux de la Cour suprême, après avis du Conseil supérieur de la magistrature sur les propositions faites en Conseil des ministres par le garde des Sceaux, ministre de la Justice.

Par ailleurs, Auguste Gandzadi, nommé magistrat du 2e groupe du 2e grade, 1er échelon à compter du 29 juin 1964 (art. premier, décr. n° 64-273 bis du 28 août 1964 portant intégration de Auguste Gandzadi dans la magistrature congolaise, JORC, 1er septembre 1964, p. 734), avait vu ledit décret être rapporté suite à l'obtention de son doctorat en droit qui lui ouvrait la voie à sa nomination en qualité de magistrat du 2e grade, 2e groupe, 3e échelon, indice 1140 (art. premier et 2, décr. n° 66-187 du 2 juin 1966 rapportant le décret n° 64-273 bis du 28 août 1964 portant intégration de M. Auguste Gandzadi, JORC, 15 juin 1966, p. 380).

25 - Nomination des magistrats de 1965 à 1980, nomination des magistrats en 1966 et titularisation des magistrats stagiaires. En application de la loi n° 42-61 du 20 juin 1961 portant statut de la magistrature, sur proposition du garde des Sceaux, ministre de la Justice, les magistrats stagiaires, ci-après, étaient titularisés, au 1er échelon du 3e grade de la hiérarchie judiciaire par décret du président de la République, après avis de la commission d'avancement prévue à l'article 26 de la loi susmentionnée :

- Etienne Mayinguidi, pour compter du 11 août 1965 ;
- Antoine Gabou, pour compter du 6 juillet 1965 (art. premier, décr. n° 66-240 du 30 juillet 1966 portant titularisation des magistrats, JORC, 15 août 1966, p. 498).

La nomination des magistrats étant susceptible d'intervenir dans le cadre d'exercice des fonctions tant judiciaires qu'administratives, Jules Kounkoud, magistrat de 3e grade, 1er échelon, était nommé directeur des services centraux du ministère de la Justice cumulativement avec les fonctions de directeur de la régie du dépôt légal (art. premier et 2, décr. n° 66-356 du 30 décembre 1966 portant nomination de jules Kounkoud, magistrat, JORC, 15 janvier 1967, p. 80).

Section 3 – La nomination des magistrats en 1967

26 - Nomination des magistrats de 1965 à 1980, nomination des magistrats en 1967 et affectation des magistrats par arrêté. Certains magistrats recevaient, par arrêté n° 928 du 1er mars 1967, des affectations dans les juridictions ainsi qu'il suit :

- Alphonse Mouanga-Billa, magistrat exerçant par intérim les fonctions de juge d'instruction au tribunal de grande instance de Pointe-Noire, appelé à exercer les fonctions de substitut du procureur de la République près le tribunal de grande instance de Brazzaville (JORC, 15 mars 1967, p. 187) ;
- Jean-Baptiste Awassi, greffier principal, titulaire du diplôme de sortie de l'Institut des hautes études d'Outre-mer (IHEOM), appelé à exercer par intérim les fonctions de juge d'instruction au tribunal de grande instance de Pointe-Noire (JORC, 15 mars 1967, p. 187) ;
- Léon Sombo, greffier, titulaire du certificat de l'Institut des hautes études d'Outre-mer (IHEOM), appelé à exercer par intérim les fonctions de juge d'instance à Ouesso (JORC, 15 mars 1967, p. 187).

En raison de l'existence des tribunaux de droit local, le Gouvernement pourvoyait les postes permettant leur fonctionnement. Ainsi, Marcel Akoundou, domicilié à Makoua, fut nommé président suppléant du tribunal de premier degré de droit local de Makoua (arr. n° 839 du 25 Février 1967, JORC, 15 mars 1967, p. 187).

Section 4 – La nomination des magistrats en 1968

27 - Nomination des magistrats de 1965 à 1980, nomination des magistrats en 1968. Sur le fondement de la Constitution du 8 décembre 1963 et de ses textes d'application, de la loi n° 42-61 du 20 juin 1961 portant statut de la magistrature, de l'ordonnance n° 63-10 du 6 novembre 1963 fixant l'organisation judiciaire et la compétence des juridictions, de la loi n° 5- 62 du 20 janvier 1962 sur l'organisation et le fonctionnement du Conseil supérieur de la Magistrature ainsi que de la lettre n° 2606-D. EC du directeur de l'Institut des hautes études d'Outre-mer (IHEOM) à Paris et des arrêtés numéros 928-MJ-DSC, 1062-MJ-DSC et 4788-MJ-DSC des 1er, 7 mars et 24 octobre 1967 appelant certains stagiaires à exercer des fonctions judiciaires, il était procédé à la nomination des magistrats stagiaires suivants :

- Anselme Mandello, au 1er échelon, 3e grade (indice 740) de la hiérarchie ;
- Jean-Baptiste Awassi, au 1er échelon, 3e grade (indice 740) de la hiérarchie ;
- Jean Niangandoungou, au 1er échelon, 3e grade (indice 740) de la hiérarchie (décr. n° 68-31 du 23 janvier 1968 portant intégration dans la magistrature congolaise de MM. Anselme Mandello, Jean-Baptiste Awassi et Jean Niangandoungou, JORC, 1er février 1968, p. 77).

Section 5 – La nomination des magistrats en 1969

28 - Nomination des magistrats de 1965 à 1980, nomination des magistrats en 1969. La Constitution du 8 décembre 1963 était abrogée, dans ses dispositions contraires, par l'Acte fondamental du 5 août 1968 qui déterminait l'organisation et le fonctionnement des pouvoirs publics (JORC, 15 août 1968, p. 5).

L'autorité judiciaire, qui figurait au nombre des institutions de la Constitution du 8 décembre 1963, était maintenue. Les dispositions y afférentes de ladite Constitution furent reprises aux articles 64 à 70 de l'Acte fondamental susdit, annexe premier.

Le Conseil supérieur de la magistrature comportait, comme auparavant, les membres de droit et les membres nommés par décret en Conseil des ministres. Cependant, alors que dans la Constitution du 8 décembre 1963 cet organe était présidé par le président de la République, il revenait, désormais, au président du Conseil national de la Révolution, Chef d'Etat de présider le Conseil supérieur de la magistrature (art. 66, Acte fondamental, 5 août 1968).

Les dispositions régissant l'autorité judiciaire demeuraient les mêmes dans la Constitution du 8 décembre 1963 et dans l'Acte fondamental du 5 août 1968. L'article 67, alinéa premier, dudit Acte habilitait le président du Conseil national de la Révolution, Chef d'Etat, du pouvoir de nomination des magistrats, uniquement, sur présentation du Conseil supérieur de la magistrature, après avis du Conseil des ministres, à l'exception des magistrats du parquet.

L'on observait, toutefois, que dans la pratique la nomination des magistrats relevait du Premier ministre, sur proposition du garde des Sceaux, ministre de la Justice.

C'est ainsi que fut nommé, sur la base de l'Acte fondamental, de la convention franco-congolaise du 23 juillet 1959 et ses annexes relatives à l'utilisation du personnel relevant de la fonction publique française, par la République du Congo et de la convention franco-congolaise d'assistance judiciaire du 28 mai 1962, en Conseil des ministres, Raymond-Pierre Debiais, magistrat de 2e grade, 2e groupe, 7e échelon, conseiller à la Cour d'appel du Congo (décr. n° 69-282 MJ.DSC du 11 juillet 1969 portant nomination de Raymond-Pierre Debiais, magistrat, JORC, 15 juillet 1969, p. 347).

Des titularisations des magistrats relevaient de la compétence du Premier ministre qui y procédait par décret.

Ainsi furent titularisés, au 1er échelon de leur grade, les magistrats ci-après :

- A. Emmanuel Yoka et Richard Mayama (décr. n° 60-321 MJ-DSC du 10 septembre 1969 portant titularisation de MM. A. Emmanuel Yoka et Richard Mayama, magistrats, JORC, 15 septembre 1969, p. 418) ;
- Guillaume Moungali et Joseph Mapako-Tchilala (décr. n° 69-389 MJ-DSC du 20 novembre 1969 portant titularisation de MM. Guillaume Moungali et Joseph Mapako-Tchilala, magistrats, JORC, 15 septembre 1969, p. 625).

Section 6 – La nomination des magistrats en 1970

29 - Nomination des magistrats de 1965 à 1980, nomination des magistrats en 1970. Les personnes, ci-après, étaient nommées à différentes fonctions judiciaires, par arrêté et, donc, sans intervention du Conseil des ministres et en l'absence d'avis du Conseil supérieur de la magistrature comme l'exigeait l'article 10, alinéa 2, de la loi n° 5-62 du 20 janvier 1962 sur l'organisation et le fonctionnement du Conseil supérieur de la magistrature :

- Emmanuel Alihonou, magistrat stagiaire de 2e grade, 2e groupe, 1er échelon de la hiérarchie du corps judiciaire, intégré dans la magistrature congolaise par décret n° 70-287 du 2 septembre 1970 (JORPC, 15 septembre 1970, p. 530), fut nommé substitut général près la Cour d'appel de la République populaire du Congo (arr. n° 3693 du 3 septembre 1970, JORPC, 15 septembre 1970, p. 530). Ledit arrêté fut rapporté par l'arrêté n° 3723 du 4 septembre 1970 (JORPC, 15 septembre 1970, p. 530). L'intéressé était, ensuite, nommé substitut du procureur de la République près le tribunal de grande instance de Brazzaville (JORPC, 15 septembre 1970, p. 531).

- Placide Lenga, magistrat de 2e grade, 2e groupe, 3e échelon, nommé substitut général près le parquet général de la Cour d'appel de la République populaire du Congo (arr. n° 3724 du 4 septembre 1970, JORPC, 15 septembre 1970, p. 531).

Des difficultés rencontrées pour pourvoir des postes vacants dans les tribunaux d'instance avaient conduit le Gouvernement à nommer des greffiers en chef et, même, un inspecteur principal de police aux fonctions de juge d'instance :

- Séraphin Douta, greffier en chef de 2e classe, 4e échelon, appelé à exercer par intérim les fonctions de juge d'instance au tribunal de grande instance de Fort-Rousset. Il était admis à exercer ses fonctions cumulativement avec celles de substitut du procureur de la République près le tribunal de grande instance de Fort-Rousset, en l'absence de représentant du ministère public (arr. n° 3624 du 29 août 1970, JORPC, 15 septembre 1970, p. 530).

- André Loubienga, greffier principal de 5e échelon, appelé à exercer par intérim les fonctions de 2e substitut du procureur de la République près le tribunal de grande instance de Pointe-Noire (arr. n° 3624 du 29 août 1970, JORPC, 15 septembre 1970, p. 530).

- Etienne Missidimbazi, inspecteur principal de police mis à la disposition du service judiciaire, appelé à exercer par intérim les fonctions de juge d'instance au tribunal de grande instance de Brazzaville (arr. n° 3624 du 29 août 1970, JORPC, 15 septembre 1970, p. 530).

Section 7 – La nomination des magistrats en 1971

Parag. 1 – La nomination des magistrats français

30 - Nomination des magistrats de 1965 à 1980, nomination des magistrats français en 1971. Sur la base des conventions conclues entre la République française et la République du Congo, successivement, le 23 juillet 1959 et le 28 mai 1962, les magistrats français étaient nommés, encore, courant 1971, dans les juridictions congolaises pour participer à leur fonctionnement. Tel fut, par exemple, Raymond Debiais, nommé par décret n° 71-13 du 22 janvier 1971 portant nomination d'un juge à la Cour suprême (JORPC, 1er février 1971, p. 45).

Parag. 2 – nomination des magistrats congolais

31 - Nomination des magistrats de 1965 à 1980, nomination des magistrats congolais en 1971. Occupant auparavant le poste de conseiller à la Cour d'appel de Brazzaville, Raymond Debiais était remplacé, lors de sa nomination à la Cour suprême, par Etienne Mayinguidi, magistrat, procureur de la République près le tribunal de grande instance de Pointe-Noire, sur la base de la Constitution du 30 décembre 1969 et des textes régissant la justice, notamment, la loi n° 42-61 du 20 juin 1961 portant statut de la magistrature et l'ordonnance n° 63-10 du 6 novembre 1963 fixant l'organisation judiciaire et la compétence des juridictions (décr. n° 71-12 du 22 janvier 1971 portant nomination d'un conseiller à la Cour d'appel, JORPC, 1er février 1971, p. 45).

Ces fondements juridiques autorisaient également la mise en disponibilité des magistrats. C'est ainsi que Alexis Gabou, magistrat de 2e groupe, 2e grade, était placé en position de disponibilité, à sa demande, pour une période d'un an par décret du président de la République pris en Conseil d'Etat (décr. n° 71-155 du 4 juin 1971 mettant Alexis Gabou, magistrat, en position de disponibilité (JORPC, 15 juin 1971, p. 45).

On observe aisément que les décrets du président de la République concernant la carrière des magistrats font, suivant les cas, référence au Conseil supérieur de la magistrature mais sont pris en Conseil d'Etat. Cela est de nature à laisser suspecter l'inobservation du principe d'indépendance de la magistrature.

Section 8 – La nomination des magistrats en 1972

32 - Nomination des magistrats de 1965 à 1980, nomination des magistrats en 1972. Les magistrats congolais, titulaires de la licence en droit et du certificat du Centre d'études judiciaires de Paris, intégraient le corps judiciaire sur le fondement des textes nationaux, notamment, la loi n° 42-61 du 20 juin 1961 et l'ordonnance n° 63-10 du 6 novembre 1963 susdites, par décrets pris en Conseil d'Etat, après avis du Conseil supérieur de la magistrature :

- Pembellot Agathe épouse Mambou (décr. n° 72-85 du 6 mars 1972 portant intégration dans la magistrature congolaise de Mme Pembellot épouse Agathe Mambou et M. Germain N'Zoala, JORPC, 15 mars 1972, p. 142) ;

- Germain N'Zoala, (décr. n° 72-85 du 6 mars 1972 portant intégration dans la magistrature congolaise de Mme Pembellot épouse Agathe Mambou et M. Germain N'Zoala, JORPC, 15 mars 1972, p. 142).

Sur ces fondements, était prorogée, pour une durée d'un an la mise en disponibilité de Alexis Gabou, magistrat, en position de disponibilité, objet du décret n° 72-5 du 8 janvier 1972 (JORPC 15 janvier 1972, p. 26), pour lui permettre d'achever les travaux de préparation de sa thèse de doctorat en droit et, donc, jusqu'à sa soutenance. Il fut mis fin à ladite mise en disponibilité par décret du président de la République pris en Conseil d'Etat (décr. n° 72-82 du 24 février 1972 rapportant le décret n° 72-5 du 8 janvier 1972 portant prorogation de la mise en disponibilité de Alexis Gabou, magistrat, JORPC, 15 mars 1972, p. 141).

Il est aisé de relever, assurément, des doutes sur l'indépendance de l'autorité judiciaire en raison de ce que les décrets, ci-dessus, relatifs à la nomination des magistrats ou à la mise en disponibilité sont pris en Conseil d'Etat et non en séance du Conseil supérieur de la magistrature comme l'exigeait l'article 10, alinéa 2, de la loi n° 5-62 du 20 janvier 1962 sur l'organisation et le fonctionnement du Conseil supérieur de la magistrature.

Section 9 – La nomination des magistrats en 1973

Avec la Constitution de la République populaire du Congo du 24 juin 1973, apparaît une autre conceptualisation de la justice sous la dénomination non plus d'« autorité judiciaire » usitée depuis 1961 mais de « juridictions nationales » (cf. titre 9 de ladite Constitution).

Cette nouvelle Constitution était promulguée par décret n° 209-73 du 9 juillet 1973 portant promulgation de la Constitution du 24 juin 1973 de la République populaire du Congo (JORPC, 10 juillet 1973, numéro spécial, hors-texte).

Aux termes de l'article 79 de cette Constitution, « La Cour suprême de la République populaire du Congo, la Cour d'appel, les tribunaux populaires locaux, les cours militaires et les tribunaux institués par la loi constituent les organes juridictionnels de la République populaire du Congo ». Les magistrats étaient nommés suivant les règles précisées par la loi n° 5-62 du 20 janvier 1962 sur l'organisation et le fonctionnement du Conseil supérieur de la magistrature (§. 1). Ils bénéficiaient de la titularisation (§. 2).

Parag. 1 – La nomination des magistrats en CSM

33 - Nomination des magistrats de 1965 à 1980, nomination des magistrats en Conseil supérieur de la magistrature en 1973. Visant la Constitution du 24 juin 1973, le statut de la magistrature et l'ordonnance fixant l'organisation judiciaire et la compétence des juridictions, le président de la République, chef de l'Etat, président du Conseil d'Etat, intégra et nomma, en Conseil supérieur de la magistrature, Séraphin Douta, greffier en chef de 2e classe, 4e échelon, en qualité de magistrat stagiaire de 3e grade, 2e échelon de la hiérarchie du corps judiciaire (décr. n° 73-291 du 28 août 1973 portant intégration dans la magistrature congolaise de M. Séraphin Douta, JORPC, 1er septembre 1973, p. 513).

Ainsi, même si « l'autorité judiciaire » n'apparaissait plus dans la législation, les magistrats continuaient à être nommés suivant les règles édictées par la loi n° 5-62 du 20 janvier 1962 sur l'organisation et le fonctionnement du Conseil supérieur de la magistrature demeurée en vigueur.

Parag. 2 – La titularisation des magistrats en CE

34 - Nomination des magistrats de 1965 à 1980, titularisation des magistrats en Conseil d'Etat en 1973. En conformité avec les dispositions pertinentes de la loi n° 5-62 du 20 janvier 1962 précitée, il était procédé à la titularisation des magistrats comme en matière de nomination des magistrats. Ainsi, sur proposition du garde des Sceaux, ministre de la Justice, était titularisé, au 1er échelon de son grade, en Conseil d'Etat, conformément au procès-verbal de la commission d'avancement du 17 juillet 1973, Emmanuel Alihonou, magistrat stagiaire de 2e grade, 2e groupe (décr. n° 73-290 du 28 août 1973 portant titularisation de M. Emmanuel Alihonou, magistrat stagiaire, JORPC, 1er septembre 1973, p. 513).

Section 10 – La nomination des magistrats en 1974

35 - Nomination des magistrats de 1965 à 1980, nomination des magistrats en 1974. S'appuyant sur les différents textes légaux et réglementaires qui gouvernaient le système judiciaire congolais, le Gouvernement procédait, en 1974, à plusieurs nominations des magistrats comme ci-après :

- Jean-Romuald Okiémy, sur proposition du garde des Sceaux, ministre de la Justice, et après avis du Conseil supérieur de la magistrature fondé sur le protocole d'accord signé, le 5 août 1970, entre la République populaire du Congo et l'URSS relatif à l'équivalence des diplômes, fut nommé magistrat stagiaire de 3e grade de la hiérarchie du corps judiciaire (décr. n° 74-98 du 6 mars 1974 portant nomination de M. Jean-Romuald Okiémy en qualité de magistrat stagiaire (JORPC, 15 mars 1974, p. 178) ;

- Aimé Emmanuel Yoka, magistrat de 2e grade, 1er groupe, 5e échelon, ancien substitut du procureur de la République, en qualité de vice-président du tribunal de grande instance de Brazzaville (arr. n° 2777 du 1er juillet 1974, JORPC, 1er juin 1974, p. 28) ;

- Mounkala née Henriette Diatoulou, juge intérimaire, en qualité de juge du siège du tribunal de grande instance de Brazzaville (arr. n° 2777 du 1er juillet 1974, JORPC, 1er juin 1974, p. 28) ;

- Martin M'beri, magistrat de 3e grade, 2e échelon, en qualité de 1er substitut du procureur de la République près le tribunal de grande instance de Brazzaville (arr. n° 2777 du 1er juillet 1974, JORPC, 1er juin 1974, p. 28) ;

- Jean Niangandoumou, magistrat de 2e grade, 1er groupe, 2e échelon, en qualité de 2e substitut du procureur de la République près le tribunal de grande instance de Brazzaville (arr. n° 2777 du 1er juillet 1974, JORPC, 1er juin 1974, p. 28) ;

- Jean Gaboumba, juge intérimaire, appelé à exercer les fonctions de 3e substitut du procureur de la République près le tribunal de grande instance de Brazzaville (arr. n° 2777 du 1er juillet 1974, JORPC, 1er juin 1974, p. 28) ;

- Mambou née Pembellot Agathe, magistrat de 2e grade, 2e groupe, 2e échelon, en qualité de juge d'instruction au tribunal de grande instance de Brazzaville (arr. n° 2777 du 1er juillet 1974, JORPC, 1er juin 1974, p. 28) ;

- Raphaël Miyoulou, magistrat de 2e grade, 2e groupe, 4e échelon, appelé à exercer les fonctions de président du tribunal de grande instance de Pointe-Noire (arr. n° 2777 du 1er juillet 1974, JORPC, 1er juin 1974, p. 28) ;

- Jean-François Tchibinda, magistrat de 2e grade, 2e groupe, 3e échelon, en qualité de juge d'instruction et juge des enfants au tribunal de grande instance de Pointe-Noire, cumulativement avec ses fonctions de président du tribunal du travail de Pointe-Noire (arr. n° 2777 du 1er juillet 1974, JORPC, 1er juin 1974, p. 28) ;

- Léon Sombo, magistrat de 3e grade, 3e échelon, appelé à exercer les fonctions de procureur de la République et juge d'application des peines au tribunal de grande instance de Pointe-Noire (arr. n° 2777 du 1er juillet 1974, JORPC, 1er juin 1974, p. 28) ;

- Pierre Ngaka, magistrat de 2e grade, 2e groupe, 3e échelon, ancien procureur de la République près le tribunal de grande instance de Dolisie, juge d'instruction, juge des enfants et juge d'application des peines de la même juridiction, en qualité de président du tribunal du travail de Brazzaville (arr. n° 2777 du 1er juillet 1974, JORPC, 1er juin 1974, p. 28) ;

- Séraphin Douta, magistrat de 3e grade, 2e échelon, appelé à exercer les fonctions de procureur de la République près le tribunal de grande instance de Dolisie, juge d'instruction, juge des enfants et juge d'application des peines de la même juridiction (arr. n° 2777 du 1er juillet 1974, JORPC, 1er juin 1974, p. 28) ;

- Germain Nzoala, magistrat 2e grade, 2e groupe, 1e échelon, en qualité de juge résident du tribunal de grande instance de Fort-Rousset (arr. n° 2777 du 1er juillet 1974, JORPC, 1er juin 1974, p. 28) ;

- Jean François Gokouba, greffier de 2e échelon des cadres de la catégorie C1 du service judiciaire, en qualité de juge intérimaire au tribunal de grande instance d'Impfondo (arr. n° 2777 du 1er juillet 1974, JORPC, 1er juin 1974, p. 28).

Section 11 – La nomination des magistrats en 1975

Parag. 1 – La nomination des magistrats français

36 - Nomination des magistrats de 1965 à 1980, nomination des magistrats français en dehors des juridictions en 1975. L'application de la convention franco-congolaise du 23 juillet 1959 et ses annexes, relative à l'utilisation du personnel relevant de la fonction publique française par la République du Congo et de la convention franco-congolaise d'assistance judiciaire du 28 mai 1962 avait suscité quelques inquiétudes à la partie française.

Ainsi, par lettre à Brazzaville, du 1er janvier 1974, M. Jean François Deniau, secrétaire d'Etat auprès du ministre des Affaires étrangères de la République française, faisait observer à M. David-Charles Ganao, ministre des Affaires étrangères de la République populaire du Congo, que la situation des magistrats français mis à la disposition de son pays posait un problème particulier. Il craignait, en effet, qu'à l'avenir l'exercice des fonctions juridictionnelles par les magistrats français, au titre de la coopération judiciaire entre les deux Etats, puisse être interprété comme contraire à la souveraineté de la République populaire du Congo. Le secrétaire d'Etat français émettait, alors, le vœu que les magistrats français mis à la disposition de la République populaire du Congo ne soient plus nommés et affectés dans les juridictions congolaises.

Etant donné que cette suggestion pourrait engendrer des difficultés de fonctionnement des juridictions, le Gouvernement français proposait, néanmoins, si le Gouvernement congolais l'acceptait, le maintien desdits magistrats dans les fonctions juridictionnelles jusqu'à l'expiration de la durée de leurs contrats.

L'auteur de la lettre susmentionnée indiquait, cependant, que le Gouvernement français examinerait, favorablement, les demandes du Gouvernement congolais relatives à la mise à sa disposition des magistrats français au titre d'accomplissement des missions d'études ou de formation.

Concernant les magistrats dont les contrats étaient en cours d'exécution dans les juridictions congolaises, le Gouvernement français proposait qu'il leur soit maintenu des garanties comparables à celles dont ils bénéficiaient, statutairement, en France, notamment, l'indépendance, l'immunité, les privilèges, honneurs et prérogatives accordés aux magistrats congolais.

La lettre précitée du secrétaire d'Etat français s'achevait par la demande faite au ministre des Affaires étrangères de la République populaire du Congo de lui confirmer son accord sur ces différentes propositions (Lettre du 1er janvier de M. Jean François Deniau, secrétaire d'Etat auprès du ministre des Affaires étrangères de la République française à M. David-Charles Ganao, ministre des Affaires étrangères de la République populaire du Congo, JORPC, 16 mars 1975, pp. 18-19).

Parag. 2 – L'Accord relatif au statut des magistrats

37 - Nomination des magistrats de 1965 à 1980, accord relatif au statut des magistrats. La réponse du ministre des Affaires étrangères de la République populaire du Congo à la demande sus-indiquée du secrétaire d'Etat français fut, étonnamment, faite par lettre du 1er janvier 1974, à Brazzaville, de même date que celle, sus énoncée, qui lui avait été adressée par M. Jean François Deniau, secrétaire d'Etat auprès du ministre des Affaires étrangères de la République française.

Rappelant intégralement les termes de cette correspondance, M. David-Charles Ganao, ministre des Affaires étrangères de la République populaire du Congo répondait, ainsi, à M. Jean François Deniau, secrétaire d'Etat auprès du ministre des Affaires étrangères de la République française, en une seule phrase formulée comme suit : « J'ai l'honneur de vous faire savoir que ces dispositions rencontrent le plein accord du Gouvernement congolais » (Lettre du 1er janvier 1974 de M. David-Charles Ganao, ministre des Affaires étrangères de la République populaire du Congo à M. Jean François Deniau, secrétaire d'Etat auprès du ministre des Affaires étrangères de la République française, JORPC, 16 mars 1975, p. 19).

Ces deux lettres des autorités gouvernementales française et congolaise ont, donc, abouti à la conclusion de l'Accord, par échange de lettres, relatif au statut des magistrats entre le Gouvernement de la République populaire du Congo et le Gouvernement de la République française ratifié par la loi n° 21-75 du 14 mars 1975 (JORPC, 16 mars 1975, p. 18).

Il en était découlé la conclusion de la Convention relative au concours en personnel apporté par la République française à la République populaire du Congo du 1er janvier 1974 ratifiée par la loi n° 23-75 du 14 mars 1975 (JORPC, 16 mars 1975, pp. 19-21).

Section 12 – La nomination des magistrats en 1980

38 - Nomination des magistrats de 1965 à 1980, nomination des magistrats en 1980. Si de 1973 à 1978 la nomination des magistrats congolais était faite sur le fondement de la Constitution du 24 juin 1973, attribuant à la justice le statut de « Juridictions nationales », il n'en était plus ainsi sous l'empire de la Constitution du 8 juillet 1979 qui conférait à la justice le nouveau statut de « Juridictions nationales populaires » (Titre 6 de ladite Constitution, JORPC, mai 1990, p. 16). En effet, le qualificatif « populaire » collait à la dénomination des juridictions nationales, excepté la Cour suprême, la Cour des comptes, les tribunaux du travail et les tribunaux militaires. Ainsi furent instituées des juridictions dénommées tribunaux populaires de région ou de commune, tribunaux populaires de district ou d'arrondissement, tribunaux populaires de village-centre ou de quartier. Toutefois, à défaut de mise en œuvre de ladite

Constitution ayant trait à la réorganisation de la justice, les juridictions conservaient leurs anciennes appellations. Des magistrats y étaient, alors, nommés et affectés en application du statut de la magistrature et de la loi relative au Conseil supérieur de la magistrature.

Ainsi, cet organe était convoqué par arrêté du président du Comité central du Parti congolais du Travail, président de la République, Chef de l'Etat, président du Conseil des ministres ayant pour objet la nomination des magistrats (cf., à titre illustratif, arr. n° 3625 MJT-CAB du 7 juillet 1979 fixant la date et l'ordre du jour d'une réunion du Conseil supérieur de la magistrature ; arr. n° 0524 MJT-CAB du 22 octobre 1981 fixant la date et l'ordre du jour d'une réunion du Conseil supérieur de la magistrature).

Toutefois, certains décrets y afférents étaient pris en Conseil des ministres, sous la signature du président du Comité central du Parti congolais du Travail, président de la République, Chef de l'Etat, président du Conseil des ministres, sans faire apparaître aucune mention du Conseil supérieur de la magistrature, tels ceux portant nomination des magistrats ci-après :

- Jean-Pierre Mbika, magistrat de 2e grade, 2e groupe, en qualité de substitut du procureur général près la Cour d'appel de Brazzaville, cumulativement avec ses fonctions de directeur de cabinet du président de l'Assemblée nationale populaire (décr. n° 80-241 du 24 mai 1980 portant nomination des magistrats (JORPC, du 16 au 31 mai 1980, p. 460) ;
- Gaston Mabouana, magistrat de 2e grade, 2e groupe, en qualité de substitut du procureur général près la Cour d'appel de Brazzaville, cumulativement avec ses fonctions de Conseiller juridique à la présidence de la République (décr. n° 80-241 du 24 mai 1980 portant nomination des magistrats (JORPC, du 16 au 31 mai 1980, p. 460) ;
- Samuel Gatabantou et Christophe Panghoud, auditeurs de justice, titulaires de la licence en droit et du diplôme de l'école nationale de la magistrature de Paris, section internationale, en qualité de magistrats de 2e grade, 2e groupe, 1er échelon de la hiérarchie du corps judiciaire, indice 830 (décr. n° 80-215 du 15 mai 1980 portant intégration dans la magistrature congolaise de Samuel Gatabantou et Christophe Panghoud, auditeurs de justice, JORPC, du 16 au 31 mai 1980, p. 458) ;
- Isaac Locko, en qualité d'auditeur à la Cour suprême (décr. n° 80-244 du 27 mai 1980 portant nomination de M. Isaac Locko, administrateur des services administratifs et financiers de 2e échelon

en qualité d'auditeur à la Cour suprême, JORPC, du 16 au 31 mai 1980, p. 461). Ici, se pose le problème de la recherche du texte applicable car il se trouve, en effet, que deux lois entrées en vigueur à la date du 20 janvier 1962, ne comportent pas des dispositions similaires en matière de nomination des juges à la Cour suprême, en l'occurrence, l'article 9, alinéa premier de la loi n° 4-62 du 20 janvier 1962 portant création de la Cour suprême et l'article 10, alinéa premier de la loi n° 5-62 du 20 janvier 1962 sur l'organisation et le fonctionnement du Conseil supérieur de la magistrature.

Selon l'article 9, alinéa premier, de la loi n° 4-62 du 20 janvier 1962 susvisée, « Les membres de la Cour suprême sont nommés par décret du président de la République en Conseil des ministres, sur proposition du garde des Sceaux, ministre de la justice ».

Et l'article 10, alinéa premier de la loi n° 5-62 du 20 janvier 1962 précitée dispose, quant à lui, que « Les magistrats du siège de la Cour suprême sont nommés par décret en Conseil des ministres sur présentation du Conseil supérieur de la magistrature ».

Etant donné que les auditeurs de justice à la Cour suprême sont membres de cette juridiction comme le spécifie l'article 8 de la loi n° 4-62 du 20 janvier 1962 susmentionnée, il parait normal de procéder, effectivement, à leur nomination sur le fondement de l'article 9, alinéa premier, de la loi n° 4-62 du 20 janvier 1962 susdite. L'article 10, alinéa premier de la loi n° 5-62 du 20 janvier 1962 sus citée, qui vise, spécialement, les magistrats du siège ne saurait, en raison de sa restriction, s'appliquer dès lors que les auditeurs de justice « sont choisis parmi les magistrats et fonctionnaires », aux termes de l'article 9, alinéa 6, de la même loi. Ils ne peuvent, ainsi, être assimilés aux magistrats du siège au sens où l'entendait l'article 10, alinéa premier de la loi n° 5-62 du 20 janvier 1962 citée plus haut.

Dans ces conditions, l'intervention du Conseil supérieur de la magistrature n'était, donc, pas avérée, la compétence du Conseil des ministres étant, clairement précisée par la loi n° 4-62 du 20 janvier 1962 portant statut de la magistrature.

Il demeure que les compétences du Conseil des ministres en matière de nomination des magistrats ne devraient pas subsister après l'entrée en vigueur de la loi n° 5-62 du 20 janvier 1962 sur l'organisation et le fonctionnement du Conseil supérieur de la magistrature. Cet organe s'était, en effet, vu conférer, au chapitre 2 (Attributions) et à la section première (Des nominations des magistrats du siège), des pouvoirs en la matière spécifiés aux articles 9, 10 et 11 de ladite loi.

D'autres décrets de nomination, également, pris en Conseil des ministres, signés par le président du Comité central du Parti congolais du Travail, président de la République, Chef de l'Etat, président du Conseil des ministres, comportaient, à la suite des visas, la mention « Le Conseil supérieur de la magistrature entendu ». Il en était, ainsi, des décrets nommant les magistrats suivants :

- André Kamango, magistrat de 2e grade, 2e groupe, 1er échelon, en qualité de vice-président du tribunal de grande instance de Pointe-Noire (décr. n° 80-238 du 24 mai 1980 portant nomination et affectation des magistrats, JORPC, 16 au 31 mai 1980, pp. 458-459) ;
- Christophe Panghoud, magistrat de 2e grade, 2e groupe, 1er échelon, en qualité de doyen des juges d'instruction au tribunal de grande instance de Pointe-Noire (décr. n° 80-238 du 24 mai 1980 portant nomination et affectation des magistrats, JORPC, 16 au 31 mai 1980, pp. 458-459) ;
- Maurice-Delphin Kouloungou, magistrat de 2e grade, 2e groupe, en qualité de juge d'instruction au tribunal de grande instance de Brazzaville (décr. n° 80-239 du 24 mai 1980 portant nomination des juges d'instruction, JORPC, 16 au 31 mai 1980, p. 459) ;
- Edouard Toubi-Eko, magistrat de 3e grade, en qualité de juge d'instruction au tribunal de grande instance de Brazzaville (décr. n° 80-239 du 24 mai 1980 portant nomination des juges d'instruction, JORPC, 16 au 31 mai 1980, p. 459) ;
- Auguste Iloki, magistrat de 2e grade, 2e groupe, 1er échelon, en qualité de juge au tribunal de grande instance de Brazzaville (décr. n° 80-240 du 24 mai 1980 portant nomination des magistrats, JORPC, 16 au 31 mai 1980, p. 459) ;
- Samuel Gatabantou, magistrat de 2e grade, 2e groupe, 1er échelon, en qualité de juge au tribunal de grande instance de Brazzaville (décr. n° 80-240 du 24 mai 1980 portant nomination des magistrats, JORPC, 16 au 31 mai 1980, p. 459) ;
- Victor Ondzié, magistrat de 2e grade, 2e groupe, 1er échelon, en qualité de juge au tribunal de grande instance de Brazzaville (décr. n° 80-240 du 24 mai 1980 portant nomination des magistrats, JORPC, 16 au 31 mai 1980, p. 460) ;
- Georges Soumbou-Tchicaya, magistrat de 2e grade, 2e groupe, 1er échelon, en qualité de doyen des juges d'instruction au tribunal de grande instance de Brazzaville (décr. n° 80-240 du 24 mai 1980

portant nomination des magistrats, JORPC, 16 au 31 mai 1980, p. 460) ;

- Henri Ballard, magistrat de 2e grade, 2e groupe, 1er échelon, en qualité de président du tribunal du travail de Pointe-Noire (décr. n° 80-242 du 24 mai 1980 portant nomination de M. Henri Ballard en qualité de président du tribunal du travail de Pointe-Noire, JORPC, 16 au 31 mai 1980, p. 460).

La complexité que soulève la question de la nomination des magistrats demeurait entière d'autant qu'alors que le Conseil des ministres se réunissait pour exercer ses compétences à cet égard, il figurait, dans les décrets y relatifs, la mention « Le Conseil supérieur de la magistrature entendu » au lieu de celle qui paraissait régulière, à savoir « Le Conseil des ministres entendu », puisqu'il s'agissait des décisions prises en Conseil des ministres.

Outre les nominations des magistrats, l'inamovibilité des magistrats constitue, également, un des éléments permettant de jauger le niveau acquis d'indépendance de la justice.

TITRE II

L'INAMOVIBILITE DES MAGISTRATS

Sous l'ancien Régime français, la fonction judiciaire semblait être considérée comme constituant le premier attribut de la souveraineté. Ainsi, les juges, suivant une présomption établie à cette époque, étaient censés faire refléter la volonté du roi dans leurs décisions judiciaires.

La doctrine exprimait cette idée en écrivant que «… les juges étaient en outre supposés faire « parler » le roi dans leurs sentences » (M. F. Renoux-Zagamé, « Justice royale », cité par Olivier Pluen, thèse de doctorat en droit public, « L'inamovibilité des magistrats : un modèle ? », soutenue le 22 novembre 2011, Université Panthéon-Assas, Ecole doctorale de droit public, science administrative et science politique, p. 84).

Ainsi, sous cette considération, le juge rendait la justice non selon son intime conviction mais en recherchant la volonté du personnage qui incarnait la justice, en la personne du roi.

En raison de la dignité attachée à la fonction judiciaire, les juges en ce qu'ils rendaient la justice devaient bénéficier d'une garantie particulière de stabilité dans l'exercice de leurs fonctions. C'était, à cette époque, la consécration formelle de l'inamovibilité par le pouvoir royal suivant ordonnance du 21 octobre 1467, considérée comme constituant le fondement traditionnel de ladite inamovibilité (Olivier Pluen, op. cit. p 90).

La loi n° 22-61 du 2 mars 1961 portant adoption de la Constitution de la République du Congo prévoyait, en son article 62 alinéa premier, que « Les magistrats du siège sont nommés par le président de la République, sur proposition du garde des Sceaux, ministre de la Justice, après avis du Conseil supérieur de la magistrature ».

L'alinéa 2 dudit article énonçait que « Ces magistrats sont inamovibles ». C'était, là, incontestablement, le premier fondement de la reconnaissance de l'inamovibilité des magistrats au Congo.

L'inamovibilité était prévue dans les autres Constitutions de la République du Congo et dans les lois relatives au statut de la magistrature.

Afin de mieux appréhender la notion d'inamovibilité des magistrats qui constitue une composante essentielle de leur indépendance, il convient de rechercher la consécration textuelle de ce principe (chap. 1) et ses applications effectives (chap. 2).

CHAPITRE I

LA CONSECRATION TEXTUELLE DE L'INAMOVIBILITE

39 - **Inamovibilité des magistrats du siège, consécration textuelle.** La source du droit moderne congolais se trouve, incontestablement, dans le droit français. On signale, historiquement, qu'en France, en 1788, le principe d'inamovibilité était « érigée au rang de loi fondamentale du royaume », sous l'ancien régime qui commence avec l'accession au trône d'Henri IV en 1589 jusqu'en 1791, à la Révolution française (Olivier Pluen, op. cit. p. 62).

Au Congo, outre la Constitution du 2 mars 1961 dont les rédacteurs se sont, évidemment inspirés de celle de la métropole du 4 octobre 1958, la Constitution du 8 décembre 1963 prévoyait, également, l'inamovibilité des magistrats du siège, (art. 67, al. 4).

L'Acte fondamental du 31 décembre 1968 a repris la disposition sus citée de la Constitution du 8 décembre 1963 (art. 67, al. 4).

On note, cependant, que la Constitution du 31 décembre 1969 de la République populaire du Congo, publiée par ordonnance de même date, ne comporte pas de disposition relative à la justice et, donc, ne mentionne pas le principe de l'inamovibilité des magistrats du siège.

La Constitution de la République populaire du Congo du 24 juin 1973 n'avait pas, non plus, consacré l'inamovibilité des magistrats du siège même si le titre 9 de ladite Constitution était réservé aux juridictions nationales (art. 79 à 85). Il en était de même de l'Acte fondamental du 5 avril 1977 et de la Constitution de la République populaire du Congo du 8 juillet 1979 instituant les juridictions nationales populaires. L'ordonnance n° 019/84 du 23 août 1984 portant modification de certaines dispositions de la Constitution du 8 juillet 1979, ratifiée par la loi n° 076 du 4 décembre 1984 n'apportait guère de modification concernant la prévision de l'inamovibilité des magistrats du siège.

Même l'Acte fondamental du 4 juin 1991 portant organisation des pouvoirs publics durant la période de transition qui instituait le pouvoir judiciaire (titre 8) n'avait, curieusement, fait aucune allusion à l'inamovibilité des magistrats du siège. Il en était, ainsi, également, de la Constitution du 15 mars 1992 et de l'Acte fondamental du 24 octobre 1997.

C'est dans la Constitution du 20 janvier 2002 que l'article 141 alinéa 2 disposait, au titre 8 consacré au pouvoir judiciaire, que « Les magistrats du siège sont inamovibles ».

Cette formulation liée à l'inamovibilité des magistrats se retrouve dans la Constitution du 25 octobre 2015 dont l'article 172 al. 2 énonçait que « Les magistrats du siège sont inamovibles ».

Deux conditions devaient, donc, être réunies pour prétendre bénéficier de l'inamovibilité :

- D'une part, avoir la qualité de magistrat ;
- D'autre part, exercer les fonctions juridictionnelles au siège.

Il en résulte, en conséquence, l'exclusion du bénéfice des avantages rattachés à l'inamovibilité aux :

- Magistrats du parquet ;
- Magistrats qui exercent leurs fonctions au sein des services du ministère de la justice ou dans d'autres administrations, autrement dit, ceux qui se trouvent en détachement et n'occupent donc pas de fonctions juridictionnelles ;
- Auditeurs de justice qui ne sont, naturellement, pas encore magistrats mais ont vocation à acquérir cette qualité à la suite de leur formation réussie à l'Ecole nationale de la magistrature du Congo ou dans d'autres structures de formation analogues d'autres pays.

Il reste à rechercher comment sont opérées les applications de la notion d'inamovibilité.

CHAPITRE II

LES APPLICATIONS DE L'INAMOVIBILITE

40 - **Inamovibilité des magistrats du siège, applications.** L'ordonnance n° 58-1270 du 22 décembre 1958 portant loi organique relative au statut de la magistrature en France dispose :

« Les magistrats du siège sont inamovibles.

« En conséquence, le magistrat du siège ne peut recevoir, sans son consentement, une affectation nouvelle, même en avancement » (art. 4 de ladite ordonnance).

Cette disposition est, ainsi, reprise dans la loi n° 42-61 du 20 juin 1961 portant statut de la magistrature dont l'article 2 est libellé comme suit :

« Les magistrats du siège sont inamovibles. En conséquence le magistrat du siège installé dans ses fonctions ne peut recevoir sans son consentement une affectation nouvelle, même en avancement. Dans leurs fonctions juridictionnelles, ils ne relèvent que de la loi et de leur conscience ».

Le bénéfice du privilège de l'inamovibilité par le magistrat renvoie à la réunion des éléments mentionnés dans ledit article qui sont :

- Le préalable de l'installation des magistrats dans leurs fonctions. Selon l'article 7, alinéa premier, de la loi n° 42-61 du 20 juin 1961 susmentionnée, « Les magistrats sont installés dans leurs fonctions en audience solennelle de la juridiction à laquelle ils sont nommés ». C'est, alors, qu'ils doivent résider au siège de la juridiction à laquelle ils appartiennent (art. 8, L. n° 42-61 du 20 juin 1961 précitée) ;
- L'affectation des magistrats ne peut avoir lieu sans qu'ils y consentent et, donc, en violation de l'obligation légale de résidence qui leur est imposée ;
- La dépendance des magistrats de la loi et de la conscience dans l'exercice de leurs fonctions juridictionnelles.

L'inamovibilité paraît être associée à l'idée de stabilité des fonctions du magistrat afin de le préserver de certaines sanctions comme la suspension, le déplacement d'office ou la révocation de manière arbitraire, autrement dit, en dehors de toute observation des garanties prévues par les normes en la matière.

De ce point de vue, l'inamovibilité des magistrats se perçoit comme un principe dont la vocation est d'assurer la protection de l'emploi ou du poste occupé par le magistrat. Ainsi, lorsque l'intérêt du service justifie l'intervention de l'administration, celle-ci n'est possible que si, auparavant, le magistrat contre lequel la mesure est envisagée est consulté et consent à la décision préconisée.

Alors, comment est, concrètement, appliquée la disposition relative à l'inamovibilité des magistrats du siège au Congo ?

En 1961, la pénurie des magistrats ne pouvait permettre le respect de cette notion d'inamovibilité. Sous l'empire de toutes les Constitutions de la République du Congo avant celle du 25 octobre 2015, l'application de la disposition pertinente sur l'inamovibilité des magistrats du siège était problématique. En effet, en raison des difficultés de formation des magistrats, le respect du principe d'inamovibilité paraissait incompatible avec la nécessité de pourvoir les juridictions en personnel de ce rang pour permettre leur fonctionnement normal.

On peut relativiser, actuellement, cette affirmation car l'effort important de formation du personnel magistrat est de nature à favoriser l'application du principe de l'inamovibilité des magistrats du siège sous l'angle de leur affectation.

Considérée comme garantie d'indépendance pour le magistrat du siège, l'inamovibilité s'opposerait à ce qu'il soit déplacé, sans son consentement, d'une juridiction à une autre, dans l'intérêt du service. Cela s'apparenterait à admettre l'inamovibilité de résidence qui constituerait, dans l'application stricte du principe de l'inamovibilité, un véritable leurre car il convient de reconnaître au pouvoir public la possibilité d'organiser le fonctionnement des juridictions au moyen de la mobilité du personnel magistrat, par leur affectation dans les juridictions où l'exercice de leurs fonctions le requiert.

Du point de vue conceptuel, l'inamovibilité peut être appréhendée comme un principe fondamental essentiel pour assurer la garantie de l'indépendance personnelle du juge dont elle constitue une des composantes. On peut, même, associer l'inamovibilité du juge, telle que prévue dans le droit positif congolais, à la reconnaissance de l'existence du pouvoir judiciaire dans la conception de Montesquieu, coexistant dans l'Etat avec les deux autres pouvoirs : le pouvoir législatif et le pouvoir exécutif, même s'il a été affirmé, en doctrine, que le pouvoir judiciaire est un « pouvoir refusé » (J. Foyer, « Justice : histoire d'un pouvoir refusé », Revue Pouvoirs, n° 16, 1981, p. 17, cité par Olivier Pluen, thèse de doctorat en droit public, « L'inamovibilité des magistrats : un modèle ? », soutenue le 22 novembre 2011, Université Panthéon-Assas, Ecole doctorale de droit public, science administrative et science politique, n° 41, p. 66). Ainsi, l'inamovibilité du juge serait, sous cet angle, selon M. T. Ducrocq, perçue comme un critère de l'existence du pouvoir judiciaire (T. Ducrocq, cours de droit administratif, t. 1, éd. Ernest Thorin, Paris, 1877, pp. 35-36, cité par Foyer, « Justice : histoire d'un pouvoir refusé », op. cit. p. 66).

On pouvait relever une sorte de parenthèse dans la consécration constitutionnelle de l'inamovibilité, au Congo, dans la période allant de 1983 à 1991, qu'il convenait, d'ailleurs, de relativiser puisque ladite inamovibilité figurait dans le statut de la magistrature non abrogé mais, simplement, inappliqué et, donc, tombé en désuétude.

En d'autres termes, il ne semblait pas exagéré d'affirmer que nonobstant sa nature de norme supralégislative, l'inamovibilité était demeurée théorique depuis sa reconnaissance comme valeur constitutionnelle.

On peut se demander si l'inamovibilité des magistrats ne constitue pas un mythe à déconstruire pour demeurer dans la réalité du fonctionnement des juridictions qui nécessite une mobilité dans l'exercice des fonctions judiciaires par les magistrats malgré son caractère indéniable de garantie pour le justiciable qui est la finalité de sa consécration constitutionnelle.

Le principe d'inamovibilité ne contrarie point les compétences des autorités judiciaires habilitées relatives à la répartition des juges dans les différents services de la même juridiction à laquelle ils appartiennent car il s'agit là d'une simple opération d'administration pour faciliter le fonctionnement des services.

L'inamovibilité ne s'oppose pas non plus au remplacement d'un juge empêché par un autre juge de la même juridiction ou pour compléter la composition d'une audience.

Si l'inamovibilité est reconnue aux magistrats du siège, ne doit-on pas rechercher sa date de prise d'effet ?

Il apparaît des termes de l'article 6 de la loi n° 42-61 du 20 juin 1961 portant statut de la magistrature que « Tout magistrat, lors de sa nomination à son premier poste et avant d'entrer en fonction, prête serment… ».

L'installation du magistrat dans ses fonctions, à la suite de sa prestation de serment même intervenue par écrit, constitue une obligation qui découle de l'article 7 de la loi portant statut de la magistrature.

Alors à quelle date commence, par conséquent, à courir l'inamovibilité du magistrat ? A sa nomination, à partir de la date de sa prestation de serment ou à compter de celle de son installation ?

L'on ne peut concevoir l'exercice des fonctions, par le magistrat, avant son installation qui correspond à la date à laquelle il est, officiellement, présenté comme devant désormais appartenir à la juridiction où il est affecté. C'est, à cet instant cérémonial qu'il est, simultanément, reçu par les anciens magistrats qui l'y ont précédé. Ses fonctions devraient pouvoir prendre date en ce moment qui fixe le point de départ de l'inamovibilité dont il bénéficie ainsi que celui de son ancienneté. Le magistrat installé est censé être placé sur le siège qu'il va occuper tout le long de la période au cours de laquelle il exercera ses fonctions.

Qu'en est-il, alors, de la date de cessation de l'inamovibilité du magistrat ?

L'inamovibilité du magistrat du siège correspondait, lors de son institution au Congo, en 1961, à l'exercice, par lui, des fonctions à vie. La loi déterminait, toutefois, trois causes de cessation des activités professionnelles du magistrat : la mise à la retraite d'office, l'admission à cesser des fonctions lorsque le magistrat n'a pas droit à une pension de retraite et la révocation avec ou sans suspension des droits à pension (art. 31, L. n° 42-61 du 20 juin 1961 portant statut de la magistrature).

On observait que la loi n'évoquait pas la démission, acte suivant lequel le magistrat du siège renoncerait, sans contrainte, à l'exercice de ses fonctions juridictionnelles.

Il n'en était pas de même en ce qui concernait la retraite du magistrat. En effet, se référant, peut-être, à la loi française du 18 août 1936 régissant les mises à la retraite par ancienneté, qui fixait à soixante-cinq ans la limite d'âge des magistrats pour faire valoir leurs droits à la retraite, le législateur congolais prévoyait dans le statut de la magistrature que « Tout magistrat âgé de 65 ans est admis à faire valoir ses droits à la retraite » (art. 48 al. 1er, L. n° 023-92 du 20 août 1992 portant statut de la magistrature).

Auparavant, la cessation des fonctions du magistrat relevait de la loi n° 15-62 du 5 février 1962 portant statut général des fonctionnaires. En effet, aux termes de l'article 51 de la loi n° 42-61 du 20 juin 1961 portant statut de la magistrature relatif à la cessation des fonctions des magistrats « Les dispositions du statut général des fonctionnaires concernant la cessation des fonctions s'appliquent aux magistrats dans la mesure où elles ne sont pas contraires aux règles statutaires du corps judiciaire ».

Ainsi, dans le silence du statut de la magistrature, objet de la loi n° 42-61 du 20 juin 1961 précitée et, donc, en l'absence de toute disposition contraire relative à la retraite des magistrats, ceux-ci étaient soumis à la limite d'âge déterminée à l'article 57 de la loi n° 15-62 du 5 février 1962 susmentionnée qui était de cinquante-cinq ans. Selon ladite disposition : « La limite d'âge est fixée à 55 ans pour les fonctionnaires de la catégorie A… ». A cette catégorie, les magistrats faisaient valoir leurs droits à la retraite à cet âge de 1961 (L. n° 42-61 du 20 juin 1961 susdite) à 1992 (L. n° 023-92 du 20 août 1992 susvisée).

A ces situations on peut, également, ajouter la circonstance extralégale du décès du magistrat qui met, sans aucun doute, un terme à la portée de l'inamovibilité, dans la mesure où celle-ci est dans sa conception, étroitement, liée à l'accomplissement de ses fonctions judiciaires par le magistrat bénéficiaire de ce privilège.

On peut espérer que l'inamovibilité des magistrats trouvera son effectivité suite à la formation actuelle de nombreux auditeurs de justice dont beaucoup ont, déjà, acquis la qualité de magistrat et contribuent à faire fonctionner, de façon optimale, les juridictions.

TITRE III

LA FORMATION DES AUDITEURS DE JUSTICE

41 - **Formation des auditeurs de justice, accord de coopération**. La formation des magistrats intervenait, dans la période ayant suivi l'indépendance, selon les dispositions de l'accord de coopération en matière de justice entre la République française et la République du Congo signé le 18 mai 1962 à Paris.

Au titre 4 dudit accord consacré à l'assistance en personnel de l'ordre judiciaire et à la formation des magistrats, l'article 60 disposait, en effet, que « La République française s'engage à assurer la formation professionnelle des candidats aux fonctions judiciaires originaires de la République du Congo. En vue de permettre à celle-ci d'assurer le fonctionnement de ses institutions judiciaires, la République française s'engage à mettre à sa disposition dans toute la mesure du possible, les magistrats qui lui seront nécessaires » (accord de coopération en matière de justice entre la République française et la République du Congo, annexe au décret n° 62-161 du 1er juin 1962 portant ratification de l'accord de coopération en matière de justice entre la République française et la République du Congo, JORC du 15 juin 1962, p. 512).

Cet accord spécial conclu par les deux pays en matière de justice s'appliquait, particulièrement, aux magistrats qui étaient, aussi, régis par les prescriptions non contraires de la convention générale relative au concours en personnel apporté par la République française au fonctionnement des services publics de la République du Congo. Bien évidemment les magistrats français étaient mis à la disposition de la République du Congo pour exercer des fonctions dans un emploi spécifique bien déterminé dans la législation du pays utilisateur.

Il apparaît, du bilan des activités réalisées par le ministère de la justice de la République populaire du Congo, établi le 14 janvier 1984, que ce département ministériel avait « commencé par résoudre la délicate question de formation. Il décidait, dès octobre 1981, de former les auditeurs de justice et les avocats au Congo et de rompre tout lien de coopération en matière de formation avec l'École nationale de magistrature (ENM) de Paris, section internationale (cf. Bilan du ministère de la justice portant sur la période 1981-1984, p. 2, Inédit).

42 - Formation des auditeurs de justice, insuffisance du personnel magistrat en 1981. En se référant au rapport d'activités de la direction des services administratifs et financiers du ministère de la justice établi au premier trimestre de l'année 1981, l'on pouvait déplorer l'insuffisance du personnel magistrat dans les juridictions. D'où l'intérêt manifesté par le département ministériel chargé de la justice de procéder à la formation des magistrats, avocats, greffiers et huissiers afin de pourvoir les juridictions de la République du Congo en personnel suffisant et de permettre l'exécution des décisions de justice.

Il apparaissait, en effet, que nonobstant les efforts entrepris pour la formation des magistrats et des autres personnels judiciaires aussi bien à l'École nationale d'administration et de magistrature (E. N. A. M) de la République populaire du Congo qu'à l'Ecole nationale de la magistrature (E. N. M), de Paris, section internationale, en France, les effectifs étaient, encore, insuffisants.

En effet, le personnel magistrat, en service dans les juridictions existantes à cette époque, se présentait comme suit, avant 1984 (cf. état du personnel, établi au 3ème trimestre de l'année 1984, au ministère de la justice, inédit) :

- Cour suprême : quatre (4) magistrats et un (1) auditeur ;
- Cour d'appel de Brazzaville : sept (7) magistrats ;
- Tribunal de grande instance de Brazzaville : vingt et un (21) magistrats ;
- Tribunal de grande instance de Pointe-Noire : onze (11) magistrats ;
- Tribunal de grande instance de Loubomo : cinq (5) magistrats ;
- Tribunal de grande instance d'Owando : 0 magistrat ;
- Tribunal d'instance de Ouesso : un (1) magistrat ;
- Tribunal d'instance d'Impfondo : un (1) magistrat.

Au total, l'effectif de magistrats en fonction dans les juridictions en République populaire du Congo, en 1981, était de cinquante (50) magistrats. La présence d'un auditeur en service à la Cour suprême mérite, également, d'être prise en compte.

43 – Formation des auditeurs de justice, insuffisance du personnel, magistrats en 1984. Le nombre de magistrats en fonction dans les juridictions, tel qu'il ressortait de l'état nominatif du personnel du service judiciaire élaboré en 1984, se présentait ainsi qu'il suit sur toute l'étendue du territoire national de la République populaire du Congo :

- Cour suprême : neuf (9) magistrats (cf. p. 4) ;
- Tribunal populaire de commune (TPC) de Brazzaville : dix (10) magistrats (cf. p. 6) ;
- Tribunal populaire d'arrondissement (TPA) de Bacongo : douze (12) magistrats (cf. p. 7) ;
- Tribunal populaire d'arrondissement (TPA) de Poto-Poto : neuf (9) magistrats (cf., p. 9) ;
- Tribunal populaire de quartier (TPQ) de Makélékélé : deux (2) magistrats (cf., p. 11) ;
- Tribunal populaire de quartier (TPQ) de Poto-Poto : deux (2) magistrats (cf., p. 12) ;
- Tribunal populaire de région (TPR) du Kouilou : sept (7) magistrats (cf., p. 13) ;
- Tribunal populaire d'arrondissement (TPA) de Mvoumvou : dix (10) magistrats (cf., p. 13) ;
- Tribunal populaire de district (TPD) de Louvakou : quatre (4) magistrats (cf., p. 15) ;
- Tribunal populaire de district (TPD) de Sibiti : quatre (4) magistrats (cf., p. 16) ;
- Tribunal populaire de district (TPD) de Madingou : quatre (4) magistrats (cf., p. 17) ;
- Tribunal populaire de district (TPD) de Djambala : 3 magistrats (cf., p. 18) ;
- Tribunal populaire de région (TPR) de la Cuvette : deux (2) magistrats (cf., p. 19) ;
- Tribunal populaire de district (TPD) d'Owando : cinq (5) magistrats (cf., p. 19) ;
- Tribunal populaire de district (TPD) d'Ouesso : quatre (4) magistrats (cf., p. 21) ;
- Tribunal populaire de district (TPD) d'Impfondo : quatre (4) magistrats (cf., p. 22).

Il résultait, de l'état du personnel, établi au 3ème trimestre de l'année 1984, au ministère de la justice, que :

- Quatre-vingt-onze (91) magistrats étaient en activité, dont quatre-vingt-deux (82) hommes et neuf (9) femmes ;
- Vingt-deux (22) magistrats se trouvaient en position de détachement à la présidence de la République, dans différents départements ministériels et institutions politiques, dans les ambassades, et à l'Assemblée nationale, dont seize (16) hommes et six (6) femmes ;
- Trois (3) magistrats (hommes) avaient changé de corps ;
- Trois (3) magistrats (hommes) se trouvaient en séjour injustifié, d'une durée indéterminée, en France ;
- Trois (3) magistrats (hommes) étaient sans fonction.

L'effectif total des magistrats, en 1984, toutes positions confondues, était, donc, de cent vingt-deux (122) magistrats dont cent sept (107) hommes et quinze (15) femmes.

Or, les besoins en personnel magistrat se chiffraient à cent trente-quatre (134) magistrats en tenant compte des tribunaux populaires créés (cf. arr. n° 9105 MJ-CAB du 18 novembre 1983 portant création des tribunaux populaires de villages-centres, JORPC du 16 au 30 novembre 1983, p.79) suite à l'entrée en vigueur de la loi n° 53-83 du 21 avril 1983 portant réorganisation de la justice en République populaire du Congo.

44 - Formation des auditeurs de justice, départ des auditeurs de justice en formation en France de 1975 à 1984. Il apparaissait, de l'état nominatif du personnel judiciaire élaboré au troisième trimestre de l'année 1984, dans le cadre du rapport d'activité couvrant cette période (cf. p. 26), que les auditeurs de justice ci-après nommés se trouvaient, en 1984, en stage à l'École nationale de la magistrature de Paris, section internationale, en France, pour une durée d'études de dix-huit mois, ayant déjà achevé leur formation, dont les départs eurent lieu en :

- 1975 : Okola Joseph.
- 1977 : Coulibali-Samba.
- 1978 :
  - Gabele Mandellou Jean ;
  - Yaucat-Guendi ;
  - Mouyabi Gilbert.

- 1979 :
  - Bati Benoît ;
  - Mbemba Gabin Félix ;
  - Sambo Julienne ;
  - Ndoundou Angèle ;
  - Koumba Hélène ;
  - Yembi Mabiala Noël ;
  - Iwandza Jean-Pierre.
- 1980 : Malonga Jonas.
- 1981 :
  - Tary Romuald ;
  - Soumbou Alphonse.
- 1982 :
  - Fayette Mavoungou André ;
  - Elenga Ferdinand ;
  - Kaounamy Moïse ;
  - Nkoussou Martine.

La doctrine estimait, devant les difficultés de fonctionnement des juridictions pendant cette période, que l'atteinte de l'objectif de rapprochement de la justice du justiciable envisagé pour répondre aux aspirations des citoyens congolais « ne saurait être atteint si l'on ne procède à l'ouverture de nouvelles juridictions prévues dans la réforme, à leur équipement adéquat, à la construction des palais de justice devant abriter les services de ces tribunaux populaires, à la formation et au recyclage du personnel judiciaire » (Auguste Iloki, « Les tribunaux populaires en République populaire du Congo », Penant, revue de droit des pays d'Afrique, n° 786-787, janvier à juin 1985, Édiéna, p. 114).

45 – Formation des auditeurs de justice, détachement des magistrats. Le placement des magistrats en position de détachement ne posait aucun problème particulier. Il suffisait à l'intéressé qui désirait suspendre, momentanément, l'exercice de ses fonctions judiciaires d'en manifester la volonté par une demande expresse adressée à l'autorité de tutelle qui le matérialisait par la publication d'un acte réglementaire. On peut l'illustrer, pendant la période dite de démocratisation de la justice induisant la création des tribunaux populaires, par le cas qui n'est pas unique du magistrat Ognimba Amédée placé en position de détachement à la direction centrale des

marchés et contrats de l'État suivant décret n° 86-084 du 17 janvier 1986 portant détachement de Monsieur Ognimba Amédée, magistrat, alors qu'il
exerçait les fonctions de juge au tribunal populaire de commune de Brazzaville, actuelle cour d'appel de Brazzaville.

46 – Formation des auditeurs de justice, politiques de formation. Pour vaincre l'insuffisance du personnel magistrat dans les juridictions, le Gouvernement s'est efforcé de mettre en place les politiques de formation des auditeurs de justice. C'est ainsi que dans le souci d'accroître, rapidement, l'effectif des magistrats, il ne s'est pas, seulement, limité à la formation des auditeurs de justice au Congo. Le Gouvernement a, alors, conclu des accords de partenariat avec d'autres pays disposant de structures habilitées à assurer la formation des auditeurs de justice.

La formation des auditeurs de justice a eu lieu, dans ces conditions, tant au Congo (chap. 1) qu'à l'étranger (chap. 2).

D'autres étudiants, dûment sélectionnés par le Gouvernement mais dont le départ à l'étranger pour y suivre la formation en qualité d'auditeur de justice n'avait pu être concrétisé, réclamaient leurs droits au moyen des sit-ins (chap. 3).

A la suite de leur formation, les auditeurs de justice ayant obtenu le diplôme de fin d'études furent nommés magistrats (chap. 4).

Outre les différentes formations dans les écoles spécialisées, tant au Congo qu'à l'étranger, il existe, aussi, des formations continues des magistrats (chap. 5).

CHAPITRE I

LES AUDITEURS DE JUSTICE FORMES AU CONGO

La formation des auditeurs de justice relève, au niveau national, de l'Université Marien Ngouabi. Elle est assurée par une structure spécifique issue du décret n° 84-527 du 7 juin 1984 portant création de l'École nationale d'administration et de magistrature (E N A M), créée après la rupture, par le Gouvernement, des liens de coopération en la matière avec la France. Aux termes de l'article 10 du décret précité :

« Les élèves sont recrutés exclusivement par voie de concours organisés par l'Ecole.

« Les concours sont ouverts chaque année dans chaque filière pour laquelle l'Ecole assure une formation, par un arrêté conjoint du ministre de l'Education nationale et du ministre dans les services auxquels les élèves seront affectés à l'issue de leur scolarité ».

Le premier concours d'entrée à l'ENAM fut organisé en 1981 (sect. 1). D'autres concours avaient lieu chaque année (sect. 2). Le tableau synoptique représentera, ensuite, la formation des auditeurs de justice au Congo (sect. 3).

Section 1 – Le premier concours d'entrée à l'ENAM

47 – Formation des auditeurs de justice au Congo, premier concours d'entrée à l'Ecole nationale d'administration et de magistrature (ENAM) de Brazzaville en 1981. A la faveur de l'existence, de fait, de l'École nationale d'administration et de magistrature (ENAM) de Brazzaville, il fut institué, par arrêté interministériel du ministre de l'Éducation nationale et du ministre de la Justice, garde des Sceaux, le concours d'entrée au cycle supérieur de l'École nationale d'administration et de magistrature pour l'année 1981 (arr. n° 10.176/UMNG/ENAM du 21 décembre 1981 portant ouverture pour l'année 1981 d'un concours d'entrée au cycle supérieur de l'École nationale d'administration et de la magistrature).

Le premier concours organisé à l'effet de former les candidats admis en qualité d'auditeur de justice n'était ouvert qu'aux citoyens congolais ou à ceux qui avaient acquis la nationalité congolaise depuis, au moins, cinq (5) ans. Il était, également, exigé aux candidats d'être âgés de trente (30) ans au plus au 31 décembre 1981.

Même les fonctionnaires ou les agents contractuels étaient autorisés à se présenter audit concours s'ils remplissaient la condition d'âge de quarante (40) ans au plus au 31 décembre, outre leur classement dans un cadre de la fonction publique de la catégorie A 2 ou s'ils étaient titulaires d'un emploi d'une catégorie équivalente puis justifiaient d'une ancienneté de trois (3) ans au moins.

Ainsi, l'article 4 de l'arrêté n° 10.176/UMNG/ENAM du 21 décembre 1981 portant ouverture pour l'année 1981 d'un concours d'entrée au cycle supérieur de l'École nationale d'administration et de magistrature fixait, à vingt-six (26) le nombre de places pour l'admission.

Neuf (9) candidats étaient déclarés admis tel que le précise l'arrêté n° 1854 UMNG/ENAM du 20 février 1982 portant désignation des élèves admis au cycle supérieur de l'Ecole nationale d'administration et de magistrature, filière magistrature-Barreau, les nommant en qualité d'élève par ordre de mérite conformément à l'article 10 de l'arrêté n° 10.176/UMNG/ENAM du 21 décembre 1981 susvisé ainsi qu'il suit : Essamy-N'gatse, Ossibi Albert, Babindamana Jacques, Dzomba François, Elenga Norbert, M'bon Albert, Bokatola Roger, Milongo Roger, N'tsika Christine.

Hormis Dzomba François et Elenga Norbert, les sept autres élèves étaient nommés auditeurs de justice par décret n° 82-351 du 28 avril 1982 portant nomination des auditeurs de justice.

A ces élèves, admis au concours, étaient ajoutés sur titre en provenance du ministère de la Justice, d'autres élèves ci-après ayant passé une année de stage pratique dans les juridictions de Brazzaville : Appesse Charles Emile, Ngami Marie Yolande, Kaya Ngolo Mesaac Magloire, Pandzou Mizère Emmanuel, Goulou Narcisse, Silou Jean-Claude, Mahoungou-Gouakou Victor, Kouari Edouard, Bikoumou Massolola, Andzilando David, Tambaud Marie Blanche.

Le texte les nommant auditeurs de justice intègre dix (10) autres noms : Otolo Jonas, Entcha-Ebia Gabriel, Massamba Raphaël, Fayette-Mavoungou André, Nzouala Patrice, Kouhouakouakanda,

Mantsounga Cécile, Piny-Talantsi Roger, Tchicaya Armande Marie Aline, Massamba Marc (décr. n° 81-089 du 5 mars 1981 portant nomination des auditeurs de justice).

Les auditeurs de justice de cette première promotion étaient intégrés, dans la magistrature congolaise, en qualité de magistrats de 2e grade, 2e groupe, 1er échelon de la hiérarchie du corps judiciaire, indice 830 suivant divers textes. Parmi eux, figuraient : Babindamana Jacques ; Essamy N'gatse, Milongo Jacques, M'bon Albert, Ossibi Albert (décr. n° 84/666 du 16 juillet 1984 portant intégration dans la magistrature congolaise des auditeurs de justice, en tête Babindamana Jacques).

D'autres auditeurs de justice de la même promotion avaient été intégrés suivant un autre acte réglementaire : MM. Appesse Charles-Emile, Andzilando David, Pandzou Mizère-Emmanuel, Kaya-Ngolo Mesaac-Magloire, Mahoungou-Gouakou victor, Kouari Edouard, Piny-Talantsy Roger, Silou Jean-Claude, Goulou ; Mmes Louya née Bikoumou-Massolola Joséphine, Tambaud Marie-Blanche, Ntsika Christine (décr. n° 84/853 bis du 7 août 1984 portant intégration dans la magistrature congolaise des auditeurs de justice, en tête Appesse Charles-Emile).

Section 2 – La formation annuelle des auditeurs de justice

Après le premier concours de l'année 1981, l'École nationale d'administration et de la magistrature de Brazzaville a formé, annuellement, des auditeurs de justice dans les proportions ci-dessous.

48 – Formation des auditeurs de justice au Congo, au titre de l'année 1982. Il résulte de la lettre n° 71 du 16 novembre 1982 transmettant le procès-verbal de la délibération du jury chargé de procéder à la sélection des candidats du cycle supérieur, filière Magistrature-Barreau, que onze (11) auditeurs de justice étaient nommés en cette qualité par décret n° 83/180 du 16 mars 1983 dont l'article 1er dispose :

« Les étudiants dont les noms suivent, de nationalité congolaise, licenciés en droit et admis au concours d'entrée à l'Ecole nationale d'administration et de magistrature à Brazzaville sont nommés auditeurs de justice (indice 790) : Souamounou Jean-Félix, Bikoumou Jean-Claude, Mpimi-Mbanga Albert, Babela Christophe, Mouyabi

Paul-Blaise, Loubon-Mandekyia, Miete Edouard, Yobo Dieudonné, Malonga Irenée, Alingui-Ngassaki, Mantissa Catherine (décr. n° 83/180 du 16 mars 1983 portant nomination des auditeurs de justice).

49 – Formation des auditeurs de justice au Congo, au titre de l'année 1983. Le nombre d'auditeurs de justice baissa à dix (10) comme l'indique l'article premier du décret n°84/309 du 29 mars 1984 portant nomination des élèves admis au cycle supérieur de l'École nationale d'administration et de magistrature en qualité d'auditeurs de justice : Bayi Mathurin, Loemba André, Kibi Ignace, Toutissa Jean-Claude, Kintombo David, Ngombe Benjamin Stéphane, Kamba Jean-Jacques, Yamba Josephat, Moukala Corneille, Manota Justin.

Le décret susvisé indiquait la date du 15 octobre 1983 comme celle de sa prise d'effet et d'admission des intéressés à cette école.

50 – Formation des auditeurs de justice au Congo, au titre de l'année 1984. Les auditeurs de justice en formation à l'École nationale d'administration et de magistrature (ENAM) étaient au nombre de six (6) courant année universitaire 1984-1986 : Demba Armand Claude, Ngouadi Anselme, Youlou honoré Prosper, Ngalebayi Jean, Mouckogoh Florent, Mabiala Jean Michel Aimé (décr. n° 85/800 du 13 juin 1985 portant nomination des auditeurs de justice, en tête Demba Armand Claude).

51 – Formation des auditeurs de justice au Congo, au titre de l'année 1985. Le nombre d'auditeurs de justice en formation à l'École nationale d'administration et de magistrature (ENAM) de Brazzaville avait doublé au cours de l'année 1985 par rapport à 1984, passant, ainsi, de six (06) à douze (12) auditeurs de justice dont les noms et prénoms suivent, afin d'accroître le personnel magistrat : Massamba Jean Pierre, Oba Christian, Batchi Jean de Dieu, Milandou Désiré, Mfouna Rémi, Boumba Narcisse, Olouli Jean Claude, Oko Albert, Iyongo Pongo, Elenga Norbert, Nkoukouli Norbert, Bouka Rufin (décr. n° 86/541 du 21 avril 1986 portant nomination des élèves admis au cycle supérieur de l'Ecole nationale d'administration et de Magistrature (ENAM) en qualité d'auditeurs de justice).

52 – Formation des auditeurs de justice au Congo, au titre de l'année 1986. La liste de quinze (15) auditeurs de justice de l'année

1986 résulte du décret n° 87/789 du 30 décembre 1987 portant nomination des auditeurs de justice, en tête Samba Anick : Samba Anick, Ngouala Ludovic, Biyouri Jacques, Mbitsi Théophile, Mangofo-Mamboma Basile, Bickouma-Niangui Christine, Nzikou Sabine, Mviboudoulou Simon-William, Bissoko Armand-Landry, Samba Bernard, Mouzita Albert Charles, Pambou Antoine Michaels César, Moubangat-Moukondzi Alphonse Dinard, Loemba Etienne, Niambi Michel.

53 - Formation des auditeurs de justice au Congo, au titre de l'année 1988. Les dispositions du décret n° 91-526 du 31 mai 1991 portant nomination des élèves admis au cycle supérieur de l'École nationale d'administration et de magistrature (ENAM) en qualité d'auditeurs de justice, renseignent sur l'identité de ces derniers, au nombre de huit (8), en première année de formation au cours de l'année universitaire 1988 : Ngouya Jean-Pierre, Vouelemba Jean Stéphane, Loutete Jérôme, Younga-Kissengou Daniel, Boukaka Dominique, Sindicka Jean, Ntari Clément, Kemoko Gabriel.

La prise d'effet du décret susvisé était fixée à compter du 3 novembre 1988, date effective de l'admission des intéressés à l'École nationale d'administration et de magistrature (ENAM).

54 – Formation des auditeurs de justice au Congo, au titre de l'année 1989. Le décret n° 91-547 du 7 juin 1991 portant nomination des élèves admis à l'Ecole nationale d'administration et de la magistrature, en qualité d'auditeurs de justice en tête Kouhouakouakanda, fournit la liste de neuf (9) élèves ci-après : Kouhouakouakanda, Mimbi-Mouele Auguste, Mouanda Ernest, Pembe Charles, Kilonda Simon Robert, Moulongo Jean Marie, Taty Makaya Edouard, Nzoussi Ferdinand, Milandou Aser.

Ces auditeurs de justice étaient, avant d'être nommés en cette qualité, admis au concours d'entrée à l'École nationale d'administration et de magistrature (ENAM), département des carrières judiciaires, filière magistrature, cycle supérieur, au titre du concours interne (Kouhouakouakanda, Mimbi-Mouele Auguste, Mouanda Ernest, Pembe Charles) et au titre du concours externe (Kilonda Simon Robert, Moulongo Jean Marie, Taty Makaya Edouard, Nzoussi Ferdinand, Milandou Aser (arr. n° 4048 du 28 décembre 1990 portant désignation des élèves admis en 1989 au concours d'accès au cycle supérieur et moyen supérieur de l'École nationale d'administration et de magistrature dans le département des carrières judiciaires (filière magistrature : magistrature et greffier en chef). Il s'agit d'un arrêté conjoint du ministre de la Justice chargé des réformes administratives, garde des Sceaux et du ministre des enseignements secondaire et supérieur chargé de la Recherche scientifique.

Étant donné que le décret n° 91-547 du 7 juin 1991 portant nomination de ces élèves en qualité d'auditeur de justice précisait qu'ils bénéficiaient de l'indice 790 de la hiérarchie du corps judiciaire, il a fallu, pour son exécution financière, un certificat de prise de service n° 0094 du 13 juin 1991 délivré par le secrétaire général à la Justice et aux réformes administratives qui attestait qu'ils avaient pris leurs fonctions au secrétariat général à la Justice et aux réformes administratives le 6 novembre 1989, date correspondant à celle de leur entrée à l'École nationale d'administration et de magistrature (ENAM).

55 – Formation des auditeurs de justice au Congo, au titre de l'année 1991. Par délibération du jury en date du 30 novembre 1991, étaient déclarés admis en qualité d'élèves de l'École nationale d'administration et de magistrature, dans le département des carrières judiciaires, cycle supérieur, filière magistrature, les huit (8) candidats suivants qui ont été, ensuite, nommés auditeurs de justice : Nzoulani-Nkoumbou Serge Armel, Tounda-Ouamba Frank Régis, Ongoundou Constant, Louzala Simon, Nganga Gilles, Ikolo Guy Alain, Oko Désiré, Oniangue Michel.

Leur admission était confirmée par arrêté portant désignation des élèves admis au concours d'entrée à l'Ecole nationale d'administration et de magistrature (arr. n° 1800/MFPE/MEN du 14 août 1992 portant désignation des élèves admis au concours d'entrée à l'École nationale d'administration et de magistrature, au département des carrières judiciaires, cycles supérieur et moyen supérieur, filière magistrature-greffier en chef, session d'octobre 1991).

56 – Formation des auditeurs de justice au Congo, au titre de l'année 1994. Aux termes de l'arrêté n° 6138/MFDRA-DGFP-DGCA du 15 novembre 1994, certains fonctionnaires, déclarés admis au concours professionnel, étaient autorisés à suivre un stage de formation à l'École nationale d'administration et de la magistrature (ENAM) de Brazzaville.

Parmi eux, six (6) fonctionnaires et militaires licenciés en droit étaient nommés auditeurs de justice (décret du Premier ministre, Chef du Gouvernement n° 95-257 du 21 décembre 1995 portant nomination des élèves admis à l'École nationale d'administration et de magistrature (ENAM) en qualité d'auditeurs de justice, en tête Nsonde Léonard, comme spécifié ci-après : Nsonde Léonard, Omoali Quionie Rebecca, Mabiala Menakountima Alphonse, Taty Jumiero Martin Patrice, Gakala Oko André, Osseke David.

Conformément aux dispositions du décret n° 94/769 du 28 décembre 1994, ce décret ne pouvait produire aucun effet financier jusqu'à nouvel ordre.

La date de prise d'effet du décret susdit était fixée au 3 janvier 1994, date effective d'entrée à l'Ecole nationale d'administration et de magistrature.

57 – Formation des auditeurs de justice au Congo, au titre de l'année 1996. Suivant décret n° 2000-39 du 22 mars 2000, huit (8) fonctionnaires et militaires licenciés en droit, admis au concours d'entrée à l'École nationale d'administration et de magistrature, cycle supérieur, filière magistrature, étaient nommés en qualité d'auditeurs de justice par décret du président de la République.

Il s'agissait des nommés : Djimbi Simouna, Makaya Jean Paul, Ngouloubi Jérôme, Eyangue Edmond, Nkoulou Faustin Narcisse, Opo Alain Michel, Lingouala Louis Emile Ernest, Massamba Rigobert.

En application des dispositions du décret n° 94/769 du 28 décembre 1994, cette nomination ne pouvait produire d'effet financier. Le décret n° 2000-39 du 22 mars 2000 prenait effet du point de vue de l'ancienneté à compter du 1er mars 1996, date effective de la rentrée académique.

Or, il ressort de l'arrêté n° 848/MESR/UMNG/ENAM portant désignation des élèves admis au concours d'entrée à l'École nationale d'administration et de magistrature, département des carrières judiciaires, cycle supérieur, filière magistrature, session de 1995 que quatre autres élèves dont les identités suivent faisaient, également, partie de cette promotion : Nzaba Pierre, Ngoko Pierre, Nakoumouyoula Bernard, Bikindou Gérard.

On peut, donc, observer que certaines nominations d'auditeurs de justice ne comprennent pas, toujours, les noms des élèves qui appartiennent à la même promotion. Plusieurs textes pouvaient être pris pour les nommer aux dates différentes.

58 – Formation des auditeurs de justice au Congo, au titre de l'année 1999. Par arrêté n° 978 du 5 octobre 1999, dix-neuf (19) élèves furent désignés admis au concours d'entrée à l'École nationale d'administration et de magistrature, session de 1998 : Nounguini Albert Roger, Bitoumbou Jean Louis, Kididimpoua Patrice Nestor, Ngoua Gabriel, Mavoungou Jérôme Patrick, Mavoungou Souami Jean Baptiste, Ngombo Jean, Leckaly Jean Michel, Madzou-Ngamouyi, Boukaka Dieudonné, Mbemba Henri Bonaventure, Bassekouhaou Ferdinand, Embenga Valérien, Biassala Marie Jeanne, Elangui Séraphin, Bitoudidi André, Ibara Ibombo Dann 2, Opita-Ata Jean, Moufouta Henri Noël.

59 – Formation des auditeurs de justice au Congo, au titre de l'année 2000. Après leur admission au concours professionnel, vingt-deux (22) agents civils de l'État étaient autorisés à suivre un stage de formation de cycle supérieur à l'École nationale d'administration et de magistrature : Bayimissa Julienne, Diebe Marianne, Koubounga Thérèse Sylvie, Nkoua Emma Aline, Yenguitta Nanitelamio Rosine, Zimbikissa Françoise, Okombi André Roger, Mavoungou Joseph, Mbemba Etienne, Mavoungou Taty Jean Paul, Makosso Anatole Collinet, Mazouvi Frédéric Basile, Hamadou Belo, Kimbouala Raymond, Goma Jean, Bouity Jean Didier Claude, Bouka Maurice, Moutou Marcel, Mbedi Faustin, Missilou Bernard, Bikindou Honoré, Massamba Alain (arr. n° 1674 du 12 mai 2003 autorisant certains agents civils de l'Etat à suivre un stage de formation à l'ENAM).

L'attestation n° 0166 du 28 juillet 2003 du garde des Sceaux, ministre de la Justice et des Droits humains indique qu'un projet de décret porte nomination de ces auditeurs de justice dans la magistrature congolaise en qualité de magistrats. Ce fut l'objet du décret n° 2004-98 du 17 avril 2004 portant nomination dans la magistrature congolaise des auditeurs de justice (JORC, n° 44-2014, 30 octobre 2014, p. 1040), rectifié par le décret n° 2014-501 du 15 octobre 2014 en raison de ce que ces auditeurs de justice étaient nommés au 3e grade, 2e groupe, 1er échelon, plutôt qu'au 2e grade, 2e groupe, 1er échelon de la hiérarchie du corps judiciaire avec redressement indiciaire. Le reste demeurait sans changement.

60 – Formation des auditeurs de justice au Congo, au titre de l'année 2001. Six (6) élèves, admis au concours d'entrée à l'Ecole nationale d'administration et de magistrature, département des carrières judiciaires, cycle supérieur, filière magistrature par arrêté n° 2976 MEPSSRS-UMNG-ENAM du 8 juin 2002, étaient nommés en qualité d'auditeurs de justice par décret du président de la République : Bossouba Venceslas Xavier, Itoua Elenga Alain Crépin, Ekoundzola Christian Régis, Mouanga Armand, Obengui Ngoka Jean Aimé, Ganzino-Ngounga Cyprien (décr. n° 2004-55 du 29 mars 2004 portant nomination des fonctionnaires admis au concours d'entrée à l'Ecole nationale d'Administration et de Magistrature, cycle supérieur, filière : magistrature, en qualité d'auditeurs de justice, en tête Bossouba Venceslas).

61 – Formation des auditeurs de justice au Congo, au titre de l'année 2002. Par arrêté n° 3545 MESRS-UMNG-ENAM du 24 juillet 2003, le ministre de l'enseignement supérieur et de la recherche scientifique désignait sept (7) élèves comme étant des admis au concours d'entrée à l'École nationale d'administration et de magistrature de Brazzaville (ENAM), département des carrières judiciaires, cycle supérieur, filière : magistrature, session d'octobre 2002, en tête Ngantso Firmin.

Ils étaient nommés, par décret du président de la République, auditeurs de justice tel que ci-dessous nommés : Ngantso Firmin, Ngombe Armando Féliz, Tsiba Egombo Patrick Elvisse, Samba Edmond Anicet, Elenga Dieudonné, Ndinga Appolinaire, Itoua Priva Roméo Pathel (décr. n° 2004-346 du 09 août 2004 portant nomination des fonctionnaires admis au concours d'entrée à l'École nationale d'administration et de magistrature, département des carrières judiciaires, cycle supérieur, filière : magistrature, session d'octobre 2002, en tête Ngantso Firmin).

62 – Formation des auditeurs de justice au Congo, Interruption de la formation des auditeurs de justice en 2004. Suspendue au cours de l'année universitaire 2004-2005, jusqu'en 2007, la formation des auditeurs de justice avait, cependant, repris lors de la réouverture de la filière « magistrature » en 2008.

La tendance était à l'accroissement des effectifs après la réouverture de la filière magistrature puisqu'en 2008, le nombre d'auditeurs de justice est de cinquante-deux (52). C'était la promotion la plus importante, en nombre d'auditeurs de justice, depuis l'ouverture de l'École nationale d'administration et de magistrature (ENAM) de Brazzaville, dans la filière magistrature.

63 - Formation des auditeurs de justice au Congo, au titre de l'année 2008. Cinquante-deux (52) auditeurs de justice nommés par décret n° 2011-602 du 29 septembre 2011 portant nomination des auditeurs de justice avaient reçu leur formation à l'École nationale d'administration et de magistrature en 2008 : Sama Mognima Ocasso, Moyen Kepiebe Nature, Mbongo Samuel Ulrich, Mounzeo Iwangous Aimé Fiacre Saquaine, Gandou Alexandrine Doréa, Mampaha Michel Whesfally, Benontadidi Léger Evrard, Matsiona Massengo Destin Jefford Adas, Bindikou Ryssie Meng, Massouema Sley Paterson Lionel, Zissi Bintebe Olga Blanche, Akouala Habib Venceslas, Balou Dick Sidney Ulrich, Opoki Roméo James, Ongale Okoumou Dimitri Firmin, Sende Bonazebi Pardelia Vivene, N'Goka Mami Émilie, Okissakossy Abonayele Dina Dorelle Tétia, Mabika Bazenguissa Bison Chrislain, Ataba Roland, Filankembo Doriane Christelle, Tendy Fango Reno weber Von Espier, Ngolo Ngampio Providence Géa Pathy, Gaïko Darian Bardin, Mabonzo Bénédicte Éléonore, Makosso Edi Blaise, Nzila Tombet Hugues, Itoua Ngaporo Doryane Marlène, N'Goka Apendi Eko Horty Melanges, Monekene Mbila Sandrine Alida Diane, Malonga Éric Clinchard, Ngolo Ngambou Sarah Eladre, Bossali Urbain, Nkounkou Matondo Ravel Athel, Samba Kinouani Hermann Romaric, Kinkela Princesse Katuixia, Gampo Ebara Davin Clovy, N'Kouka N'Goma César Arnaud, Okassa Aristide, Mayela Alida Natacha, Okieli Victorien, Tsetsa Guy Saturnin, Ondzie-Ngoualoki Nathalie, Okana-Douniama Firmin, Bamba Saturnin Lovel, Mombonde Mambouli Dariase, Itoua Lawaya Amouriche Zodiac, Ibono Armel Ulrich, Ombondzo Sebi Baptiste Gaston Joseph, Etou-M'Ban-Imba Sylver, Moukiama Alix-Romain, Nguembi Viguier Carmen.

Ces auditeurs de justice, excepté trois d'entre eux (Mbongo Samuel Ulrich, Okissakossy Abonayele Dina Dorelle Tétia et Kinkela Princesse Katuixia) étaient intégrés et nommés dans la magistrature congolaise par décret n° 2020-749 du 11 décembre 2020 portant intégration et nomination dans la magistrature congolaise de certains auditeurs de justice, en tête Mabika Bazenguissa Bison Chrislain (Régularisation).

Il apparaît que de ces trois auditeurs de justice susnommés, la situation d'Okissakossy Abonayele Dina Dorelle Tétia était régularisée par décret n° 2020-752 du 11 décembre 2020 portant intégration et nomination dans la magistrature congolaise de certains auditeurs de justice, en tête Okissakossy Abonayele Dina Dorelle Tétia épouse Nzikou (Régularisation).

64 - Formation des auditeurs de justice au Congo, au titre de l'année 2009. Cinquante-sept auditeurs de justice furent nommés par décret n° 2012-21 du 1er février 2012 prenant effet du point de vue de l'ancienneté et de la solde pour compter du 19 novembre 2009, date correspondant à celle de la rentrée académique 2009-2010 : Minzelet Estelle Nadège, Moufouta Christian Noriel Rachid, Ondonda Aude Trésor, Ouetinigue Frédéric, Koutiotiolo Ngoma Fabrice, Ngoma Roland Romaric, Mongo Constant Claude Alain, Samba Moussinga Virgile Rivet, Ema Serge Lionel, Melanda Eboua Habib Destin, Baboungou Caroline Stevie Brusnele, Ngoye Donald Cédric, Mbengou Roméo, Milandou Mildia Harold Cardorel, Pemba-Taty Michel John Alain, Leckaly Carmen Sheila, Loemba-Kaddy Garonne Gyronde, Ngondo Elvire Pressia, Kiminou Paul Claver, Bassenga Fiellot to'v Fresnay, Mangue Kengne Lorie Claire, Mouemeth Elia Ngono, Ossete Igor Boris, Ebandza Francis Armel, Moukilou Daniel, Elenga Aristide, Kibiki Bavoueza Kardeck Défi, Ngouya Didier, Toni Koumba Wencelah Edson, Tchibinda Koka Gay Vertu, Bouloukouet Kabat Morsch, Gambou Cynthia Olivière, Issanga Riset Rodrigue Ulrich, Moyen Monkouah, Obea M'Akongo Koumou, Ossete Zéphirin, Dimi Nianga Dzo, Mbemba Talantsi Chancelle Nuptia Joklèse, Monkessa Judicaël, Moukiama Mberi Davy Cédric yann, Moumbolo Bhobyh Marpaul Mick, Mpassi Mialoundama Ludovic, Nziou Fred Lewis Daney, Obara Ngoli Reine Emiline, Wando Wenceslas Ruddy, Tontola Kibongui Cherubin, Mabecket Maboni Itsa Hudel Belgenth, Molebe Amar Zita, Mocko Rock Charly, Pandi Moukoko Eric, Gaïko Chyderique Vostel, Lekouete Justin Raudé, Nkouka-Madede Gildas Judicaël, Ollongo Itoua Muller Penser Farrelh, Mouyounga Ulrich, Ntondele Massamba Nicaise, M'pan-Gandzien-Okana Mélanie.

Ces auditeurs de justice ne furent pas, tous, nommés et intégrés dans la magistrature congolaise, en qualité de magistrat de deuxième grade, deuxième groupe, premier échelon, indice 4275 par un texte unique.

Le décret n° 2020-739 du 11 décembre 2020 portant intégration et nomination dans la magistrature congolaise de certains auditeurs de justice, en tête : Elenga Aristide (Régularisation) ne contient, en effet, que cinquante-un noms.

N'ont, donc, pas été pris en compte dans ce décret, en rapport avec le décret n° 2012-21 du 1er février 2012 portant nomination des auditeurs de justice, en tête : Minzelet Estelle Nadège, cinq (5) auditeurs de justice ci-après : Ebandza Francis Armel, Loemba-Kaddy Garonne Gyronde, Moyen Monkouah, Moumbolo Bhobyh Marpaul Mick, Tontola Kibongui Cherubin.

65 – Formation des auditeurs de justice au Congo, au titre de l'année 2010. Admis au concours d'entrée à l'École nationale d'administration et de magistrature de Brazzaville (ENAM), département des carrières judiciaires, cycle supérieur, filière magistrature, session d'octobre 2010, soixante (60) élèves ci-dessous étaient nommés, en 2010, dans la magistrature congolaise en qualité d'auditeur de justice : Ngoka Diane, Nzenguele Ngoumba Mayeul Arnaud, Mbengou Patrick Raymond, Moukouri Samir Chidao, Itoua Mouanday Else Rolia, Vendze Igor Placide, Mouele Micky Sylvanist, Maboueki Jean Pierre, Adzobi Yoebande Gloria, Boundzou Christian Junior, Ebemby Ambomo Ondze Marel Fleuri, Bopondzo Loungbamou Serge Martinel, Eoussa-Ngongo Claude Viviane, Lengouela Morel, Mbongo Juslain, Ebilika Gervais, Foutou Benzet Barroux Fanoush Evaldon, Nguembi Massouanga Michel, Mabiala Makaya Emmy Darelle, Ngamille Saya Amède, Nkouka Tsamba Nupcia Naîk, Moundouh Emmanuel Fortuné, Mbemba Lorena Roxane Ruth, Mambi Mongo Don Edson, M'bode Julien César, Mikala Vladimir Matte Dimitri Laurbritte, Pompad Monika Diane Jessica Soren, Mboumounga Véronique, Mbwilu-Matondo Rajiv Ivi, Milandou Lenda épouse Sitou, Bemba Mvouala Ednève, Mandzemou Botahanga Saint-Paul, Missoueli Arnaud, Milandou Prosper, Elion Zangha Michaël Privat, Nguina Ndamba Dominique, Nkie Bijoux Armelle Francy, Atipo Bakala Aimerance Junath, Atsoutsou Ahoue Mondesire, Baneme Gilles Bertrand, Boliban Audrey Serge, Ebimba Okombi Eldiane, Gokaba Onanga Pourou Selia, Gouloubi Missie Yull Fells, Louboungou Marachi France Leman, Loufoua-Lemay Muriel Bienvenue, Mbama Aimé Michel, Mbon Brice Rhôde, Mouyoyi Ismou Karl Axel, Mowendabeka Kelly dada Harvard, Nsimba Lucie Rosine, Ntsiba Elenga Hervé, Oyandza Chrisostome, Peya Hermann, Mavoungou Laure Aurélie Gwladis, Ngakala Moueley Hurcella, Banzouzi Nounguini Carcelin Nysia Jenniferance, Ontsouka Donthé Aymard, Dinghat Dominique Arnaud Christ, Angara Charel Isaac (décr. n° 2020-751 du 11 décembre 2020 portant nomination des auditeurs de justice, en tête : Ngoka Diane (régularisation).

66 – Formation des auditeurs de justice au Congo, au titre de l'année 2011. Suivant arrêté n° 4932 du 2 mai 2012, quarante-six élèves furent désignés comme étant admis au concours d'entrée à l'École nationale d'administration et de magistrature de Brazzaville, département des carrières judiciaires, cycle supérieur, filière magistrature, session d'octobre 2011 : Matoko Prince Arnie, Ngoulou Moullath Alleluia, C'Kouayoukou Rolland Wilfrid, Makaya Nzinga Melchi Grace Vanessa, Ngalebaye Calixte Brice, Oyombo Ntsaka Laurena, Banzouzi Ngoma Ulrich, Ebienga Ndinga Mavy Chadlyne Jolivia, Nkonimbe Ngala Louisy Philonvie, Kaya Nzoussi Andréa Claudine Stella, Ngafoula Celes Gianel, Nzitoukoulou Baniemambou Ferry Alex, Baralangui Bimbo Christella Raïssa, Massounguila Anicet Tymoté, Souami Seybault Régis Augèle, Mfikou Kiminou Jaime Allegra Renish, Ngounga Fortuné Edgar Justin, Ngouma Mapacka Ulrich Dimitry, Lohitouma Irma Michelle, Nkouka Mbele Hermann Séverin, Vouezolo Bongat Tendance Prisca, Bakoulou Midène Dorianne Blane, Mambou Gloire Ruidnel Loris, Mbossa Eboreba Bell Rigerist, Laki Laka Mbani Prince Rama, Ossombi Karel Arian, Badiabo Zayoka Mireille Carine, Gneneke Patrick Steve, Mileme Mbama Boris Vianney, Ntounta Mambou Norcely Honey, Taty Bayonne Saul De Tarse, Bika Grâce Djebel Frison, Bayissa Auriame Johanel, Diakou Mouzita Revin Aslatène, Dimi Iloki Belva Christa, Mabiala Boukama Alain Joachim, Tsamby-Lhakhy Lovane, Ayessa Vendze Edlin Jubelor, Babakana Le Messie Geraula Onassis, Ngassou Princilia Rykielle, Ngoto Charden Bédié, Nguimbi Mana Jerry Lawson, Missie Nuptia Misline, Diandaga Nina Roseline Narthalée, Missengue Gilald Quefère Thurnin, Mamoni Goma Jessica Valerie.

La nomination desdits auditeurs de justice, dans la magistrature congolaise, intervint par décret n° 2020-750 du 11 décembre 2020 portant nomination des auditeurs de justice, en tête Matoko Prince Arnie.

Il ressort, d'un autre arrêté de mêmes numéro (4932) et date (2 mai 2012) que cinquante (50) élèves étaient admis au concours d'entrée à l'École nationale d'administration et de magistrature (ENAM), département des carrières judiciaires, cycle supérieur, filière magistrature, session d'octobre 2011 : Matoko Prince Arnie, Ngoulou Moullath Alléluia, C'Kouayoukou Roland Wylfrid, Makaya Nzinga

Melchi Grâce Vanessa, Ngalebaye Calixte Brice ; Oyombo Ntsaka laurena, Banzouzi Ngoma Ulrich, Ebienga Ndinga Mavy Chadlyne Jolivia, Ngakosso Steave Arnaud, Nkonimbe Ngala Louisy Philonvie, Kaya Nzoussi Andréa Claudine Stella, Ngafoula Celes Gianel, Nzitoukoulou Baniemambou Ferry Alex, Baralangui Bimbo Christella Raïssa, Massounguila Anicet Tymoté, Souami Seybault Régis Augèle, Jolly Bois Audrey Jamaïque, Mfikou Kiminou Jaime Allegra Renish, Mouanda Moungondo Jordan Ignace Olivier, N'Gounga Fortuné Edgar Justin, Ngouma Mapacka Ulrich Dimitry, Lohitouma Irma Michelle, Nkouka Mbele Hermann Séverin, Vouezolo Bongat Tendance Prisca, Bakoulou Midène Dorianne Blane, Mambou Gloire Ruidnel Loris, Mbossa Eborerba Bell Sigerist, Laki laka Mbani Prince Rama, Ossombi Karel Arian, Badiabo Zayoka Mireille Carine, Gneneke Patrick Steve, Mileme Mbama Boris Vianney, Ntounta Mambou Norcely Honey, Taty Bayonne Saul de Tarse, Bika Grâce Djebel Frison, Bayissa Auriama Johanel, Diakou Mouzita Revin Aslatène, Dimi Iloki Belva Christa, Mabiala Boukama Alain Joachim, Tsamby Lhakhy Lovane, Ayessa vendze Edin Jubelor, Babakana Le messie Géraula Anassis, Ngassou Princilia Rykielle, Ngoto Charden Bédié, Nguimbi Mana Jerry Lawson, Missie Nuptia Misline, Diandaga Nina Roseline Narthalée, M'bilamambou Amour Modeste, Missengue Gilald Quefère Thurnin, Mamoni Goma Jessica Valérie.

Il apparaissait, clairement, au regard des deux arrêtés sus cités de dates et numéros identiques, que le nombre d'auditeurs de justice en 2011 oscillait entre quarante-six et cinquante. Si l'un de ces arrêtés comportait quarante-six élèves, celui qui comptait cinquante élèves se distinguait de l'autre en ce qu'il comportait, en sus, les noms de quatre élèves : Ngakosso Steave Arnaud, Jolly Bois Audrey Jamaïque, Mouanda Moungondo Jordan Ignace Olivier, M'bilamambou Amour Modeste.

67 – Formation des auditeurs de justice au Congo, au titre de l'année 2012. Par arrêté n° 4155 du 15 avril 2013 portant désignation des élèves admis au concours d'entrée à l'École nationale d'administration et de magistrature, département des carrières judiciaires, cycle supérieur, filière magistrature, session d'octobre 2012, vingt-six étudiants, dont les identités sont déclinées ci-après, furent nommés auditeurs de justice : Kokolo Nkabi Tony Curtis, Toganou Claudette, Doufilou Zola Brice Roger, God-Zia Elouo Lafrange, Badinga-Nsilou-Mia-Socky Brice Pascal, Okobo Epegne

Blood Ferolh, Bouity Goma Charles Cédric, Nziengui Maroundou Jude Dallia, Likibi Movoura Jeanyv Chabel, Obambi Wilfrid Vivien, Boussoukou Hugues Juvet, Kouhatakana Liyallit Providence, Miyouna Mounianga Prisca Nadège, Ngongo Michel Junior Givenchy, Lengou Weerth Valeur, Loubelo Romaric Chrisostome, Mansounga-Mberi Anicet, Okombi Eligos, Akam Théodore, Sounga Durand Gilles Frazère, Ndinga Bernadet Hoswold, Toukounou Belvie Ariane épouse Moussaoudji, Moussoki Rosia Kelly épouse Gallimoni, Ngavouni Assagna Méline, Ongomoko Ulrich Oscar Givenchy, Moussambi Gildas Achille.

Ces élèves étaient nommés auditeurs de justice, pour la rentrée académique 2012-2013, suivant décret n° 2020-740 du 11 décembre 2020 portant nomination des auditeurs de justice, en tête : Kokolo Nkabi Tony Curtis (Régularisation).

68 - Formation des auditeurs de justice au Congo, suspension de la formation en 2013. Il n'y aurait aucune formation des auditeurs de justice, à l'Ecole nationale d'administration et de magistrature (ENAM) de Brazzaville, filière magistrature, des années 2013 à 2018. Après ces quatre ans de suspension, la formation des auditeurs de justice reprit à ladite école suite à l'organisation du concours d'entrée en 2019.

69 - Formation des auditeurs de justice au Congo, au titre de l'année 2019. Il ressort de l'arrêté n° 11071 du 14 juin 2019 la désignation de cinquante-cinq (55) élèves, ci-après, admis au concours d'entrée à l'École nationale d'administration et de magistrature, filière magistrature, session de janvier 2019, en tête : Ahouta Chinalda Bénédicte (J. O n° 26 du jeudi 27 juin 2019, p. 639) : Ahouta Chinalda Bénédicte, Akoueli Ibara Firma Chustel, Akouradia-Kiba Jalonie Noëlla Cendrine, Aya Essonga Naomy Lyvite, Bela Bassouaka Rudel Belyan, Biankola Sylvian Urman Valentin, Boukaka Kibi Domedson, Dimi Claver Bonaventure, Dziat Denis Svetia, Elenga Fred Gildas, Gotoh Moungalla Tsimi Naurève Colombe, Ibara Chalvy Héléonore, Lienga-Ambende Gaston Color, Itoua Ilessa Franchilie Bherlie, Karanda Lin Darhyl, Kibiadi Oboa Christina Grâce Carlyse, Kiboubi Sislet Prince, Koud-Okouo Deborah Lourdes, Lessita Mandot Eithel Archange, Lipandza Eudes Nicéphore, Lomingui-Boumandouki Doucky, Louya Jared Abidja Delvérich, Makaya Tchimambou Nuptia Fleur, Malonga Olivier Ephrem, Mane Lionel Duhamel, Matsouele

Nzonzi Sagesse, Mavoungou Milenzi Christelle, Mebiama Aurore Amanda, Moloma Icko Brunel Dadin, Mouanda-Mouanda Giberly, Mouanda-Mouanda Flochel Pacyan, Moussoki Grâce Emmanuelle, Ndion Diponel, Ngakala Grâce La Reine D'abo, Ngakosso Jean Rodrigue, Ngamana Monica Marcenick, Ngoma Bafoukama Chanel Idrys, Ngoma Kibou Cleve Ruthlande, Ngombet Otsele Somboko Amelia Marie Annie, Ngouebara Nguenoni Schella, Ngouembe Obambe Maixent Darly, Nsiloulu Mouanda Lyes Chanelle, Ntsourou Neige Arcelvie, Okana Strauss Breige, Okobo Beaulvy Judicaël, Olanga Prince Guelord, Ondzoboko Tsambi Alex, Opana Ngondza Virginia Myrlène, Otalou Djouala Esta Minette, Otounga Guy François, Otsoko Morowa Girès, Oulanga Lucian Hardy, Oyamba Egie Geeraert, Wando Yves Cédrique, Yombi Gabin.

Il a été procédé à leur nomination en qualité d'auditeur de justice suivant décret n° 2018-286 du 1er octobre 2019 portant nomination des auditeurs de justice, en tête : Ahouta Chinalda Bénédicte.

Il ressort, également, du décret n° 2020-186 du 3 juillet 2020, prenant effet tant du point de vue de l'ancienneté que de la solde pour compter du 4 novembre 2019, date de début de la formation, la nomination de soixante élèves admis au concours d'entrée à l'École nationale d'administration et de magistrature (ENAM) en qualité d'auditeur de justice dont les noms et prénoms suivent : Adoua Ndei Sosthène, Akondzo Alain Fransnick, Angande Niamba Leckalla Mauraime, Avala Recennelle Fali-Exa, Backa Aimée Sarah Biernich, Bazola Kibondo Chancelvie Destelle, Biyekele Mounguele Jay Murielle, Bomeyele-Mitom Carmin, Bosseba Ngala Melaine Cathia, Boungou Jude Angela Prospère, Bouya Okona Yoka Marc, Bouya Urbain Justin, Dirah Hiram Benjamin, Doukaga Moussavou Frandely Yann, Ekeki Okemba Vidrich Guyvenchi, Elenga Olivier, Enkiere-Anga Jess Roland, Epeni Akouangaud Soreze, Galy Atebe Prisla Chardenne, Ibarra Sébastien Dirwillys Godgy, Ibocko Elondza Julia Nabelle, Josephate-Mavoungou Chandride-Mésange, Kiyindou Radja Gayatry, Kombanguia Gacharg Mirnov, Kongo Moupiha Love Bena, Leminy Léopold Alfred, Londe Mpolo Daria Bergeronne, Mafoukila Kongo Nisticha Fernelle, Mantouoni Rucel-Fanard, Matali Jhuda Prefna, Mavoungou Elise Deborah, Mbanzoulou Eugène Ramé Jules Raison, Mboumba Mboumba Nidal Cabral, Mboundza Mokombi Marques Gilga, Miekountima Semo Murphy Fred Vicaire, Mitolo Jim Vikcia Godwish Elcyra, Mota Nguiendo Willy Rodrigue, Moubie Kiatali Theresia Gervina, Ndinga Nzoumba Aubaine Vanicia,

Ngakosso Mouakys Beldys Elysée, Ngaliba Obelossoussi Justelas, Ngapela Ossere Yannick, Ngoka Christian Lambert, Ngoulou Salem Hardin Jesper, Nguie Sivory Albertino, Nkoli Okouo Norlland Gardin, Okemba Ingoba Lhommandza, Okemba Itoua Amour Fleuri, Okombi Koumou Roclin, Okoulakeka Bridel, Ondongo Mouetoua Joanne Valencia, Ongagna Ibata Euloge, Opaye Eddy Kristy, Oteke Ledzaletsaba Boldon, Poungui Michel, Siapa Moundziba Fleurysa Duchesse, Siliki Francy Ange Wenceslas, Tsendou Ehouba Constancia, Tshika-Beya Nancy, Yoka Ingoba Aimée Finelie.

Au total, il résulte des textes réglementaires susmentionnés (arrêté n° 11071 du 14 juin 2019 et décret n° 2020-186 du 3 juillet 2020) que cent quinze (115) auditeurs de justice étaient admis à l'Ecole nationale d'administration de Brazzaville en 2019.

70 – Formation des auditeurs de justice au Congo au titre de l'année 2022. Se fondant sur l'arrêté n° 1060 du 28 février 2023 portant désignation des élèves admis au concours d'entrée à l'Ecole nationale d'administration et de magistrature (ENAM), cycle 2, filière magistrature, session d'octobre 2022, en tête Kalakassa Jophina Ronore, le Gouvernement nomma, en qualité d'auditeur de justice, quatre-vingts élèves ci-après suivant décret n° 2023-1277 du 8 août 2023 prenant effet, tant du point de vue de l'ancienneté que de la solde, à compter du 21 novembre 2022, date effective de démarrage des activités pédagogiques : Kalakassa Jophina Ronore, Moulongo Monica Céleste, Mikendzot Alvès-Roger-Kezia, Mbengui Maloubanzilanga Demba Tertullien Jaspers, Mouckaulho Itsissa Patherson Charbaunier, Biyoudi-Ntsana Maixent Stève, Mouanda Moussounda Nzouzi Jean Marie, Tchibinda-Passy Ruth Préfina, Mavoungou Taty Aubin, Bounapi Stainchely Coeurnevel, Ebienga Kenedi, Loemba Makosso Migue, Mbengue Mankondi Lardit Cerdan, Mokolongo Mogeorma Nizandry, Biniakounou Loukoula Djoëlle Rivella Arnoula, Eyaka Lendoubi Crysol, Gavet Céleste Sublime, Kentoni Ruth, Matondo Louppe Christian Juscova, Moutakala Yema Brave Rosie, Okamba Mbomba Octave Fresnel, Sompi-Ekonaka Verneille Johnelzit, Itsobo Jeaney Horey, Kayath Andrée Mages Cerise, Boundzou Dzokonzou Carmen Sandra, Itoua Amphate Franz Belford, Mayengue Ndjila Gehu Sayel, Mitsingou Ndinga Bilimba Christy, Monkala Tchoumou Emmanuelle, Mpoukouo Ossiala Fiston Raïs, Ndangui Mozenith Elza Espoir, Ngakosso-Lessio Privat Darelh, Obateme Ovakissa Farel Bardel, Tsono Ibara Ngoulou-Ngoulou

Amour Marverick, Avoumba Gnando Claude Naomie, Iwangou Prince Duvalier, Mbobi-Mouembet Julia Glad, Moyongo Jude Scheguel, Soussa-Kouni Antoine Jouvenel, Ossibi Solange, Bakekolo-Mouassa Anthony Berjoui, Banga Douniama Elford Mageor, Biheni Tsina Angelvie Chrishnelle, Dzio-Nkou Eliezer, Hotchley Hekouelath Cherry Gysnell, Kiba-Issou Poupette Sweezy Roy, Kimbouala Boutoto Bouka Bellarmin Dahoul, Kouka Alex Dève Espoir, Lekomba Guy Steph Stéphane, Mabiala Milandou Paule-Muriel Reine, Mangondza Brunel, Ngakosso Jimé Gloire, Nganga-Bouka Christ-Noël, Ngassaki Dany Lezin Seberinua, Ngoma Vanessi Grâce, Ngomba Nise Ursila, Nkouka Paule ; Ofembassoue Desty, Okongo Grâce Berfi, Ongoko Charvi Stanislas, Saboka Christ Bernice, Vouma Murielle Stella, Mokoko Koumou Almiron, Indoy Varton Edson Excellence, Koukanga Grâce Alicia Frances, Miere Nkima Perèle Francisca, Godzia Charina Sappouriné, Tsimi Mboumba Doriane Stangelle, Mfoulou Moussanga Jessica Merveille, Ngatali Ruth-Niclège, Makamona Kikonda Stevy Arnaud, Kangue Jary Etzelle Alfredine, Manga Cruisse, Fleury Chrisma, Kifouani Noella Grâce Cardinale, Fourga Ngangoue Socrate, Okombi Niaba Phyneche Sagesse, Dengue-Djanguissa Marie- Lyn, Bazebimio Davins Horiode, Obounga Mouatse Sarah Nancy, Okombi Opendza-Mwana Providence Flore.

71 - Formation des auditeurs de justice au Congo, réparation d'une erreur administrative en 2023. Trente-quatre élèves, titulaires de la maîtrise en droit ou détenteurs d'une attestation de validation des deux premiers semestres de master en droit, suite à la sélection faite suivant attestations numéros 350, 351, 352 du 28 mai 2014, 451 du 25 avril 2016, 365, 366 et 675 du 28 mars et du 10 août 2017, étaient déclarés non éligibles par la commission interministérielle ayant pour mission de finaliser les dossiers des auditeurs de justice. S'étant aperçu de l'erreur administrative commise lors des travaux de la commission précitée, le Gouvernement décida de les rétablir dans leurs droits en les nommant auditeurs de justice par décret n° 2023-178 du 8 août 2023, ainsi qu'il suit : Ayessa Gilbert Romain, Passi-de-Passi Philibert, Bondenga Symplice, Ewoyongo Claude, Kaya Ngouma Rossyl, Kanga Ondelet Alexis Trésor, Kayikonale Thierry Marcel, Kinkonda Mikouiza Beudouin Rochel, Mabounda Moussounda Mabehac Tel Juvet, Malonga Mpolo Monique Radegonde, Mampassi Jean Félix, Monde Anselme, Moumbouli

Sanchez Estel, Obounga Emery Corneille, Papa Serge Olivier, Souaka Amédée, Zanguina Sako, Ngot Bertrand, Manghoto Tanganga Fortuné Bavon Edgard, Babela Nzoumba Claudette Angelvy, Bantsimba Loupet Letitia Prisca, Batchy Dadet Emmanuel Crépin Joachim, Kiyengui Dociemot Bamfoumou Benezet Quentin, Lama Mboumbou Calice Gisèle, Makosso Tchicaya Christel Gabin, Mampouma Brice, Mayela Miekoutima Murphy le Prince ; Mounguengui Olivier ; Ndzondo Ngotto Aubin, Ngobo Lekyegnet Rhaiz Lovy Présence, N'Goyo Omenais Julia Hermione, Tchiyoko Arnaud, Ntsoumou Ngoubili Armel Sylvain, Itoura-Moungalla Odilon Davy.

72 - Formation des auditeurs de justice au Congo, au titre de l'année 2024. En raison du nombre impressionnant d'auditeurs de justice en formation à l'Ecole nationale d'administration et de magistrature (ENAM) de Brazzaville, soit trois cent cinquante et un (351), décomposé en deux cent soixante et onze (271) auditeurs de justice au titre de la formation spéciale et quatre-vingts (80) auditeurs de justice en régime régulier, il n'a pas été organisé de concours d'entrée à l'Ecole nationale d'administration et de magistrature (ENAM) de Brazzaville pour la formation des auditeurs de justice s'agissant de l'année 2024.

Il y a lieu de préciser que ces deux cent soixante et onze (271) auditeurs de justice étaient admis au concours spécial d'entrée à l'Ecole nationale d'administration et de magistrature de Brazzaville, session de novembre 2022.

73 – Formation des auditeurs de justice au Congo, intégration des militaires, gendarmes et policiers dans la magistrature congolaise en 2014. La formation des magistrats n'excluant pas les fonctionnaires d'autres corps de l'État, les militaires, gendarmes et policiers admis au concours de l'École nationale d'administration et de magistrature, cycle supérieur, filière magistrature, étaient, également, nommés auditeurs de justice, puis intégrés dans la magistrature congolaise par décret du président de la République.

Il en a été, ainsi, des officiers militaires, gendarmes et policiers de nationalité congolaise dont les noms et prénoms suivent, diplômés de l'École nationale d'administration et de magistrature de Brazzaville, cycle supérieur, filière magistrature, intégrés dans la magistrature congolaise et nommés au grade de magistrat de 2ème grade, 2ème groupe, 1er échelon, indice 1275 : Ebandza Dieudonné, Eleka Placide,

Bamouangana Jean-Serge, Moukoko Marcel, Nzoulani-Nkoumbou Serge Armel, Tounda-Ouamba Franck-Régis, Zekakany Thomas J. Chris, Gakala-Oko André, Osseke David, Ngouloubi Jérôme, Kididimpoua Patrice Nestor, Itsa Roger Justin, Loemba André, Gnambi Honoré, Sondou Nazaire Jonathan Nicaise, Gnoni Henri, Miendoudi François, Mobongo Paul Maxime, Bossouba Venceslas Xavier, Ekoundzola Christian Régis, Ganzino Ngounga Cyprien, Obengui Ngoka Jean Aimé Alain Florent, Itoua Priva Roméo Pathel, Ndinga Apollinaire, Ngantso Firmin, Ngombe Armando Feliz, Samba Edmond Anicet, Tsiba Egombo Patrick Elvisse, Taty Jumiéro Martin Patrice (décr. n° 2014-500 du 15 octobre 2014 portant intégration dans la magistrature congolaise de certains officiers militaires, gendarmes et policiers en tête : Ebandza Dieudonné).

Les officiers ainsi nommés étaient versés dans la réserve militaire. Ils relevaient, désormais, du statut de la magistrature. Il fut procédé à la reconstitution de leur carrière conformément à la loi n° 15/99 du 15 avril 1999 modifiant et complétant certaines dispositions de la loi n° 23/92 du 20 août 1992 portant statut de la magistrature.

74 - Formation des auditeurs de justice au Congo, désistement des auditeurs de justice emportant révocation. Il ressortait du décret n° 2023-1752 du 2 novembre 2023 portant révocation de quatorze auditeurs de justice dans la magistrature congolaise (JORC, n° 46-2023, p. 1620) qu'à la suite de leur nomination, certains auditeurs de justice nommés par décrets numéros 2021-98, 2021-99, 2021-100, 2021-101, 2021-102 du 16 février 2021, suite aux travaux de la commission interministérielle, avaient refusé de se présenter au concours spécial d'entrée à l'Ecole nationale d'administration et de magistrature (ENAM) du Congo, session de novembre 2022.

Leur attitude étant constitutive de désistement, les quatorze auditeurs de justice concernés, ci-après, étaient pour ce motif révoqués par décret précité du président de la République : Senhigbe Adje Evrard, Obami Zita Rollande, Mvoula Fode Tchanel, Mounguengue Bilongo Katia, Mikala-Wello Aser Christ, Mbou Maât Piya, Madienguela Fabrice Evrard, Lebouala Rufin Mesmin, Elenga Essombe Morcellina Zita, Dzoualou Tsoko Freddya Johnsilia, Duckat Yves Eric Arnaud, Ayayos Dikanono Talbot, Akanhat Froelich Dante Prividal.

Le fondement de cette décision de révocation est à trouver à l'article 30 de la loi n° 15-99 du 15 avril 1999 modifiant et complétant certaines dispositions de la loi n° 023-92 du 20 août 1992 portant statut de la magistrature. En effet, déterminant l'échelle des sanctions applicables aux magistrats coupables de fautes disciplinaires, ledit article prévoit la révocation avec droit à pension comme la sanction la plus lourde. Le désistement des auditeurs de justice constituait, donc, en l'espèce, une faute disciplinaire justificative de leur révocation.

La difficulté réside, peut-être, dans la qualification de la qualité de ceux à qui est reprochée la faute commise qui est, incontestablement, celle d'insubordination caractérisée prévue à l'article 28, alinéa 2, de la loi n° 15-99 du 15 avril 1999 susvisée.

En effet, définissant la faute disciplinaire, l'alinéa premier de ladite disposition limite sa commission, uniquement, par le magistrat. Or les auditeurs de justice révoqués n'avaient pas, encore, suivi et achevé avec succès leur formation initiale, de sorte que la qualité de magistrat ne pouvait, encore, leur être reconnue.

Alors, dans ces conditions, il paraissait difficile de leur appliquer la disposition susvisée qui concernait, essentiellement, les magistrats.

Pourtant la qualité d'auditeur de justice, que les intéressés ne mériteraient, d'ailleurs, pas dès lors qu'ils n'avaient pas participé et réussi le concours d'entrée à l'Ecole nationale d'administration et de magistrature (ENAM) du Congo, ne pourrait leur être, définitivement, conférée. C'est pourquoi cette qualité d'auditeur de justice devrait leur être méconnue.

Ainsi, si l'on excluait, hypothétiquement, la solution préconisée de révoquer ces auditeurs de justice, celle de rapporter, partiellement, les décrets numéros 2021-98, 2021-99, 2021-100, 2021-101, 2021-102 du 16 février 2021 nommant, en qualité d'auditeur de justice les élèves titulaires de la maîtrise en droit ou d'une attestation de validation des deux premiers semestres de master en droit pourrait, également, être envisagée, de même que la décision de rédiger des rectificatifs audits décrets pour retirer les noms des quatorze auditeurs de justice concernés.

Section 3 – Le tableau de formation au Congo

75 - Formation des auditeurs de justice au Congo, tableau de formation de 1981 à 2024. Le tableau synoptique de la formation des auditeurs de justice prévue à l'Ecole nationale d'administration et de magistrature (ENAM), de 1981 à 2024, révèle qu'au cours de l'année académique 2022-2024, deux formations regroupées (formation spéciale et régime régulier) comportaient 351 auditeurs de justice.

Tableau de formation des auditeurs de justice à l'ENAM au Congo

Années		Auditeurs de justice
01	1981	20
02	1982	11
03	1983	10
04	1984	06
05	1985	12
06	1986	15
07	1988	08
08	1989	09
09	1991	08
10	1994	06
11	1996	12
12	1999	19
13	2000	22
14	2001	06
15	2002	07
16	2008	52
17	2009	57
18	2010	60
19	2011	50
20	2012	26
21	2019	115
22	2022-2024	351
Total années : 22		**Total auditeurs de justice : 882**

Alors qu'il était envisagé, à la création de l'Ecole nationale d'administration et de magistrature de Brazzaville, la formation de cinquante (50) auditeurs de justice par an, cet objectif ne semblait pas avoir été atteint, en 2020, dès lors qu'en vingt-neuf (29) ans, cette structure n'avait formé que six cent vingt-trois (623) auditeurs de justice, soit en moyenne, vingt et un (21) auditeurs de justice annuellement.

Intériorisant davantage la pénurie des magistrats dans les juridictions dont la création était nécessaire pour le rapprochement de la justice du justiciable, le Gouvernement avait accéléré la cadence de formation des auditeurs de justice.

Cependant, les structures de l'École nationale d'administration et de magistrature (ENAM) de Brazzaville ne pouvant répondre à l'exigence de formation accélérée, en nombre souhaité des magistrats afin de pouvoir assurer le fonctionnement normal des juridictions, on eut recours aux écoles spécialisées étrangères pour répondre aux attentes à cet égard.

76 – Formation des auditeurs de justice au Congo, prévisions du PND 2012-2016. Selon les indications figurant dans le plan national de développement (PND) 2012-2016, la carte judiciaire de la République du Congo comporte cinq cours d'appel (Brazzaville, Pointe-Noire, Dolisie, Owando et Ouesso). Evoquant l'insuffisance des tribunaux dans les départements, il indique la faiblesse du ratio juge/habitant qu'il détermine à 0, 011 %. Il ne semble pas comporter d'élément sur la formation des magistrats mais il projette le développement des infrastructures et des équipements de justice en termes de construction des palais de justice d'Owando et d'Ouesso, des tribunaux de grande instance et d'équipement des juridictions (cf. Plan national de développement 2012-2016, p. 12).

77 – Formation des auditeurs de justice au Congo, prévisions du PND 2018-2022. Au titre de la gouvernance judiciaire, le plan national de développement (PND) 2022-2026 indique qu'au moment de son élaboration, le nombre de magistrats s'élevait à sept cent quatre-vingt (780) parmi lesquels quatre cent quarante-deux (442) sont « en service » et deux cent trente-huit (238) en instance d'affectation. Ainsi, « le ratio d'un magistrat par habitant est d'un magistrat pour 9 932 habitants » et le « ratio nombre d'habitants par tribunal de grande instance, tribunal d'instance et cour d'appel est d'un tribunal pour 102 414 habitants » (cf. PND 2022-2026, B. La gouvernance judiciaire, 1. La justice et les droits humains, p. 32).

C'est cette faiblesse du personnel magistrat chargé de faire fonctionner les juridictions qui justifie que, dans le cadre des stratégies et programmes à moyen terme, « la formation des ressources humaines dans le domaine de la justice » soit envisagée (cf.

PND 2022-2026, B. La gouvernance judiciaire, 1. La justice et les droits humains, p. 34).

78 – Formation des auditeurs de justice au Congo, prévisions du PND 2022-2026. Le plan national de développement (PND) 2022-2026 est issu de la loi n° 36-2022 du 14 janvier 2022 portant approbation du plan national de développement (PND) 2022-2026 : une économie forte, diversifiée et résiliente, pour une croissance inclusive et un développement durable irréversible.

La gouvernance est, à vrai dire, considérée comme une des mesures permettant de mettre en œuvre le plan national de développement (PND) 2022-2026 qui consiste à mener, entre autres, les actions consistant à « réviser le cadre juridique de lutte contre les antivaleurs et amplifier la mise en œuvre des réformes juridiques et judiciaires tout en veillant à leur bonne application (cf. PND 2022-2026, chap. 5, domaines d'accompagnement, 5. 2. Bonne gouvernance, p. 64).

CHAPITRE II

LES AUDITEURS DE JUSTICE FORMES A L'ETRANGER

79 - Auditeurs de justice formés à l'étranger. Le rythme de la formation à l'École nationale d'administration et de magistrature n'étant pas satisfaisant pour permettre de combler plus rapidement le déficit en personnel magistrat, le Gouvernement s'était, d'abord, retourné vers la France pour solliciter sa coopération en matière de formation des auditeurs de justice afin d'accroître les effectifs des magistrats (sect. 1).

Le souci de répondre aux difficultés de fonctionnement des juridictions avait amené le Gouvernement à diversifier les actions de formation des auditeurs de justice en activant la négociation des accords de partenariat en la matière avec d'autres pays africains qui disposent des structures adéquates dans ce domaine. Des protocoles d'accord furent, ainsi, signés avec certains pays africains possédant les structures spécialisées permettant d'assurer la formation des auditeurs de justice dans leurs écoles (sect. 2). Il conviendra, ensuite, de présenter le tableau synoptique relatif à la formation des auditeurs de justice à l'étranger (sect. 3) avant de dresser le tableau synoptique comparatif des effectifs d'auditeurs de justice formés tant au Congo qu'à l'étranger (sect. 4).

Section 1 – La formation des auditeurs de justice en France

80 - Auditeurs de justice formés à l'étranger, formation en France. Afin de rendre disponible un nombre plus important de magistrats et pour garantir l'efficacité de leur formation, le Gouvernement avait bénéficié du partenariat avec la France pour la formation initiale des auditeurs de justice, d'une durée de dix-huit mois, à l'École nationale de la magistrature de Paris, section internationale et ce, suivant une programmation annuelle.

81 - Auditeurs de justice formés à l'étranger, formation en France en 1974. Quatre auditeurs de justice ci-après, licenciés en droit, furent nommés en qualité d'auditeur de justice en 1974 : Kocani Germain, Gatabantou Samuel, Massassi Paul et Samory Jean Bernard Anaël (arr. n° 5240 du 13 septembre 1974 portant nomination de messieurs Gatabantou Samuel, Kocani Germain, Massassi Paul et Samory Jean Bernard en qualité d'auditeur de justice).

Auparavant, en 1969, Monsieur Nzoala Germain-Vincent, licencié en droit, était nommé auditeur de justice, indice 740, après avoir suivi une formation à l'Ecole nationale de la magistrature de Paris, section internationale, du 4 novembre 1969 au 16 avril 1971, par décret n° 81-259 du 23 avril 1981 portant nomination de Monsieur Nzoala Germain-Vincent en qualité d'auditeur de justice (régularisation).

82 - Auditeurs de justice formés à l'étranger, formation en France en 1978. Huit (8) auditeurs de justice avaient suivi la formation en France en 1978 : Bissangou Antoine, Bouka Henri, Diassakoula Simon, Iloki Auguste (arr. n° 0903 du 3 février 1978 portant nomination de M. Iloki Auguste en qualité d'auditeur de justice), Lipou Albertine, Gabele-Mandelou Jean, Mambani Dorothée, Panghoud Christophe.

Pour être admis à faire un stage auprès d'une juridiction de l'ordre judiciaire, ces auditeurs de justice avaient prêté le serment professionnel dont la formule était la suivante :

« Je jure de conserver le secret des travaux et actes du parquet, des juridictions d'instruction et de jugement dont j'aurai eu connaissance au cours de mon stage » (cf. Procès-verbal dressé à l'audience publique de prestation de serment des magistrats étrangers devant la première chambre de la cour d'appel de Paris du 31 mai 1978).

Ces huit (8) auditeurs de justice congolais composaient la promotion de cinquante (50) auditeurs de justice venus de plusieurs pays africains ayant conclu des accords de formation des magistrats avec la France dont : onze (11) Ivoiriens, deux (02) Tchadiens, cinq (05) Nigériens, huit (8) Maliens, deux (02) Togolais, six (06) Centrafricains, un (01) Rwandais, quatre (04) voltaïques, deux (02) Gabonais.

La cérémonie solennelle de remise des diplômes de tous ces auditeurs de justice étrangers de la section internationale de l'École nationale de la magistrature, qui eut lieu à l'issue de leur formation d'une durée de dix-huit (18) mois, le 28 juin 1979, était présidée par le secrétaire d'État auprès du garde des Sceaux, ministre de la Justice de la République française.

Hormis les auditeurs de justice d'autres pays africains, deux auditeurs de justice congolais, Iloki Auguste et Lipou Albertine, obtenaient la mention « Excellent » (cf. Note, à l'attention des magistrats et stagiaires étrangers de la section internationale de l'École nationale de la magistrature, du magistrat directeur de la section internationale, Bernard Delafaye, Paris, 13 juin 1979).

83 - Auditeurs de justice formés à l'étranger, formation en France en 1979. L'arrêté n° 0194 du 23 janvier 1979 autorisait les auditeurs de justice, dont les identités suivent, à se rendre en France pour y suivre un stage de formation à l'École nationale de la magistrature, section internationale, à Paris : Limbongo-Ngoka née Macosso Emilie-Pauline, Ntsila née Bayidikila Awa Aimée, Loemba née Gomis Christine, Mokoko Lucienne, Mouanza Vivianne-Sylvie, Sangouet Christine, Mouandzibi Akiera Georges, Boutsana Grégoire, Banzouzi Michel, Bemba Robert-Armand, Yaucat-Guendi Alias Dingokong, Ngoka Lambert, Kouzoungou Auguste, Koubaka Simplice, Mabele-Gabouma, Missamou Joseph, Nguele Lamyr, Ntouadi-Packa Benoît, Matingou Michel-Marie.

Parmi ces auditeurs de justice, certains furent intégrés dans la magistrature congolaise par décret n° 81-056 du 17 février 1981 portant intégration dans la magistrature congolaise des auditeurs de justice : Loemba née Gomis Christine, Ntsila née Bayidikila Awa Aimée, Sangouet Christine, Mouandzibi Akiera Georges, Missamou Joseph, Boutsana Grégoire, Koubaka Simplice, Ntouadi-Packa Benoît, Matingou Michel-Marie.

Même après la création de l'École nationale d'administration et de magistrature (ENAM) de Brazzaville, le Gouvernement ne s'était pas contenté des résultats de cette structure. En raison de la faiblesse des effectifs qui en sortaient tous les deux ans, il continuait à autoriser les étudiants à se rendre en France pour y suivre des stages de formation à l'École nationale de la magistrature, section internationale, à Paris, pour une durée de dix-huit mois sur la base des accords de coopération conclus avec ce pays.

84 - Auditeurs de justice formés à l'étranger, formation en France en 2010. Suivant arrêté n° 5276 du 9 juillet 2010, vingt-huit étudiants étaient admis à suivre leur formation initiale en France, à l'Ecole nationale de la magistrature de Bordeaux, du 23 août 2010 au 23 juin 2011 (JORC n° 28 du jeudi 15 juillet 2010, p. 576) : Amona Annick Valia, Bobianga Gwladys Orlande, Boukaka Ninamio Brice, Ebaka Mayanga Hilfgott Alfred, Ekoungoulou Sylvano Ravel, Ikamba Ngoya Renaud Francis, Kamba Boboumba Ghislain, Ntsoumou Fall Edgar Michel, Ouando Etounda Albin-Wenceslas, Tchikaya-Mokango Amour Régis, Yoka Stella Michelle, Basongisa Moundaya Amelin Chrystel Norphely, Biakala Christella Bellande Rodivine, Bokouango Rolien, Koumou Mouakosso Carmen, Lembe Mouandza Audrey Patricia, Lembhet Missonsa Davyne Arlette, Mbouassa Maurice, Mboungou Nicolas Fernand, Ngoubou Willi Ghislain, Siangany Wawondo Rosine Valerie, Boungou-Mouila Vlady Taffaric, Braz-Tiaba-Passy Pasco, Itoua Okombi Okouala Shaleur, Kanga Simphorien, Koubaka Berthe Lucette, Omana-Ingoba Espruzi Bechylleam Epouse Ondele-Dzalala Amboulou ; Onkirankouni Essanini Chareille Elodie.

Ils étaient nommés auditeurs de justice suivant décret n° 2012-22 du 1er février 2012 qui prenait effet du point de vue de l'ancienneté et de la solde pour compter du 17 septembre 2010, date de la rentrée académique 2010-2011.

L'attestation n° 218 du 27 février 2012 du ministre d'État, coordonnateur du pôle de la souveraineté, garde des Sceaux, ministre de la Justice et des droits humains, mentionne qu'un « projet de décret en cours de visas, contreseings et signature porte nomination dans la magistrature congolaise des auditeurs de justice… diplômés de l'École nationale de la magistrature (ENM) de Bordeaux (France) en qualité de magistrats de 2ème grade, 2ème groupe, 1er échelon… ».

Ils furent, enfin, intégrés et nommés dans la magistrature congolaise en qualité de magistrat de 2ème grade, 2ème groupe, 1er échelon, suivant décret n° 2020-753 du 11 décembre 2020 portant intégration et nomination dans la magistrature congolaise de certains auditeurs de justice, en tête : Yoka Stella Michèle épouse Nguenoni (régularisation).

85 - Auditeurs de justice formés à l'étranger, formation en France en 2011. L'attestation n° 745 du 30 août 2011 du ministre d'État, coordonnateur du pôle de la souveraineté, garde des Sceaux, ministre de la Justice et des droits humains affirme qu'un « projet de décret en cours de visas, contreseings et signature, porte nomination de certains élèves admis au concours d'entrée à l'École nationale de magistrature de Bordeaux (France), session de mars 2011, en qualité d'auditeur de justice... » : Bobongo Louis, Bongobo Mokassa Dally Chrystelle, Gakosso Achille Vladimir, Makani-Nka Nathalie, Ombola Itoua Gervais Ferrol, Alandzobo Tseyi Assemi, Ikama Nique Anderson, Koubelo Rare Charles Clotaire, Tsibi Ititi Stéphanie Souvenirs, Diambou Bounkita Presley Dimitri, Bombete Serge, Mabika Ndembi Sandrine, Moungamboulou Ruth Amour, Tonghat Guy Sylver, Ngamabale Ewele Euphrasia Inès, Ngounga Lalys Roger, Abandzounou Nguili Davy Laurien, Coma Julio Bersyl, Ebata Breil Gervais, Kennegui Danny Eminence, Mokele Ekongolia Prisca, Nkolinkou née Ontsira Carmen Novie, Mahoungou Avelle (arr. n° 10173 du 21 juillet 2011, JORC n° 30 du jeudi 28 juillet 2011, p. 823).

Section. 2 – La formation des auditeurs de justice en Afrique

86 – Auditeurs de justice formés en Afrique. Des promotions de diplômés sans emploi titulaires de la licence en droit pour les uns ou de la maîtrise en droit pour les autres avaient été sélectionnées par le Gouvernement, en 2013 et 2014, pour être envoyées en formation à l'étranger afin d'acquérir la qualité de magistrat.

Suite à la suspension de la coopération avec la France en matière de formation des auditeurs de justice, le gouvernement congolais s'orientait vers certains pays africains pour conclure, avec eux, des partenariats sur la formation des auditeurs de justice congolais : le Benin, le Sénégal, le Cameroun, le Togo, le Maroc et la Tunisie (cf. Christ Josué, « Sit-in des auditeurs de justice en attente de formation. Ils en appellent à l'intervention personnelle du Président de la République », Fraternité n° 014 du 13 septembre 2019, p. 6).

La mise en œuvre de la volonté gouvernementale de former davantage de magistrats a connu quelques difficultés. En effet, en dépit de la publication de plusieurs attestations de nomination des étudiants en quête de formation à la fonction de magistrat, leur application a connu un ralentissement dû au manque d'adoption des textes y relatifs en raison des difficultés de financement de la prise en charge des auditeurs de justice. Certaines promotions ont pu, cependant, être envoyées à l'étranger et les stages ont, effectivement, eu lieu et ont permis de former un nombre considérable d'auditeurs de justice en Tunisie (§. 1), au Benin (§. 2), au Sénégal (§. 3), au Cameroun (§. 4), au Maroc (§. 5), au Togo (§. 6) et en Algérie (§. 7).

Parag. 1 – La formation des auditeurs de justice au Benin

87 - Auditeurs de justice formés au Benin, en 2012-2014. L'attestation n° 0926 du 26 juillet 2012 du ministre d'État, coordonnateur du pôle de la souveraineté, garde des Sceaux, ministre de la Justice et des Droits humains, révèle « qu'un projet d'arrêté en cours de visas, contreseings et signature porte admission de certains élèves à l'École nationale d'administration et de magistrature (ENAM) du Benin au titre des années 2012-2014 ».

Selon ledit arrêté n° 6045 du 16 août 2017 qui comporte, dans l'ordre de l'attestation évoquée ci-dessus, les identités des élèves intéressés, il est prescrit ce qui suit :

« Sont déclarés admis en qualité d'élèves à l'École nationale d'administration et de magistrature (ENAM) du Benin, les candidats dont les noms et prénoms suivent : Adoua Ndey Slim Chansil, Adoua Ngala Ornella Gabrielle, Akondo Jaime Guillot Chavellie, Akondzo Willy, Apana Ipemba Jeanny Gladys, Bembo-Balingui Uchère, Bondongo Beylhond Regis, Bondzale Destin, Dziono Sandrine Christelle, Ebara Jean Robert, Ebimba Adolphe Ghislain, Eboua Dorel Gildas, Ebouna Okoundou Norlat Ulrich, Ebouniabeka Willina Chanel, Ekandabeka Jean-Bruno, Elenga Yoka Vannel, Gantsio Anaïse Pavelle, Gnanga Apounou Rufin, Gouampaka Rod Horly Lusmel, Ikama Gislain Romuald, Iloki Engamba Valencia, Itoua Igor Ulrich, Kaba Bitsene Michael Herlin, Kimfoko Soumou Clavert, Koulangou Akokou Ercilla Floride, Koumba Mackoul Habib, Likassi Yangouma Félix, Lowowo Matembili Leslie Muriele, Mvotto Praxcède, Makaya Bouanga Devauchelle Fleurille, Makoka Tenene Clovis Armel, Makoto Batalonga Roland Diogène, Mandero Kako Ngouono Stephen Vichyle, Mapouka Rochard Davy Rosin, Mavoungou Tengo Farell Habib, Mbouatoba Micky Iris Bonheur, Mombouli Enaise, Mondzenga Mitsengue Bienvenu Christella, Mouheto Soukou Olvège Quintale, Moussounda Moutounou Stelphin, Mpassi Marc Eric Vivien, Mvoula Aleka Nice Marjolaine Cérise, Ngambali Roïne Lesly, Ngatse Audrey, Ngouabi Rominigue Giresse, Nianga Freddy Armand, Nkouka Kipa Audrey Erica, Olondo

Dekambi Dirvelis, Obembo Sostaine Gladice, Odzala Lendouma Frédéric, Okemba Ondongo, Okengue Mohamed, Okolakia Okendze Roméo, Ondaye Nianga Jean Bedel, Ondele Dzalala Amboulou, Oya Guylène Prisca, Oyilaka Maussaye Mao Nic, Piya Chanterelle, Voumina Bambouka Audrey, Youndzi Vanabehi Juvanel Rodrigue, Makaya Safou Gide, Baraud Jolyne Myrabel Clève, Bouetoumoussa Geraubreed Hermann, Gandziami Bertrand Armel, Missamou Mahaka Lionnel Eliud.

Les élèves, susnommés, avaient bénéficié d'une formation initiale à l'Ecole nationale d'administration et de magistrature (ENAM) du Benin, pour compter du 17 octobre 2012, date de la rentrée académique 2012-2014.

Leurs frais de transport et de séjour étaient mis à la charge du budget de l'Etat congolais. Les services du ministère des finances, du budget et du portefeuille public furent chargés du mandatement à leur profit de l'intégralité de leur solde, des indemnités de première mise d'équipement et de logement, ainsi que des allocations familiales (arr. n° 6045 du 16 août 2017, J. O n° 36 du jeudi 7 septembre 2017, p. 1172).

Hormis cinq d'entre ces élèves, soixante autres avaient obtenu des diplômes grâce auxquels ils étaient intégrés et nommés dans la magistrature congolaise. L'attestation n° 824 du 23 décembre 2014 du garde des Sceaux, ministre de la Justice, des Droits humains assurait qu'un projet de décret en cours de visas, contreseings et signature portait intégration et nomination dans la magistrature congolaise, des auditeurs de justice, de nationalité congolaise, diplômés de l'Ecole nationale d'administration et de magistrature (ENAM) du Benin, dont les noms et prénoms sont indiqués ci-dessous, en qualité de magistrat de 2ème grade, 2ème groupe, 1er échelon… : Gantsio Anaïse Pavelle, Voumina Bambouka Audrey, Missamou Mahaka Lionnel Eliud, Mombouli Enaise, Mondzenga Mitsengue Bienvenu Christella, Moussounda Moutounou Stelphin, Bondzale Destin, Gouampaka Rod Horly Lusmel, Mapouka Rochard Davy Rosin, Ngouabi Rominigue Giresse, Itoua Igor Ulrich, Dziono Sandrine Christelle, Ondele Dzalala Amboulou, Koumba Mackoul habib, Elenga Yoka Vannel, Gnanga Apounou Rufin, Mvoula Aleka Nice Marjolaine Cérise, Koulangou Akokou Ercilla Floride, Ngambali Roïne Lesly, Okemba Ondongo, Oya Guylène Prisca, Ebouniabeka Willina Chanel, Piya Chanterelle, Makoka Tenene Clovis Armel, Ebara Jean Robert, Kaba Bitsene Michael Herlin, Mandero Kako Ngouono Stephen Vichyle,

Ebouna Okoundou Norlat Ulrich, Obembo Sostaine Gladice, Lowowo Matembili Leslie Murielle, Makaya Safou Gide, Nkouka Kipa Audrey Erica, Youndzi Vanabehi Juvanel Rodrigue, Bouetoumoussa Geraubreed Hermann, Ondaye Nianga Jean Bedel, Apana Ipemba Jeanny Gladys, Mpassi Marc Eric Vivien, Akondzo Willy, Iloki Engamba Valencia, Okolakia Okendze Roméo, Akondo Jaime Guillot Chavellie, Mouheto Soukou Olvège Quintale, Makaya Bouanga Devauchelle Fleurille, Mbouatoba Micky Iris Bonheur, Mvotto Praxcède, Oyilaka Maussaye Mao Nic, Olondo Dekambi Dirvelis, Likassi Yangouma Félix, Ngatse Audrey, Kimfoko Soumou Clavert, Okengue Mohamed, Ikama Gislain Romuald, Adoua Ngala Ornella Gabrielle, Ekandabeka Jean-Bruno, Adoua Ndey Slim Chansil, Odzala Lendouma Frédéric, Eboua Dorel Gildas, Gandziami Bertrand Armel, Mavoungou Tengo Farell Habib.

L'on constate qu'en rapport avec l'arrêté n° 6045 du 16 août 2017 portant désignation des élèves admis à l'École nationale d'administration et de magistrature (ENAM) du Benin, au titre des années 2012-2014, qui est, en réalité, un texte de régularisation, les noms et prénoms de cinq élèves ne figurent pas dans l'attestation n° 824 du 23 décembre 2014 susmentionnée, lesquels sont : Bembo-Balingui Uchère, Ebimba Adolphe Ghislain, Makoto Batalonga Roland Diogène, Nianga Freddy Armand, Baraud Jolyne Myrabel Clève.

Leur absence dudit texte peut être expliquée soit par la non-participation à la formation soit par le défaut d'atteinte de la moyenne exigée de douze sur vingt soit par un cas de force majeure.

Dans ces conditions, ces élèves ne peuvent espérer plus qu'une autre formation à laquelle ils participeront, éventuellement, s'ils désirent acquérir la qualité de magistrat.

La nomination à laquelle il était procédé par arrêté n° 6045 du 16 août 2017 susvisé avait donné lieu, bien tardivement, à leur nomination en qualité d'auditeur de justice suivant décret n° 2020-743 du 11 décembre 2020 portant nomination des auditeurs de justice, en tête : Adoua Ndey Slim Chansil (régularisation).

88 - Auditeurs de justice formés au Benin, en 2015-2017. Aux termes de l'attestation n° 352 du 28 mai 2014 du ministre de la Justice, des Droits humains et de la Promotion des Peuples Autochtones, vingt-huit (28) élèves étaient admis à suivre leur formation professionnelle à l'Ecole nationale d'administration et de magistrature (ENAM) du Benin, au titre de l'année académique 2015-2017 : Ansy Aldran Charnay, Babela Grâce Michelle Sylvereine, Balelegue Hawarry Bauwer Shi Magester, Bohamed Bouame Sygney, Boungou Colo Hyanne Racine, Bounkazi Michel Ruch Souvenir, Elionta Darchy, Gamouaya Mayinda Fall Carmella, Kouebe Perrin Hector, Makamona Ruchela Ramirese, Miyalou Ndoulou Jeiss Michelle, Mbemba Godwin Ray Francesco, Mbong Okouere Johcelin Wenceslas Francel, Mbou Maât Piya, Mboungou Jean Role Vladice, Moubangat Mrquise Betty, Moufouta Henri Junior, Mounanga Noumbou Paule Francelle Délira, Moussoundi Vadia Justigène, Mvoula Fode Tchanel, Ndzoli Roger Pacharlin, Ngalekira Arnaud, Nganongo Andzi Dieval Huden, Ngouba France Lauréa, Okanda Prince Nancy Derval, Pangou Franck Destin, Tchiloemba Sammia Valdet, Tsaty Mvouanguila Herbert Rolan Bienvenu.

Sélectionnés suivant attestation n° 352 du 28 mai 2014 susvisée, ces élèves titulaires de la maîtrise en droit ou d'une attestation de validation des deux premiers semestres de master en droit étaient déclarés éligibles suite aux travaux de la commission interministérielle chargée de finaliser le dossier des auditeurs de justice.

Ils furent, ensuite, nommés en qualité d'auditeur de justice par décret du président de la République n° 2021-101 du 16 février 2021 portant nomination des auditeurs de justice, en tête : Ansy Aldran Charnay.

89 - Auditeurs de justice formés au Benin en 2017-2019. L'attestation n° 947 du 17 août 2017 du ministre de la Justice, des Droits humains et de la Promotion des Peuples Autochtones faisait état de ce qu'un projet de décret en cours de visas, contreseings et signature portait nomination de certains élèves ci-dessous, nommément cités, admis à l'École nationale d'administration et de magistrature de Cotonou (Benin), cycle supérieur, filière magistrature, au titre des années 2017-2019, en qualité d'auditeur de justice : Kiloudi Bakobana Paule Prisque, Mbama Ossere Noel, Mbama Moulie Auguste, Mouanda Loubakou Grâce Léoncia, Bambi Mboungou Armel Evrard, Ebaka Paterne Franchimel, Elenga Dzeletsei Vilarene Flora, Peya Garcia Heritier, Badienguissa Nzoussi Murielle Maryse, Iko Roland Franck, Makwena Dirat Claire Divine, Gossini Thane Sharone Vivaldy, Ngouma Oyandza Steve Quentin, Indeou-Bissa-Toula Princia Phonsca, Elangui Madel Seurate, Mbani Moutsouka Charel, Ngobo Mokiya Franchel Norla, Tongo Ndoulou

Valhia Loretta, Mongouo Fredy Nicaise, Lipandza Aymard Vivien, Ngovo Mouandinga Jervie Dahlia, Kabissongo Dartilia, Ekassa Franck Ghislain, Kibelolo Mardouchin Exel, Moubangat Arnold Juldas, Nguie Davy Fabrice, Kitoumba Norbert, Opoukou Opoama Dheny Marcellyne Stechyla, Ibombo Obambo Ilitch Léanov, Ntsika-Nyangui Yathe Carmelly Chancelle, Koukounsa Diamonika Judith, Mouladi Berloge Braïsson, Mandounou Bambi Merveilleux Rodney Pridath, Bazika M'baya Nadette, Milebe Makoumba Prisca Sandrine, Epagna Ezebe Gédeon, Eyeni Karmel, Louboungou Jean Marie Bruno, Ngoma Bakala Sylver Alda, Pambou Georges Arnold, Mifoundou Reine Babeto, Bassiloua Mayeme Wilfrid Kuthumi, Combel Mavoungou Urlich Bréjnev, Ngavouka Bertin ; Dzaraka Rolf Junior, Oko Nkaba Ondze Aude, Ngakoura Kwayewe Chris Précieux, Mole Jean, Eyondo Apendi Carina Joëlle, Moughani Blanche Linda Dorelle, Dimi Elenga Rodrigue, Ntsoun-Kolo Cédric Audaucha, Nzingoula Ngambani Tendresse Amzoude Honora, Synald Minimbou Mpassi Vianney Aymard, Moukilou Christ David, Etobolo Sergine Vangelyne, Mbitsi Boungou Thevan Levy, Bopaka Damien, Ngoma Prolet, Possi-Possi Engandzo Eclair Dimitri, Kebolo Babela Christ Deo Vannel, Issaka Pea Percy Pavel, Damba Boungou David Slavie, Makanda Letty Princenelle, Ngouala Ngampio Arias Géraldi, Beckos Singha Séphora Cyrielle, Mazandou Minou Grâce Divine, Ngakosso Mbola Rossi Brunel, Doukaga Alain, Obissi Epota Joly Man Love, Ngoma Tchibinda Gilbienne Faustille Therange, Tsoulaba Darnelle Cadie, Tagna Ngnoli Kaster Cossar, Miekoutima Guy Arsene Ndevolo, Grace Le Messi, Mounguengui Latran Charmant Patrallas, Okoueret Baudelaire Stanislas, Nsaba Guerly Jucletch Ruzeld, Madzou Mouelet Proust Dornevi Quinault, Bondzemoto Suganel Pharel, Engambe Tatiana Prudence, Ibara Daïdaire, Balaka Tanguy Getaim, Bouango Bongo Morel, Onangha Owamba Jean François, Ossengue Ndzale Destin, Voukani Doudou Irénée Lidwine, Issaka Ikani Merlain Casimir, Morossa Guerauld Leurich, Miampou Rozan Putcherev, Bafouna Bazoukoulou Tatiana, Goma-Zakouama Tertilien Hermin, Nguelet Dorine Elmise, Makela Awa Grace Mechla, Boungou Tendre Ymel Stelaure, Bemi Juste Larsen, Mampassi Bilongo Marie Chancelle, Ganongo Claude Tannya, Ndinga Somboko Pamela Phimalhène, Bambi Césarine Opulence, Epouse Perin, Bembo Balingui Uchère, Ebimba Adolphe Ghislain, Elenga Jean Excellent, Nianga Freddy Armand, Okoundou Ngambomi Michel, Badia Aldien Brel, Gnelenga Ondze Julienne.

Plus de trois ans se sont écoulés avant leur nomination en qualité d'auditeur de justice par décret n° 2020-748 du 11 décembre 2020 portant nomination des auditeurs de justice, en tête : Kiloudi Bakobana Paule Prisque.

Cinquante-huit (58) de ces auditeurs de justice furent nommés et intégrés dans la magistrature congolaise, en qualité de magistrats de deuxième grade, deuxième groupe, premier échelon, suivant décret n° 2021-453 du 17 septembre 2021 portant intégration et nomination dans la magistrature congolaise de certains auditeurs de justice, en tête Issaka Ikani Merlain Casimir.

Les quarante-neuf (49) autres auditeurs de justice non nommés et non intégrés par le décret n° 2021-453 du 17 septembre 2021 susvisé étaient, ainsi, identifiés : Mbama Ossere Noel, Bambi Mboungou Armel Evrard, Peya Garcia Heritier, Badienguissa Nzoussi Murielle Maryse, Elangui Madel Seurate, Tongo Ndoulou Valhia Loretta, Mongouo Fredy Nicaise, Ngovo Mouandinga Jervie Dahlia, Ekassa Franck Ghislain, Moubangat Arnold Juldas, Nguie Davy Fabrice, Opoukou Opoama Dheny Marcellyne Stechyla, Ibombo Obambo Ilitch Léanov, Ntsika-Nyangui Yathe Carmelly Chancelle, Koukounsa Diamonika Judith, Mouladi Berloge Braïsson, Mandounou Bambi Merveilleux Rodney Pridath, Bazika M'baya Nadette, Epagna Ezebe Gédeon, Ngavouka Bertin, Mole Jean, Eyondo Apendi Carina Joëlle, Moughani Blanche Linda Dorelle, Dimi Elenga Rodrigue, Ntsoun-Kolo Cédric Audaucha, Mbitsi Boungou Thevan Levy, Bopaka Damien, Ngoma Prolet, Ngakosso Mbola Rossi Brunel, Doukaga Alain, Obissi Epota Joly Man Love, Ngoma Tchibinda Gilbienne Faustille Therange, Tsoulaba Darnelle Cadie, Ndevolo Grace Le Messi, Okoueret Baudelaire Stanislas, Ibara Daïdaire, Balaka Tanguy Getaim, Onangha Owamba Jean François, Ossengue Ndzale Destin, Voukani Doudou Irénée Lidwine, Bafouna Bazoukoulou Tatiana, Bemi Juste Larsen, Mampassi Bilongo Marie Chancelle, Bembo Balingui Uchère, Ebimba Adolphe Ghislain, Elenga Jean Excellent, Nianga Freddy Armand, Badia Aldien Brel, Gnelenga Ondze Julienne.

Nul doute que ces quarante-neuf (49) auditeurs de justice ne soient, déjà, nommés et intégrés dans la magistrature congolaise en qualité de magistrats de deuxième grade, deuxième groupe, premier échelon suivant divers autres décrets du président de la République, en sa qualité de président du Conseil supérieur de la magistrature, portant intégration et nomination dans la magistrature congolaise de certains auditeurs de justice.

Parag. 2 – La formation des auditeurs de justice en Tunisie

A l'issue de leur formation initiale en Tunisie (A), les auditeurs de justice revenus au Congo avaient subi un stage de perfectionnement dans les juridictions (B).

A – La formation initiale en Tunisie

90 - Auditeurs de justice formés en Tunisie, en 2013-2014. Aux termes de l'attestation n° 763/MJDH/SGJ du 03 septembre 2013 du ministre d'État, garde des Sceaux, ministre de la Justice et des droits humains, un projet d'arrêté en cours de visas, contreseings et signature portait admission de certains élèves, ci-dessous, nommément cités à l'Institut supérieur de la magistrature de Tunisie, au titre des années 2013-2014 : Manzekele Bokenga Girest Sadate, Limesse Moboutou Boussasoua Aymar, Apesse Gloria Emeraude Stacey, Mindoudi Ntinou Mvoula Nadam, Ofele Onounou Francis, Bouenguele Aurelien Victor, Irangat Pedet Balsac, Tsiba Placide, Souari Tania Stelicia Ralyne, Ngakosso Jean Noël, Okola Tertulais, Moranbandza Antoinette Inès, Yoka Mboyaka Adnette Carole, Louniemo Gervais Sylver, Ndombi Bondo Elise Harmonie, Akery Ntondele Ingrid Jennifer, Elangui Labea Grimela Chardene, Mossa Bono Gildas, Ibara Christian Gildas, Oko-Ibara Papinot, Zohi Mossemba Ray Franck, Mamassi Ntsakala Gildas Guenole, Ossibi Ambroise, Omobanda Yannick Steddy, Ongouma Aya, Moubangat Gaimte Borisette Dinarde, Essebo Ben Begnyel Fredh, Mviboudoulou Lembe Willia Lysèle, Moukala-Moukoko René Morel, Otouna Dimitri Gaël, Matsouele Nzozi Prudnce, Yambi Tiele Aimé Nagy, Mabali Aubin Giscard Lebel, Ekoya Ulrich Vanceslas, Ondaye Yannick Olsen.

Cette attestation était suivie d'un additif dans lequel étaient insérés cinq autres élèves dont les noms et prénoms sont les suivants : Elounga-Nianguengue Estelle, Dauboussy-Mango Dominique-Stellvens, Angognat Ngakosso Fransca Duvall, Makela Koubisa Gislain, Boundoki Edouardine lauretty (add. n° 815 à l'attestation n° 763 du 03 septembre 213 portant admission à l'Institut supérieur de la magistrature de Tunisie au titre des années 2013-2014).

Dans le rectificatif n° 999 du 23 décembre 2013 à l'attestation n° 763/ du 03 septembre 2013 portant admission à l'Institut supérieur de la magistrature de Tunisie, filière magistrature, les élèves titulaires de la maîtrise en droit, en tête : Manzekele Bokenga Gorest sadate, il est indiqué ce qui suit :

Au lieu de :

- Moubangat Gaimte Borisette Dinarde

Lire :

- Gandou Francis Henri Bernard.

Au total, quarante (40) élèves étaient, donc, admis à suivre leur formation à l'Institut supérieur de la magistrature (ISM) de Tunisie ainsi que l'indique l'arrêté y afférent n° 6048 du 16 août 2017 :

« … Arrêtée la présente liste à quarante noms.

« Les intéressés bénéficieront d'une formation initiale à l'Institut Supérieur de la Magistrature (ISM) de la Tunisie, pour compter du 15 janvier 2014, date de la rentrée académique 2013-2014.

« Les frais de transport et de séjour des intéressés sont à la charge du budget de l'État congolais. Les services du ministère des finances, du budget et du portefeuille public sont chargés du mandatement à leur profit de l'intégralité de leur solde, des indemnités de première mise d'équipement et de logement, ainsi que des allocations familiales ».

Ces élèves furent nommés auditeurs de justice par décret n° 2020-741 du 11 décembre 2020 portant nomination des auditeurs de justice, en tête : Manzekele Bokenga Girest sadate (Régularisation).

A l'issue de leur formation, ces quarante (40) auditeurs de justice ont été nommés dans la magistrature congolaise comme cela résulte de l'attestation n° 637//MJDH/SGJ du 22 septembre 2015 du ministre d'État, garde des Sceaux, ministre de la Justice, des droits humains et de la Réforme de l'État ainsi établie :

« Le Ministre d'État, garde des Sceaux, Ministre de la Justice, des Droits Humains et de la Réforme de l'État, soussigné, atteste qu'un projet de décret en cours de visas, contreseings et signature, porte nomination dans la magistrature congolaise des auditeurs de justice ci-dessous cités, de nationalité congolaise, diplômés de l'Institut supérieur de la magistrature (ISM) de Tunisie, en qualité de magistrat de 2ème grade, 2ème groupe, 1er échelon de la hiérarchie du corps judiciaire… ».

91 - Auditeurs de justice formés en Tunisie, en 2015-2017. Suivant attestation n° 351 du 28 mai 2014, dix-huit élèves, ci-après, étaient admis à suivre leur formation à l'Institut supérieur de la magistrature de Tunis (Tunisie) au titre de l'année 2015-2017 :

Amboulou Moki Barton, Boumi Emery Sosthène, Bourangon-Elion Chancel Fiston, Eyema Saturnin, Itoua Emeliche Stardelle, Madienguela Fabrice Evrard, Malonga Mauricia Gloire, Missamou Crescence Regina Antoinette, Moudoudou Placide Gerda Carelle, Ndabala Alain Armel Ulrich, Ndembo Nkouka Murielle Verzy, Ngampika-Mpouete Betison Reicher, Ntsani Hermoney Neige, Ntseket Rathia Belle Sibylle, Nzolani Rossy Giscar, Odjoli Akoundze Cédar Brice ; Olokabeka Ferand Davy ; Youlou Thinou Stella Jonitta.

Ces élèves furent nommés auditeurs de justice par décret n° 2021-99 du 16 février 2021 portant nomination des auditeurs de justice, en tête Amboulou Moki Barton.

92 - Auditeurs de justice formés en Tunisie, en 2017-2019. La nomination des élèves admis à suivre leur formation à l'Institut supérieur de la magistrature (ISM) de Tunisie, pour la période 2017-2019, était faite par attestation n° 364 du 28 mars 2017 du ministre de la Justice, des droits Humains et de la Promotion des Peuples Autochtones précisant leur identité ainsi qu'il suit : Nkouka Delhiat Vanessa Astride, Mabiala Koubemba Raél Bernod, Elenga Phistel Bertrand, Boubangou Nzambi 1er Franck De Tancrède, Mberri Davy Pierre Audrey, Yocka Obambe Dominique Jonathan, Ibara Inomefele Dorelle, Bikoumou Grâce Baron, Dongui Sokotti Kevin Richard, Ganga-Bakeba Weslyne Laurette Belinda, Singa Moundelet Gérard Landry, Moufouolo Toumbou Aymard Laodicée, Obambo Jean Jacques Patrick, Koulou Bonghol Narcisse, Itoua Mouene-Awe Julialph Bydemong, Okondo Prince Ednique, Adoua Ngueko Lorette, Goma-Foutou Maryse Stella, Mantata Dialoungana Pélagie Espérance Nadine Claire, Ontsouo Ngoviele Fred Dumond, Kanga Koumou Dolby, Andzembet Andzoue Wenceslas Odentiel, Ebombi Alain Guelord, Moungala Ngounou Destin Jean De Dieu, Essamy Ngatse Winnie Auver, Bountsana Bienvenue, Mbouangui-Mpombo Bathilde Doria, Dzanvoula Piandos John Barrès, Boyembe Lucia Marielle, Kouanga Anderson Prince, Bouiti Ordan Chrisfeda, Ognimba Diane Destinée, Odouranga Peggy Gervin, Mboko Moldavie Brejnev, Couloubaly Moueka Médine Garia, Mpan Nodia Rey Paterne, Ossihou Lode Tatiana, Ndilou Auriole Movane, Ndoutha Aimé Severin, Balouenga Semi Christ Juvin, Moke Monzoungui Alexia, Moutou Nkounkou Isancelle Prudence, Bokouango Fabrice Ghyp'son, Tchissambou Mbouity Laurent Ardain Ludovick, Mouckiny Mempou Christelle, Bongoba Octavian Kenneth, Galebai Hordel Christel,

Ossangatsama Ntso Lucrèze Idrine, Ekombi Moritoua Herney, Ntsendo Freddhy Bell Raphaëla, Aya Kouyela Destin Privel, Bongo Itoua Erold, Dimi Kassambe, Okombi Chibrile Ratolses Farel, Etoua Mbon Parole Blanche, Elion Mongo Johnes Marinelle Noblesse, Nzaba Mienanzambi Savio Stéphane, Ngakosso Giscard Destaing, Ikaba Nino Vinael, Bossali Potasse, Moubio Pawa Grace Prudence, Akouala Matondo Vierge Disardhe, Mouanda Moussoki Vanessa, Okala Atsoutsou Gilles Duodelin, Ngongouyou Dalène Gilles, Then Oba Yannick Brismad Jennifer, Assouaye Brejnev, Liloki Mobangue Inès Carole Bertelle, Ngoma Abdoul Christian, Ekouere Koumou Fiacre Judicael, Diankouika Kouyodissa Sandra Espérance, Nganvou Bleck Auchey, Ebengui Wando Vital, Louvouezo Nakoumouyoulou Severin Géraud, Mafoua Cyrille Brunel Arnaud, Tsaty Bouhoyi Boniface, Manou Diane, Mbampe Ngoyon Edphira Mpouawa, Ndeakoli Ondongo Brunel Genial, Nzoussi Baniema Ephrem Hursile Djamel, Balandana Née Mouanga Dresde Orchidey, Etokabeka Bertille Raïssa Francine ; Botonga Muboth Clesh Boray ; Dimi Ekounga Prince, Mounkassa Mounguengue Voskricien Perceverence, Nguina Wilfrid Tanguy, Samba Arielle Nancie, Obambi Gambou Blaise Junior, Ayessa Ndinga Ameline, Mbama Arvel ».

Une autre attestation n° 620 du 28 juillet 2017 du ministre de la Justice, des droits humains et de la Promotion des Peuples Autochtones indiquait qu'un projet de décret en cours de visas, contreseings et signature, portait nomination de certains élèves, ci-dessous cités, admis à l'Institut supérieur de la magistrature de Tunisie, cycle supérieur, filière magistrature, au titre des années 2017 et 2019, en qualité d'auditeur de justice.

Ce fut l'objet du décret n° 2020-268 du 11 août 2020 portant nomination des auditeurs de justice, en tête : Nkouka Delhiat Vanessa Astride. Ils étaient intégrés et nommés magistrat suivant décret n° 2020-727 du 10 décembre 2020 portant intégration et nomination dans la magistrature congolaise de certains auditeurs de justice, en tête : Okondo Prince Ednique.

B – Le stage de perfectionnement au Congo

93 - Auditeurs de justice formés en Tunisie, stage de perfectionnement au Congo en 2019. A la différence de leurs autres collègues auditeurs de justice sortis de formation à l'École nationale d'administration et de la magistrature (ENAM) de

Brazzaville et de ceux ayant bénéficié de la formation dans les écoles d'autres pays étrangers, les auditeurs de justice formés à l'Institut supérieur de la magistrature (ISM) de Tunis (Tunisie) ont été mis, préalablement à leur intégration et nomination dans la magistrature congolaise en qualité de magistrat de 2e grade, 2e groupe, 1er échelon, en stage de perfectionnement dans les juridictions nationales à compter du 3 juin 2019.

Les auditeurs de justice formés à l'Institut supérieur de la magistrature (ISM) de Tunis étaient, en effet, répartis dans les juridictions des circonscriptions administratives de Brazzaville, Pointe-Noire et Ouesso où ils ont accompli des tâches dévolues aux magistrats du siège et celles attribuées aux représentants du ministère public.

Ils étaient affectés, plus nombreux, au tribunal de grande instance de Brazzaville et aux tribunaux d'instance de Poto-Poto, ouenzé-Talangaï et Bacongo-MakéléKélé en raison de leur importance manifestée par le nombre relativement élevé des affaires qui leur sont soumises, dans l'ordre qui suit :

- **Tribunal de grande instance de Brazzaville :** Nkouka Delhiat Vanessa Astride, Mabiala Koubemba Raél Bernod, Elenga Phistel Bertrand, Boubangou Nzambi 1er Franck De Tancrède, Mberri Davy Pierre Audrey, Yocka Obambe Dominique Jonathan, Ibara Inomefele Dorelle, Bikoumou Grâce Baron, Dongui Sokotti Kevin Richard, Ganga-Bakeba Weslyne Laurette Belinda, Moufouolo Toumbou Aymard Laodicée, Obambo Jean Jacques Patrick, Koulou Bonghol Narcisse, Itoua Mouene-Awe Julialph Bydemong, Okondo Prince Ednique, Adoua Ngueko Lorette, Goma-Foutou Maryse Stella, Mantata Dialoungana Pélagie Espérance Nadine Claire, Andzembet Andzoue Wenceslas Odentiel, Ebombi Alain Guelord, Moungala Ngounou Destin Jean De Dieu, Essamy Ngatse Winnie Auver, Bountsana Bienvenue, Dzanvoula Piandos John Barrès, Boyembe Lucia Marielle, Kouanga Anderson Prince, Bouiti Ordan Chrisfeda, Ognimba Diane Destinée, Mboko Moldavie Brejnev, Couloubaly Moueka Médine Garia, Mpan Nodia Rey Paterne, Ossihou Lode Tatiana, Ndilou Auriole Movane, Balouenga Semi Christ Juvin, Moutou Nkounkou Isancelle Prudence, Bokouango Fabrice Ghyp'son, Tchissambou Mbouity Laurent Ardain Ludovick, Mouckiny Mempou Christelle, Bongoba Octavian Kenneth, Galcbai Hordel Christel, Ekombi Moritoua Herney, Ntsendo Freddhy Bell Raphaëla, Bongo

Itoua Erold, Dimi Kassambe, Okombi Chibrile Ratolses Farel, Elion Mongo Johnes Marinelle Noblesse, Nzaba Mienanzambi Savio Stéphane, Ngakosso Giscard Destaing, Ikaba Nino Vinael, Bossali Potasse, Moubio Pawa Grace Prudence, Akouala Matondo Vierge Disardhe, Mouanda Moussoki Vanessa, Okala Atsoutsou Gilles Duodelin, Ngongouyou Dalène Gilles, Then Oba Yannick Brismad Jennifer, Assouaye Brejnev, Liloki Mobangue Inès Carole Bertelle, Ngoma Abdoul Christian, Ekouere Koumou Fiacre Judicael, Diankouika Kouyodissa Sandra Espérance, Nganvou Bleck Auchey, Ebengui Wando Vital, Louvouezo Nakoumouyoulou Severin Géraud, Mafoua Cyrille Brunel Arnaud, Tsaty Bouhoyi Boniface, Manou Diane, Mbampe Ngoyon Edphira Mpouawa, Ndeakoli Ondongo Brunel Genial, Nzoussi Baniema Ephrem Hursile Djamel, Balandana Née Mouanga Dresde Orchidey, Etokabeka Bertille Raïssa Francine, Dimi Ekounga Prince, Mounkassa Mounguengue Voskricien Perceverence, Nguina Wilfrid Tanguy, Obambi Gambou Blaise Junior, Ayessa Ndinga Ameline, Mbama Arvel.

- **Tribunal de grande instance de Pointe-Noire :** Singa Moundelet Gérard Landry, Kanga Koumou Dolby, Doutha Aimé Severin, Moke Monzoungui Alexia, Etoua Mbon Parole Blanche, Samba Arielle Nancie, Ossangatsama Ntso Lucrèze Idrine.

- **Tribunal de grande instance d'Ouesso :** Ontsouo Ngoviele Fred Dumond, Odouranga Peggy Gervin, Botonga Muboth Clesh Boray.

- **Tribunal d'instance de Poto-Poto :** Mberri Davy Pierre Audrey, Bikoumou Grâce Baron, Dongui Sokotti Kevin Richard, Ganga Bakeba Weslyne Laurette Belinda, Okondo prince Ednique, Adoua Ngueko Lorette, Andzembet Andzoue Wenceslas Odentiel, Ebombi Alain Guelord, Mbouangui-Mpombo Bathilde Doria, Ognimba Diane Destinée, Ossihou Lode Tatiana, Tchissambou Mbouity Laurent Ardain Ludovick, Mouckiny Mempou Christelle, Bongoba Octavian Kenneth, Galebai Hordel Christel, Ekombi Moritoua Herney, Ntsendo Freddhy Bell Raphaëla, Bongo Itoua Erold, Okombi Chibrile Ratolses Farel, Moubio Pawa Grace Prudence, Akouala Matondo Vierge Disardhe, Mouanda Moussoki Vanessa, Ngongouyou Dalène Gilles, Then Oba Yannick Brismad Jennifer, Assouaye Brejnev, Tsaty Bouhoyi Boniface, Manou Diane,

Dimi Ekounga Prince, Nguina Wilfrid Tanguy, Obami Gambou Blaise Junior, Ayessa Ndinga Ameline.

- **Tribunal d'instance d'Ouenzé-Talangaï :** Mabiala Koubemba Raél Bernod ; Elenga Phistel Bertrand ; Yocka Obambe Dominique Jonathan, Ibara Inomefele Dorelle, Obambo Jean Jacques Patrick, Koulou Bonghol Narcisse, Itoua Mouene-Awe Julialph Bydemong, Mantata Dialoungana Pélagie Espérance Nadine Claire, Essamy Ngatse Winnie Auver, Boyembe Lucia Marielle, Mboko Moldavie Brejnev, Mpan Nodia Rey Paterne, Bokouango Fabrice Ghyp'son, Dimi Kassambe, Ngakosso Giscard Destaing, Bossali Potasse, Okala Atsoutsou Gilles Duodelin, Liloki Mobangue Inès Carole Bertelle, Ekouere Koumou Fiacre Judicael, Mbampe Ngoyon Edphira Mpouawa, Ndeakoli Ondongo Brunel Genial, Mbama Arvel.

- **Tribunal d'instance de Bacongo-Makélékélé** : Nkouka Delhiat Vanessa Astride, Goma-Foutou Maryse Stella, Moungala Ngounou Destin Jean De Dieu, Bountsana Bienvenue, Kouanga Anderson Prince, Couloubaly Moueka Médine Garia, Ndilou Auriole Movane, Balouenga Semi Christ Juvin, Moutou Nkounkou Isancelle Prudence, Nzaba Mienanzambi Savio Stéphane, Diankouika Kouyodissa Sandra Espérance, Louvouezo Nakoumouyoulou Severin Géraud, Balandana Née Mouanga Dresde Orchidey, Etokabeka Bertille Raïssa Francine, Mounkassa Mouguengue Voskricien Perceverance.

- **Tribunal d'instance de Mfilou-Ngamaba** : Boubangou Nzambi 1er Franck De Tancrède, Moufouolo Toumbou Aymard Laodicée, Dzanvoula Piandos John Barrès, Bouiti Ordan Chrisfeda, Ebengui Wando Vital, Mafoua Cyrille Brunel Arnaud.

- **Tribunal d'instance de Tchinouka** : Singa Moundelet Gérard Landry, Kanga Koumou Dolby, Moke Monzoungui Alexia, Etoua Mbon Parole Blanche, Samba Arielle Nancie.

- **Tribunal d'instance de Tié-Tié :** Ndoutha Aimé Severin, Ossangatsama Ntso Lucrèze Idrine, Nzoussi Baniema Ephrem Hursile Djamel.

- **Tribunal d'instance de Pokola :** Ontsouo Ngoviele Fred Dumond, Odouranga Peggy Gervin, Botonga Muboth Clesh Boray.

- **Tribunal d'instance d'Ignié :** Ikaba Nino Vinael, Nganvou Bleck Auchey.

- **Tribunal administratif de Brazzaville :** Kouanga Anderson Prince, Dimi Ekounga Prince.

- **Tribunal de commerce de Brazzaville :** Ngoma Abdoul Christian.

Admis à suivre leur formation en qualité d'auditeur de justice à l'Institut supérieur de la magistrature de Tunis suivant attestation n° 620 du 26 juillet 2017, au titre de l'année académique 2017-2019, ces auditeurs de justice avaient acquis cette qualité suite à leur nomination par décret n° 2020-268 du 11 août 2020.

Après l'obtention de leurs diplômes, la qualité de magistrat leur fut reconnue par décret n° 2020-727 du 10 décembre 2020 portant intégration et nomination dans la magistrature congolaise de certains auditeurs de justice.

Or ces magistrats, plutôt que d'être affectés, en cette qualité, pour assurer les fonctions de leurs charges, ont été mis en stage de perfectionnement dans certaines juridictions du Congo.

Comment penser au stage de perfectionnement des magistrats dans ces conditions dès lors que l'objectif dudit stage serait de parfaire leurs connaissances jugées non satisfaisantes afin de les accroître pour viser leur amélioration. L'organisation dudit stage paraîtrait de nature à en orienter la compréhension vers la suspicion de l'insuffisance de leur formation en qualité d'auditeur de justice.

Peut-être conviendrait-il de rechercher la cause de la mise en stage de perfectionnement de ces magistrats dans la différence des systèmes judiciaires congolais et tunisiens qui ne favoriserait pas l'identité d'interprétation et d'application des règles de droit. Dans ce contexte, il s'agirait, par conséquent, d'un stage qui n'aurait d'intérêt que de faire découvrir aux magistrats les réalités juridiques et judiciaires de la République du Congo fondées sur les techniques et pratiques issues de l'exercice des fonctions de juge. Il revêtirait, ainsi, la nature d'un stage d'imprégnation justifié par le besoin de faire connaître aux stagiaires la pratique judiciaire congolaise afin de favoriser leur insertion professionnelle.

Vu sous cet angle, ledit stage de perfectionnement doit être perçu comme une étape importante. Il pose, cependant, le problème du choix des pays avec lesquels la République du Congo devrait coopérer en matière de formation des auditeurs de justice. Lesdits pays devraient être ceux qui appartiennent au même moule juridique et judiciaire que la République du Congo.

Parag. 3 – La formation des auditeurs de justice au Sénégal

94 – Auditeurs de justice formés au Sénégal, en 2013. Aux termes de l'arrêté n° 6046 du 16 août 2017, « Sont déclarés admis en qualité d'élèves du centre de formation judiciaire de Dakar, section magistrature, les candidats dont les noms et prénoms suivent : Ngouinda Nakouutelamio Ernode Oulianove, Ambili Mvouma Ghislain Florien, Bonga Béranger Ernest, Mbe Massa Luclo Ferry, abiala-Kiang Bourgeonne Danielle, Olandzobo Okombi Romeli, Essale Ngamdebouya Estelle Elvire, Wassi Mélaine Alice, Kana Aneth Josiane, Otalet Pea Vivien, Oboyo Cyr Ikafilofoula, Abia Ombondzo Henri Lauric, Elenga Ondze Fred Roklant, Opendza Guy Roland, Mabounda Mangandza Chinalda Melissa, Boyama René Blaise, Mboungou Pambou Dorlika Garelle, Houele Mboyo Nadège Honorine, Oba Mopossi Dave Presley, Ondze–Ambah Karl Léonide, Badia Aldien Brel, Bokambissa Molongomoyi Horlina Miglège, Ibara Mouondze Philos, Onanga Solfigan Neto Jofiel, Gantsio Obignam Ledon, Oko Kambi Rodhy, Nkouka Loussolo Destin, Elenga Jean Excellent, Tourakondo Ongambolo Revely, Mondzongo Pépin, Moukoko Jean Marie Premier, Backidi Medyvina Lettie Tracy, Dimi Ghislain Wilfrid, Gaboumba Moukengue Edwidge Valérie, Kasa-Kumba Paola Aurore Bienvenue, Ngassaki Juscard Vladmir, Iloyi Elenga Estelle, Gnelenga Ondze Julienne, Okoundou Ngambomi Michel, Nziembianou Ndoumou Grâce Jelyde, Ondzie Dieudonné, Nzoungou-Diele Alexie Renne, Ngassa Mbama Victor Judicaël, Mabounda Mbombi Sandrine Colombe, Oko Bora Doramay Christia, Elion Armano Beaubel Auffret, Olouengue Tania Jeanne, Kama Evelyne Daria, Ngakosso Fidolin, Sow Obambi Levy, Eba Elenga Creth Délicia, Dangouono Emery Boris, Dongo Roncia Herline, Gandzien Cyr Olivier, Mobambo Maurice, Massousa Bireva Geosia, Nzila Banzouzi Kelly Chancelle, Oyo Née Yoca Nelle Dyane, Pereira Ballay Alexandra Dominique, Bastia Marien (cf. J.O n° 36 du jeudi 7 septembre 2017, p. 1173 ».

Aux termes de l'arrêté n° 6046 du 16 août 2017 susvisé, la formation initiale dont bénéficiaient ces élèves au Centre de formation judiciaire de Dakar, section magistrature, commençait le 18 février

2013 pour un cycle de formation de vingt-quatre (24) mois concernant la première vague. S'agissant de la deuxième vague, le début de la formation était fixé au 4 février 2014 pour la même durée que celle déterminée pour la vague précédente.

Suivant attestation n° 00060 du 18 février 2013 établie par le directeur du Centre de formation judiciaire (CFJ) de Dakar, trente (30) d'entre ces élèves, nommés ci-dessous, étaient inscrits audit centre, en 1ère année de la section magistrature, en vertu du protocole de coopération signé entre le ministère de la Justice et des droits humains de la République du Congo et le ministère de la Justice de la République du Sénégal en matière de formation judiciaire : Abia Ombondzo Henri Lauric, Ambili Mvouma Ghislain Florien, Badia Aldien brel, Backidi lettie Tracy Medyvina, Bokambisa Molongomoyi Herlina, Bonga Beranger Ernest, Boyama René Blaise, Dangouono Emery Boris, Dimi Ghislain Wilfrid, Dongo Roncia Herline, Eba Elenga Greth Delicia, Elenga Ondze Fred Rokland, Ellion Armano Beaubel Auffret, Essale Ngamdebouya Estelle Elvine, Gaboumba Moukengue Edwige Valérie, Gandzien Cyr Olivier, Gantsio Obignam Ledon, Gnelenga Ondze Julienne, Houele Mboyo Nadège Honorine, Ibara Mouondze Philos, Iloyi Elenga Estelle, Itoua Mirta Anaëlle, Kama Evelyne Daria, Kasa-Kumba Paola Aurore Bienvenue, Mobambo Maurice, Mabounda-Mangandza Chinalda, Mabounda-Mbombi Sandrine Colombe, Nzembianou-Ndoumou Grâce Jelyde, Oko-Kambi Rodhy, Ondzié Dieudonné, Oyo née Yoca Nelie Dyane.

Il leur était prescrit un cycle de formation initiale d'une période de vingt-quatre (24) mois à compter du 18 février 2013 s'agissant de la première vague.

La seconde vague bénéficiait, également, de la formation initiale de même durée à compter du 4 février 2014. Devraient, logiquement, composer ladite vague, en procédant par extraction des élèves qui figuraient, déjà, sur la liste de ceux qui étaient sélectionnés pour suivre la formation initiale, les élèves dont les noms et prénoms suivent : Ngouinda Nakoutelamio Ernode Oulianove, Mbe Massa Lucio ferryl, Mabiala-Kiang Bourgeonne Danielle, Olandzobo Okombi Romeli, Wassi Mélaine Alice, Kana Aneth Josiane, Otalet Péa Vivien, Oboyo Cyr Ikafoulofoula, 0pendza Guy Roland, Mboungou Pambou Dorlika Carelle, Oba Mopossi Dave Presley, Ondze-Ambah Karl Léonide, Onanga Solfigan Neto Jofiel, Nkouka Loussolo Destin, Elenga Jean Excellent, Tourakondo Ongambolo Revely, Mondzongo Pépin, Moukoko Jean Marie Premier, Ngassaki

Juscard Vladimir, Okoundou Ngambomi Michel, Nzoungou-Diele Alexie Renne, Ngassa Mbama Victor judicaël, Oko Bora Doramay Christia, Olouengue Tania Jeanne, Ngakosso Fidolin, Sow Ossambi Levy, Massoussa Bireva Geosia, Nzila Banzouzi Kelly Chancelle, Prereira Ballay Alexandra Dominique, Bastia Marien (arr. n° 6046 du 16 août 2017 du ministre de la Justice, des droits humains et de la promotion des peuples autochtones ; att. n° 00060 du 18 février 2013 du directeur du Centre de formation judiciaire de Dakar ayant permis d'indiquer les noms des élèves congolais devant constituer la seconde vague de trente et un élèves).

Comme il est aisé de le constater, la première vague d'élèves se compose de trente et un (31) élèves et la seconde de trente (30) élèves, soit un total de soixante et un (61) élèves alors que l'arrêté n° 6046 du 16 août susvisé ne comporte que soixante élèves. L'explication se trouverait dans l'ajout, probable, d'un élève nommé Itoua Mirta Anaëlle qui ne semble pas figurer, après vérification, dans l'arrêté précité.

Les élèves admis pour suivre leur formation initiale au Centre de formation judiciaire de Dakar (CFJ), section magistrature, furent nommés dans la magistrature congolaise, en qualité d'auditeurs de justice, suivant différents décrets régularisant leur situation administrative (décr. n° 2020-744 du 11 décembre 2020 portant nomination des auditeurs de justice, en tête : Abia Ombondzo Henri Lauric (Régularisation), décr. n° 2020-745 du 11 décembre 2020 portant nomination des auditeurs de justice, en tête : Kana Aneth Josiane épouse Mackiosy (Régularisation), décr. n° 2020-747 du 11 décembre 2020 portant nomination de l'auditeur de justice Mobambo Maurice).

95 - Auditeurs de justice formés au Sénégal, en 2017-2019. Comme l'indique l'attestation n° 362 du 28 mars 2017, quarante-cinq (45) élèves dont les noms et prénoms, ci-dessous, suivent étaient admis au Centre de formation judiciaire (CFJ) de Dakar (Sénégal), au titre des années 2017-2019 pour y suivre leur formation initiale : Ngatsongo Oba Stève Staël, Tcheyndjel Mpioga Patrick, Sirigui Foscarie Leslye Junior, épouse Ouamba, Elenga Virginia Flore, Gouamba Mvoutou Belvin, Toma Ofangue Junior Ruysdael, Dimi Elenga Borel Moïse, Ekuere-Mpary Franz Médard, Mboyi Hermès, Mylhand Chrispy Lhaurel, Odzoki Kamango Marinette Presley, Etoua Moïassina Urcun, Koumpena Maloumbi Amour Sérapis, Moukilou

Guioderly Theila Cardinale, Bouka Carole Mathieu, Moubangat Gamite Borisette Dinarde, Ngakosso Odou Brunel, Mayinguidi Nvoukani Minelle Princia Rebecca, Ngali Simplice, Boueya Harthmann, Eyombi Audry Jostien, Omboula Sergelin Briguel, Elenga Ingoba Eddie Corenellia, Loufilou-Nongo Tina Medine, Nguie Leaticia, Sikoula Ngomada Thibaut Gantia, Hitoua Tesno Paounel, Ngakosso Mouekoura Clareda Allegra, Ingongui Nene Helena Juliana, Elenga Tsangabira Francy, Dalama Damank Stella, Pembe Moungondo Dimitri Blandine Florida, Mayina Ma-Ndayi Brice Gildas, Tchicaya Jean Joseph Gery, Ossombi Dira Innocent Junior, Moukala Makita Landry, Mbedi Ndembe Darel Leslie, Boukaka Loubassou Gildas Eric Thibaut, Moutsinga Madzinza Nephtalie, Bon Fiacre Sheridon, Ngombele Delphin, Mabounda Bernard, Iloud Tohanou Ninon Carine, Gantsio Herman, Emendy Edwige Vartan.

Parag. 4 – La formation des auditeurs de justice à Yaoundé

96 - Auditeurs de justice formés au Cameroun. L'École nationale d'administration et de magistrature (ENAM) du Cameroun est une structure « chargée de la formation et du perfectionnement des cadres administratifs et financiers des administrations publiques et des magistrats.

Elle peut, aussi, recevoir des élèves à titre étranger » (art. 1er, décr. n° 80-044 du 02 février 1980 portant statut de l'École nationale d'administration et de magistrature).

97 - Auditeurs de justice formés au Cameroun, en 2011-2012. Il ressort de l'arrêté n° 6044 du 16 août 2017 que Ngoulou Josiane, épouse Pandzou Bayonne, était désignée élève admise au concours d'entrée à l'École nationale d'administration et de magistrature (ENAM) du Cameroun, au titre de l'année académique 2011-2012.

Sa nomination en qualité d'auditeur de justice fut régularisée par décret n° 2020-746 du 11 décembre 2020 portant nomination de l'auditeur de justice, Ngoulou Josiane épouse Pandzou Bayonne.

98 - Auditeurs de justice formés au Cameroun, en 2013-2015. Par attestation n° 1014 du 1er juillet 2013 du ministre d'État, garde des Sceaux, ministre de la justice et des droits humains, trente (30) élèves, ci-après, furent admis à suivre leur formation professionnelle au Cameroun au titre de la promotion 2013-2015 : Ontsira Omporo

Dayelhi, Mabiald Reine Chrisca, Biyoudi Kitoko Laure Gloire, Iloye Nyangha Yannick Marcel, Mounda Brady Mendhes, Pandi-De-Mbou Pierre Saturnin, Ndzossi-Okondzobia Severin, Mioko Salvege Amene, Batota Dieusait Colomb Lalanne, Mpassi-Nkouka Ghislain Josy, Makoumbou Christel Vernes, Mberi Kelvy Jean Murphy, Mbongo Okoyo Jikel, Nguimbi Issamou Blandina Irene Epouse Makoso Taty, Missofibi-Bibangoudi Dauphin, M'boungou-Mayouma Benny-Prescilia, Moutoueba Loukombo Ronald Steve Primael, Mafouta Ederik Fred, Oyoke Elvery Romaric, Mboungou Geoffroy Fabrice, M'bou Kouamakouele Thesina Nouchelvy, Bazenga Koulessa Claumilie Loriane, Locko Patrice, Boukoumou Hilarion, Kodet Marcelle Juliette Linda, Mongondza Mapola Alexandre, Ngouakoubele Vainn Aurelien, Nianga Dimi Godefroy, Boussa Elenga Papy Elide, Manga Michael Jaspere.

Dans l'attestation n° 1000 du 23 décembre 2013 du ministre d'État, garde des Sceaux, ministre de la Justice et des droits humains, il était indiqué qu'un « projet de décret en cours de visas, contreseings et signature porte nomination de certains élèves admis à l'École nationale d'administration et de magistrature du Cameroun, cycle supérieur, filière magistrature, en qualité d'auditeur de justice ». Et, suivant arrêté n° 6047 du 16 août 2017, ces trente (30) élèves étaient déclarés admis en cette qualité à l'École nationale d'administration et de magistrature (ENAM) du Cameroun pour compter du 12 août 2013. Il y est précisé que leurs frais de transport et de séjour sont mis à la charge du budget de l'Etat congolais et qu'ils bénéficient de l'intégralité de leur solde, des indemnités de première mise d'équipement et de logement ainsi que des allocations familiales.

Au terme de leur formation, tous ces trente (30) auditeurs de justice étaient nommés dans la magistrature congolaise. L'attestation n° 024 du 31 décembre 2015 du ministre d'État, garde des Sceaux, ministre de la Justice et des droits humains est évocatrice à cet égard :

« Le Ministre d'État, garde des Sceaux, ministre de la Justice, des Droits humains et de la Réforme de l'État soussigné, atteste qu'un projet de décret en cours de visas, contreseings et signature, porte nomination dans la magistrature congolaise des auditeurs de justice ci-dessous cités, de nationalité congolaise, diplômés de l'Ecole nationale d'Administration et de magistrature (ENAM) du Cameroun, en qualité de magistrat de 2ème grade, 2ème groupe, 1er échelon… ».

C'est, finalement, par décret n° 2020-754 du 11 décembre 2020 portant nomination des auditeurs de justice, en tête : Ontsira Omporo

Dayelhi (régularisation) que ces élèves furent nommés dans la magistrature congolaise.

99 - Auditeurs de justice formés au Cameroun, en 2014-2015. Suivant arrêté n° 6049 du 16 août 2017, cinquante-trois (53) élèves, ci-dessous nommés, étaient déclarés admis en qualité d'élèves à l'École nationale d'administration et de magistrature (ENAM) du Cameroun dans différentes sections comme spécifié ci-après :

- **Section judiciaire** : Ngono Marvel Sérichan, Mayoukou Francibel Farid, Manounou Hervé Djielfat, Mouvioyi Gambou Slovy Luchrech, Ivoungou Jude Régis Gaël, Ewono Lyse Grace, Kouadzoumou-Loukoula Gaëllie-Exaucée, Mikala Mantsouaka Fridolin, Kounga Maboko Juste Melchior, Bonzi Sam Audrey Le Marin, Matassa Kinkela Smith Ronald, Moussodji Juvenal Gautier, Moussimi Franck Sylver Didi, Paka Lys Elsa Yeda, Obambo Junie Loriane, Ompaba Ebienga Cilman Nelson, Yoka Honoré Chelmy Fioril, Abandzounou Gildas Jean Hervé, Taranko Peggy, Koumou Akondzo, Ngoyi Mouandza Madima Roland Bob Niélvy, Abou Ngakosso Koumba Erick, Dihoulou Grâce Angela, Tchicaya Yassinda Bephie Ingrid, Makiminao Ikangouza Stevens, Nguellet Aimé Saurel, N'goka Lambert, Goma Kaya Prince Héritier Espoir, Malonga Matondo Reine Amédée, Tchikaya Yasmine, Mbadinga Mbery Detroupe Elnarh, Etamantsirigui Beltrand Levite, Neosi-Tardze Humphry Fonlon, Mampouelẹ Liane Marlise, Matouti-Moukouyou Richard Chastel, Kongo Tambakay Leroy, Moukouni Helma Piccioli, Mvoutou Loukombo Divine, Mavoungou Yvon Clavinick Linge, Masengo Louzolo Christie Bernicha.

- **Section administrative** : Ngouloumba Leger Gaël, Itoua Ossete Foster Chancelle, Boudzoumou Chriss-Du-Christ Mondestin, Mbassa Parfait Clautaire, Batiri Nganianima Jorice Esdras, Ndzabomi Voglard Thares, Nguimbi Adjel Yannick Chrisray, Nzahou Carine Princia, Moundaya Bazebita Aninat Raphaëlle, Moukiakia Ndala Chandrena Mise.

- **Section des comptes** : Nkondi Estimée Gerles Révélation, Ekokomba Bozou Ngola Luc Rusel, Mindou Audrey.

Les intéressés bénéficiaient d'une formation initiale à l'École nationale d'administration et de magistrature du Cameroun, pour compter du 22 octobre 2014, date de la rentrée académique 2014-2015.

Les frais de transport et de séjour des intéressés étaient mis à la charge du budget de l'État congolais. Les services du ministère des finances, du budget et du portefeuille public s'étaient chargés du mandatement à leur profit de l'intégralité de leur solde, des indemnités de première mise d'équipement et de logement, ainsi que des allocations familiales tel que le prévoyait l'arrêté n° 6049 du 16 août 2017 (J, O n° 36 du jeudi 7 septembre 2017, p. 1172).

Ces élèves avaient acquis la qualité d'auditeur de justice par décret n° 2020-742 du 11 décembre 2020 portant nomination des auditeurs de justice, en tête : Ngono Marvel Sérichan (régularisation).

100 - Auditeurs de justice formés au Cameroun, en 2016-2018. L'attestation n° 1082-du 12 août 2016 du garde des Sceaux, ministre de la Justice portait admission de certains élèves, ci-dessous cités, à l'École nationale d'administration et de magistrature (ENAM) du Cameroun et les nommait dans la magistrature congolaise en qualité d'auditeur de justice :

- Section administrative : Les élèves, ci après, nommés auditeurs de justice, étaient inscrits à la section administrative : Amboulou Nos-Pavi, Ongagna Doumas Chelman Varince, Soussou Bouanga Michaëlle, Diansatoud Mpassy Cytromavic Pensée, Galessami Chemakambo Leprime, Mouaya Pori Bénédicte, Mouamba Makayi Dieudonné, Ngakosso Marphin Semarg, Pembele Tiba Jude Mignon, Sebilo Amégas, Akabakou Mpan Bonheur, Pingana Nimi Fred Gervais, Kila Nkodia Ulrich François, Nkaya Junior Magrel, Ipemba Angonga Ileïs Guinincis, Mbiongo Freddy, Ngampio Cathlen Prescilia, Mobonguele Yhale Second, Nkolo Schebassa Precht, Mbon Naddin Fredy.

- Section des comptes : N'kenzo Claude Tendresse federiqua, Mayinguidi Diamesso Chancel Dolce Franck, Mpassi-Mbola Anse Chris Ercia, Ossamoni Eyoulou Argeless Younel, Mawandza Dany Frédo Bitsene, Boulingui Arnaud, Mbossa Ngambomy Eléona Prestige, Diakoubouka Mabondzo Arnaud, Biboussi Gaylord Nesta Rize, Mokouele Rufin Romial, Mayoukou Brimayh Bodry Igor, Aballo Ziboth Castel Trésor, Moussavou Abib Aymar, Nzoulou Nombo Laude Blavie, Okoundou Beapo Vianet Stagie, Bissombolo

Mouandza Eric Brell, Mokoko Men Léon, Opendza Espoir, Bindickou-Bouanga Lisa Duchesne.

- **Section judiciaire** : Miognangui Roland, Goma Tshivetta Hanaurt Nipsia, Mbenze Madingou Georden, Anguila Aldrica Vladimir, Sele Janvier Gercha Quesnal, Gnekambi Ngouembe Rita Flore, Mongo Jerry Hoxy, Ibara Amour Diégo, Ndala Bazolo Dalma Perside, Nzikou Moussoungou Francis Nerry, Tendet Ngondzo Janick Justin, Zolo Jasmhar Gracia, Bongo Ursula Géraldine, Ondzo Okandze Maxime, Ndinga Emia Alberly, Ouandzi Gaël Nodin, Nganouo Otsale Fréjus, Mandolo Loumingou Jean, Louboungou Christ Exaucé, Mavoungou Mackgen Dick Cesper Stella, Andzi Kanga Ralph Guychad, Nzaou Aussidhen Foreigne Héritier, Itoua Dania Saurel, Koucka Mampassi Merveilles Bienheureuse Andréa, Kibongui Michésie Jolynes (décr. n° 2018-418 du 22 novembre 2018 portant nomination des auditeurs de justice, en tête : Amboulou Nos-Pavi).

Se basant sur la décision n° 005 du 6 juillet 2020 portant proclamation des moyennes générales de sortie des élèves du cycle A de la division de la magistrature et des greffes de l'École nationale d'administration et de magistrature du Cameroun, promotion « Peace and Unity », le Gouvernement avait procédé à la nomination et à l'intégration dans la magistrature congolaise de ces auditeurs de justice par décret n° 2020-703 du 7 décembre 2020 portant nomination et intégration dans la magistrature congolaise des auditeurs de justice, en tête : Pembele Tiba Jude Mignon.

Parag. 5 – La formation des auditeurs de justice au Maroc

101 - Auditeurs de justice sélectionés pour être formés au Maroc, en 2014 et 2015. Quatre-vingt-huit (88) élèves, ci-après, sélectionnés à la suite des travaux de la commission interministérielle chargée de finaliser le dossier des auditeurs de justice, étaient déclarés éligibles et admis à aller suivre leur formation à l'Institut supérieur de la magistrature du Maroc, au titre des années académiques 2014 et 2015, suivant, respectivement, attestations du ministre de la justice et des droits humains numéros 350 du 28 mai 2014 et 366 du 28 mars 2017. Ils furent nommés en qualité d'auditeur de justice par décret n° 2021-100 du 16 février 2021 portant nomination des auditeurs de justice, en tête Bouassa Meland Distère : Bouassa Meland Distère, Anga Mban Ulrich Faïzaz, Atipon Balakingui Divole, Babingui

Josiane Radys Pelmiche, Bomele Davin Perrez, Daove-Nobaye, Dengue Djanguissa Marie-Lyn, Dimi-Mouandzibi Flaurien, Dinga Ongoka Rodney, Ebonkoli Ngowani Cyl Gyress, Ekoukouri-Nziamo Tilda Ananouche, Elion Ermane Joselhy, Ewanga Aubierge Blaise, Eyonguiabeka-Mafimba Dany Bertrand, Ibara-Dzo Placide, Kimbouala Rodrigue Culmann, Koumous Resmique Chanel Jayidel, Londzi Valya Richlyk, Louma Hyvins Blanchard, Madzou Desnapo Judicaēlle, Makombo Patrice Geoffroy Orly, Mandounou Axelle Chancelvie, Mangatali Christian, Mankou Moukietou Lignon Petolli Passine, Massamba Livio Brechely Riga, Matondo William Juste Marcelin, Mazoumbou Yesse Chanelle Fortuné, Mbossa Bienvenu Arsène, Mboubou Gemaele, Molingo Mambika Portella Thérence, Molongo Kibiadi Levi Valery, Mouandinga Michlène Loréale, Moukala Ngokouba Dresh Stedy, Moukilou Lenvo Letecia Sandrine, Moyen Yandouma Archange, Mpandzou Lauva Gyraud Lavie, Mpena Christian, Mviry Chervy Jurlain, Ngabibi Mfinka Mariette Luce, Ngala Malongo Murielle Chaidana, Ngatse André, Nianga Arnaud, Ngounga M'Fira Marvel Tede, Nokoko Oboua Aljea Leslie, Nyongo Ofemba Martelle Ginette, Oba-Ikobo Christiana Charline Nerline, Oko Judicael, Okoya-Pourou Armand, Olengoba Dedrique Rosin, Oloula Daboungue Melaine, Ondoumbou-Mouanomayi Lisiane Stévie, Opaye Noël Tuburce, Osso-Ngame Freddy, Pandi-Pandi Ghislain, Senhigbe Adje Evrard, Sossa Galifourou Ardie Chanta, Sounga Gessie Merveille, Tchinona Arnelle Florence, Yolonga Chaupin Dolido, Akanhat Froelich Dante Pividal, Andoundza-Ondziel Zéphirin, Bokatola Mircea-Charnelle, Elenga Essombe Marcellina Zita, Elion Thamare Assaelle Boris, Gabe Odzokion Nikky Delmagne, Gandzien Ockana Gildas, Gnoni Dielet Rosèle Chevie ; Gobert Nick-Son Print ; Kidzouani Mfoutou Lucie Patricia, Kiyindou Bolchevick Thudel Dudley, Koumba Alban Hugor Kévin, Lokwa Brunelle Manycka, Makeya Nzitassani Gaëlle-Regina, Malonga Matondo Ewing Djidrill, Mampouya Etiennette Alexine, Mandozi Dandou Brell Cerdan, Mfoukou Makoto Lecher, Milandou Boston-Junior-Leprince, Mobeke Lewin Perez De Magui, Mossa Ferdy Charic, Mouandzibi Walnair, Ndongo Botambo Gloire Céleste, Ngaleboni Hardine Perele, Obami Zita Rollande, Oyontsio Kounianganga Dalia Palyga, Pembe-Bid Mariannick Ivanne, Sayi Clavina Delvie, Sosso Mila Omar Hermann Amelfy.

Cependant, ces auditeurs de justice n'ont pu être envoyés à l'Institut supérieur de la magistrature du Maroc au titre des années académiques 2014 et 2015. Ils furent, néanmoins, admis à l'Ecole nationale d'administration et de magistrature (ENAM) de Brazzaville où ils ont suivi leur formation initiale au titre de la promotion 2022-2024.

Parag. 6 – La formation des auditeurs de justice au Togo

102 - Formation des auditeurs de justice au Togo, formation en 2017-2019. Admis à suivre leur formation professionnelle au Centre de formation des professions judiciaires (CFPJ) de Lomé (Togo) au titre des années 2017-2019 tel que sélectionnés suivant attestations numéros 365 du 28 mars 2017 et 451 du 25 avril 2016, soixante-treize (73) élèves, dont les identités sont, ci-après, indiquées, titulaires de la maîtrise en droit ou d'une attestation de validation des deux premiers semestres de master en droit, déclarés éligibles aux termes des travaux de la commission interministérielle chargée de finaliser le dossier des auditeurs de justice, étaient nommés auditeurs de justice par décret n° 2021-98 du 16 février 2021 portant nomination des auditeurs de justice, en tête Amboulou-Ngakabe Vanessa Dariche : Amboulou-Ngakabe Vanessa Dariche, Atipo Norman Minow, Bonguili Nelly Nadine, Boukaka Makosso Bob Bermack Rodenis, Bounkazi Charrier Baron, Dematas-Lembe Fallone Clovina, Doumas Doth Samson Thibault, Ebele Koumbe Carel, Ebondzo Gambomi Gaston, Ekouya Maxia Pérol, Engondzo Brigida Jumaël, Fouty-Kambissi Flore, Gallouo-Abialo Crévy, Ganvala Kouka Rosney, Ipangui Floricia Nichelle, Issombo Essimino Bénédicte, Kalevou Stevie Sybelle, Kiba Princilia Chinelle, Koha Helmich Claustani, Koumou Akouala Elenga, Koumou-Taboli Joêl, Louemba Mboumba Brunelle Ange Natty, Loussakou Makila Baudelaire Mexan, Massouema Gill Espérance, Mayanith Hurly Aristide, Mekoyo Mbendza Paul Jauvhys, Mienandi Nkoussou Christilvie Jarêde, Mikiya Makoka Ted Shellair, Mombo Koumba Sandrin Tangrède, Mouini Haverel, Mpoukouo Ngala Lheine, Ngabouya Eba Mavie, Ngoma-Nzondo Wilchy-Bongo Dorah, Ntsoko Mountari Gwaldys, Obembo Niama Cedric, Okassa Prestony Espérance, Okouere Ninelle, Ombele Rudy Christ Amaïs, Osseke Givner Kelly Boris, Pockot-N'Sayi Boris Trésor, Portella Muessi Kuzing, Tchibinda Espérance, Ankina Gav Chya, Baye Mbaladi Ida Parfaite, Bogala's Obambi Sartre, Boukaka Bouanga Flora, Botso Pem Hugues Omega, Celio Boignabea Oyaba, Ibara Inianga Beverly, Koueli

Reiche Marielle, Labana Chanelle Nadia, Loufouma Mfikou Arnaud Joravy, Malonga Sakountima Avübe Deschartes, Mboro Corneille Rosane, Miere Dany Esphodan, Missie Berhone Dom-Barel, Mokoko Belvain Ravel De Grace, Mounguengue Bilongo Katia, Ndinga Aîcha -Claude Pénelope, Ndion Balomby Guychel Beranger Holmes, Ndzambe Okombi Borniche Guelord, Ngakegni Hifi Doken, Ngakosso Juldas, Nganga Barika Ruth Horbaptilde, Ngoma Bayiliane Brinelle, N'keket Ndabiza Evelyne, Obele-Obele Sandrel Rostand Yanick, Okemba Engondo BigaDesti-Merge, Okhumu-Bozault Lebien, Ondongo Issongo Edmave, Ondongo Steven Frédéric, Openda-Sonimba Hermann, Sambou Edmond Steven.

Parag. 7 – La formation des auditeurs de justice en Algérie

103 – Auditeurs de justice formés en Algérie, en 2017-2019. Sélectionnés par attestation n° 675 du 10 août 2017 du ministre de la justice et des droits humains et de la promotion des peuples autochtones les admettant à suivre leur formation professionnelle à l'École supérieure de la magistrature d'Algérie, quatre-vingt-sept (87) élèves, dont les noms et prénoms suivent, étaient nommés en qualité d'auditeur de justice suivant décret n° 2021-102 du 16 février 2021 portant nomination des auditeurs de justice, en tête Banga Massalat Gloire Rodel : Banga Massalat Gloire Rodel, Dongabeka Moboula Bellvie Chancelle, Ela Boniface Donald, Emo Bergénia Clive, Kiakouama Roland David, Koukebana Gyldace Borel, Loyant Paris Léger, Makita Sthebya-Clid, Mampieme-Issenini Stevine Brasilia, Mapola Christal Flamel, Mboussa Perencel Cherel, Milandou Mbouty Grâce Soriane, Mobongo-Essobou Sylvanie Alliance Bichelga, Moubonda Bakaoua Othis, Moussoyi Boudji Idine Darnelle, N'doudi Olende Jean Barry, Ngakegni Listher Arthur, Ngalebaye Dave Ultor Vivien, Nganongo Ndinga Faïvelle, Ngobo Mouelenga Jeannell Stancell, Ngouma Kilouembe Christie, Ngembo Lychel Dhuval, Nzouzi Nionzi Andrenie Grâce, Onouambou Myra Glad Princia, Ossibi Jegueva Sorpresa, Poutance-Abenzote Pauliclem, Yoka Roland, Zepho Rolande, Mayouma 1er Rostand Rickel, Ayayos Dikanono Talbot, Batekouaou Gauss Bienheureux Theophraste, Bodouma Promesse Caïde, Bongondo Simplice, Boudzoumou Joignie, Bouka Milongo Prefna Isis Davina, Boulingui Beranger, Boussamba De Mabika Romiche, Dizolclc Loutete Jasvy Dieuveil, Djembo Jean Fernand Loïc, Boulala Domba Minzola Jacylide, Dougoma Pouty

Perside Emmanuel, Duckat Yves Eric Arnaud, Dzoualou Tsoko Freddya Johnsilia, Ekabe Patrice, Elongo Akoa Joadel Eda, Eyaka Aymard Ulrich, Gatse-Ibara Le prince, Goyili Tensia Rubène Rodia, Ibara Stève, Italy Benoît Fryd Chancelie, Kamongo Jessy Dickson, Kampakavie Harnaud, Kenguelemambi Wilfrid, Kiba Ibara Ulrich Chardin, Kymbassa-Nzoussi Pamella Aimée, Lebouala Rufin Mesmin, Lembe Joalène Grâce Patience, Loemba Enaud Mikael, Loukabou Edna Josephelle, Loukeba Michaëlle, Makoumba-Nzambi Nzambi, Makoundi-Ngoma Driche Gracie Ben Leor, Manah Mathurin, Mbitsi Juvidia Ormelain, Mbouala Ntsala Rode Christèche, Mboumba Sneil Ulrich Martin, Mikala-WelloAser Christ, Mouele Mexan Bostophène Freddy, Moupegnou Carmel Arnaud, Ndinga Obaka Brice Sylvestre, Ndoukou Gael Dalva, Ngassy Gerson, Ngouath Micksonn Breyll, Ngoubou Landry, Ngoyi Makoyi Ulrich Pathou, Nzaou Koumba Stave Ornella, Nzayoulou Mampassi Mbanza André, Nzoulou Giscard Aimé, Okouo Princia Belnive, Oloula Ongari M'vouos Chirley, Ompa Mario Junior, Openda Oya Muriel, Ossere Ndzeli Roland, Oubaka Ngaly Prince Doctrove Arthus, Souamouna Gracia Jerdhan Jeanel, Tchikaya Hérick Lionnhel Cerruti, Tsono Assi Ephésie Géniale.

Section 3 – Le tableau de formation à l'étranger

104 – Formation des auditeurs de justice, tableau synoptique de la formation des auditeurs de justice à l'étranger. Le tableau, ci-dessous regroupe l'ensemble des candidats à la formation dans les structures de formation professionnelle des pays avec lesquels le Congo avait conclu des accords de coopération, en l'occurrence, l'Ecole nationale de la magistrature de Paris, section internationale et l'Ecole nationale de la magistrature de Bordeaux.

Les auditeurs de justice congolais furent admis, également, dans des écoles de formation des pays africains ayant conclu des accords de partenariat avec la République du Congo. Il s'agit de : l'Ecole nationale d'administration et de la magistrature (ENAM) du Benin, l'Institut supérieur de la magistrature (ISM) de Tunis (Tunisie), l'Ecole nationale d'administration et de la magistrature (ENAM) du Cameroun, le Centre de formation judiciaire (CFJ) de Dakar (Sénégal), le Centre de formation des professions judiciaires (CFPJ) de Lomé (Togo), l'Ecole supérieure de la magistrature (ESM) d'Alger (Algérie).

Tableau synoptique de la formation des auditeurs de justice à l'étranger

Années	Lieux de formation	Auditeurs de justice
1974	ENM, Paris	04
1978	ENM, Paris	08
1979	ENM, Paris	19
2010	ENM, Paris	28
2011-2012	ENM, Paris	23
2011-2012	ENAM, Cameroun	01
2012-2014	ENAM, Benin	60
2013	CFJ, Dakar	60
2013-2014	ISM, Tunisie	40
2013-2015	ENAM, Cameroun	30
2014-2015	ENAM, Cameroun	53
2015-2017	ENAM, Benin	28
2015-2017	ISM, Tunisie	18
2016-2018	ENAM, Cameroun	65
2017-2019	ENAM, Benin	107
2017-2019	CFJ, Dakar	45
2017-2019	ISM, Tunisie	90
2017-2019	CFPJ, Lomé	73
2017-2019	ESM, Alger	87
20	**07**	**839**

La formation des auditeurs de justice congolais dans les pays étrangers était, donc, en moyenne, annuellement, de quarante-quatre (44) auditeurs de justice. Elle fut réalisée en deçà de l'objectif visé lors de la création de l'Ecole nationale d'administration et de magistrature (ENAM) de Brazzaville, en 1981 qui était de former, par an, cinquante (50) auditeurs de justice.

Le recours aux structures de formations étrangères ne pourrait être évité que si les conditions de fonctionnement régulier de l'Ecole nationale d'administration et de magistrature (ENAM) de Brazzaville étaient, totalement, réunies. En effet, de 1981 à 2019, et, donc, en trente huit (38) ans, il aurait été formé, dans cette école, au moins mille-neuf-cents (1900) auditeurs de justice congolais pendant cette période.

Section 4 – Le tableau de formation au Congo et à l'étranger

105 – Tableau synoptique de la formation des auditeurs de justice prévus au Congo et à l'étranger.

Lieux / Années	ENM Paris	ENAM Brazzaville	ENAM Cameroun	CFJ Dakar	Total
1974	04	/	/	/	04
1978	08	/	/	/	08
1979	19	/	/	/	19
1981		20			20
1982		11			11
1983		10			10
1984		06			06
1985		12			12
1986		15			15
1988		08			08
1989		09			09
1991		08			08
1994		06			06
1996		12			12
1999		19			19
2000		22			22
2001		06			06
2002		07			07
2008		52			52
2009		57			57
2010	28	60			88
2011-2012	23	50	01		74
2012		26			26
2013				60	60
2013-2015			30		30
2014-2015			53		53
2016-2018			65		65
2017-2019				45	45
2019		115			115
2022-2024		351			351
Sous total	**82**	**882**	**149**	**105**	**1218**

Lieux / Années	ENAM Benin	ISM Tunisie	CFPJ Lomé	ESM Alger	Total
2012-2014	60	/	/	/	60
2013	/	/	/		
2013-2014	/	40	/	/	40
2013-2015	/	/	/	/	/
2014-2015	/	/	/	/	/
2015-2017	28	/	/	/	28
2015-2017	/	18	/	/	18
2016-2018	/	/	/	/	/
2017-2019	107	90	73	87	357
Sous total	**195**	**148**	**73**	**87**	**503**
Total général	**1218 + 503 = 1721**				

Sources (tableaux pp. 145 et 146) : - **Attestations** numéros 0166 du 28 juillet 2003, 218 du 27 février 2012, 137 du 6 mars 2013, 0824 du 23 décembre 2014, 182 du 11 mars 2015, 338 du 11 mars 2015, 637 du 22 septembre 2015, 2024 du 31 décembre 2015 ; - **Arrêtés** numéros 0903 du 3 février 1978, 0194 du 23 janvier 1979, 1854 du 20 février 1982, 4048 du 28 décembre 1990, 1800 du 14 août 1992, 978 du 5 octobre 1999, 1060 du 28 février 2023, 5276 du 9 juillet 2010, 10173 du 21 juillet 2011, 6045 du 16 août 2017 ; - **Décrets** numéros 81-259 du 23 avril 1981, 83-180 du 16 mars 1982, 84-309 du 29 mars 1984, 85-800 du 13 juin 1985, 86-541 du 21 avril 1986, 91-526 du 31 mai 1991, 91-547 du 7 juin 1991, 95-257 du 21 décembre 1995, 2018-286 du 1er octobre 2019, 2000-39 du 22 mars 2000, 2004-98 du 17 avril 2004, 2004-346 du 09 août 2004, 2011-602 du 29 septembre 2011, 2012-21 du 1er février 2012, 2018-418 du 22 novembre 2018, 2020-751 du 11 décembre 2020, 2020-740 du 11 décembre 2020, 2020-186 du 3 juillet 2020, 2020-743 du 11 décembre 2020, 2020-741 du 11 décembre 2020, 2020-268 du 11 août 2020, 2020-744 du 11 décembre 2020, 2020-745 du 11 décembre 2020, 2020-747 du 11 décembre 2020, 2020-746 du 11 décembre 2020, 2020-754 du 11 décembre 2020, 2020-742 du 11 décembre 2020, 2021-98 du 16 février 2021, 2021-102 du 16 février 2021, 2021-101 du 16 février 2021, 2021-99 du 16 février 2021, 2023-178 du 8 août 2023.

CHAPITRE III

LES SIT-INS DES AUDITEURS DE JUSTICE

Certains étudiants, titulaires de la licence en droit ou de la maîtrise en droit, sélectionnés pour suivre une formation en qualité d'auditeur de justice, revendiquaient en 2019 et 2020 les droits liés à leur statut. Ils menaient quelques actions non violentes, exigeant de cette manière leur nomination en qualité d'auditeurs de justice et, conséquemment, leur formation en République du Congo ou à l'étranger selon les possibilités offertes par le Gouvernement. Des attentes longues à la satisfaction de leurs revendications avaient inspiré les demandeurs aux fonctions de magistrat à organiser des sit-ins dont trois étaient révélateurs de leur engagement et de leur détermination à se mobiliser pour sensibiliser le Gouvernement sur leur situation, en mai 2019 (sect. 1), août 2019 (sect. 2) et mars 2020 (sect. 3).

Section 1 – Premier sit-in en mai 2019

106 – Actions de sensibilisation des auditeurs de justice, premier sit-in en mai 2019. Ayant, vainement, attendu jusqu'en mai 2019 alors que certains d'entre eux étaient, déjà, nommés auditeurs de justice, puis magistrats à la suite de leur formation à l'étranger, ceux des auditeurs de justice en attente de programmation de formation manifestaient, le 8 mai 2019, leur désarroi en organisant leur premier sit-in devant la primature. Déplorant la lenteur du comité interministériel créé pour traiter, diligemment, leurs dossiers, ils justifiaient leur ras-le-bol en ces termes : « Nous sommes mécontents de ce qu'il n'y a pas de suite favorable à notre situation jusque-là alors que devant les députés, à l'Assemblée nationale, le Premier ministre avait promis un traitement judicieux de notre sort » (cf. Rominique Makaya, « Ras-le-bol des auditeurs de justice en attente de formation », Les Dépêches de Brazzaville, n° 3487 du jeudi 9 mai 2019, p. 5).

Section 2 – Deuxième sit-in en août 2019

107 - Actions de sensibilisation des auditeurs de justice, deuxième sit-in en août 2019. Le deuxième sit-in du 29 août 2019 a été inspiré par l'exaspération des jeunes diplômés en droit. Ils l'avaient organisé pour n'avoir pas été pris en compte par le Gouvernement afin de bénéficier de la formation en qualité d'auditeur de justice qui leur avait été promise. En effet, conformément au plan de formation élaboré, quatre (4) vagues de certains auditeurs de justice étaient déjà revenus de formation du Benin, du Sénégal et de Tunisie et le ministère de tutelle, celui en charge de la Justice, leur avait délivré des attestations de fin de formation. Ils dénonçaient, par conséquent, le blocage de leurs dossiers dont ils souhaitaient un traitement rapide et bienveillant. Ils déclaraient, à la presse ce qui suit, pour illustrer leur désarroi : « Nous ne croyons plus aux déclarations du Premier ministre, encore moins à celles du ministre de la Justice, car ils les ont toujours faites mais sans solution. Nous sommes contraints de réclamer nos droits autrement mais pacifiquement. Cette fois-ci, nous irons jusqu'au bout. Ce n'est qu'un début, il arrivera un moment où nous passerons les nuits ici, à la belle étoile » (cf. Firmin Oyé, « Des élèves magistrats entament un sit-in illimité », propos de Arnaud Moupegnocu, LDB, n° 3567, mardi 3 septembre 2019, p. 4).

Estimés à 505 diplômés sélectionnés et nommés par attestations d'admission pour suivre des stages dans des écoles de formation à l'étranger, les prétendants s'étaient organisés en collectif pour réclamer leur prise en charge. Selon le secrétaire général, Thibault Doumas Doth, s'expliquant devant la presse sur l'objet du sit-in : « Plusieurs propositions ont été faites à l'endroit de la tutelle et de la primature, notamment celles qui devaient régler l'injustice avec nos 45 collègues auditeurs de justice admis au centre de formation judiciaire de Dakar, qui sont aussi comme nous, en attente de formation mais bénéficiant déjà du décret n° 2018-236 du 13 juin 2018 les engageant avec effet financier. Mais nous avons rappelé au ministre que nous avons été sélectionnés dans les mêmes conditions et sommes tous détenteurs des attestations d'admission dans les différentes écoles de formation, des passeports de service… » (cf. Christ Josué, « Sit-in des auditeurs de justice en attente de formation.

Ils appellent à l'intervention personnelle du président de la République », Fraternité n° 014 du 13 septembre 2019, p. 6).

Section 3 – Troisième sit-in en mars 2020

108 - Actions de sensibilisation des auditeurs de justice, troisième sit-in en mars 2020. Le troisième sit-in, remarquable, concernait les revendications des étudiants diplômés qui remplissaient les conditions exigées pour suivre la formation d'auditeur de justice. Le Gouvernement, sous l'autorité du Premier ministre, aurait créé un comité interministériel en 2019, présidé par le ministre en charge de l'enseignement supérieur et composé du vice-Premier ministre, du ministre de la Justice et du ministre des Finances pour vérifier la régularité des diplômes.

Les promesses, qui ne seraient pas satisfaites, avaient conduit les diplômés sélectionnés à l'observation d'un sit-in devant le bâtiment abritant le siège du ministère de la justice. Dénombrés à trois cent cinquante-sept (357) diplômés en attente de nomination en qualité d'auditeur de justice, ils affirmaient à la presse qu'ils réclamaient la diligence pour la publication du décret y relatif (cf. Ernest Otsouanga, « Nous attendons notre nomination et notre formation sur place », propos de Yves Duckat, Le Patriote, n° 570, du 16 mars 2020, p. 13).

Au 10 mars 2020, était, encore, perceptible le sit-in des diplômés en droit sélectionnés pour suivre la formation d'auditeur de justice, munis de tam-tams, des barres de fer, des cloches, des casseroles, des flûtes et de plusieurs autres instruments de musique de fortune qu'ils jugeaient capables de leur permettre d'attirer l'attention des autorités gouvernementales et, donc, de les alerter sur leur revendication relative à la publication du décret portant leur nomination en qualité d'auditeur de justice afin qu'ils soient mis en formation.

Selon le coordonnateur du collectif, Rosin Sédrique Olengoba, « Une commission interministérielle avait été mise sur pied, avec pour mission d'authentifier les diplômes et de réviser les listes, avant la publication d'un décret de mise en formation. Le travail qui devait se faire en un mois s'est étendu jusqu'à six mois aujourd'hui, sans suite. Nous constatons surtout le non-suivi de notre dossier par le ministère de tutelle » (cf., Firmin Oyé, « Les auditeurs de justice réclament la publication de leur décret de nomination », LDB, n° 3698 du jeudi 12 mars 2020, p. 5).

CHAPITRE IV

LES AUDITEURS DE JUSTICE NOMMES MAGISTRATS

A l'issue de leur formation, les élèves devenus auditeurs de justice sont nommés magistrats par le président de la République au moyen des décrets individuels.

109 – Auditeurs de justice nommés magistrats, énonciation de la nomination par attestation. Avant la publication des décrets individuels relatifs à la nomination des auditeurs de justice en qualité de magistrat, le garde des Sceaux, ministre de la justice énonçait, par des attestations, que des projets de décrets en cours de visas, contreseings et signature portaient nomination dans la magistrature congolaise des auditeurs de justice en qualité de magistrat de 2ème grade, 2ème groupe, 1er échelon. Il en était, ainsi, procédé, à titre illustratif, suivant attestations en 2012 (sect. 1), 2015 (sect. 2) et 2017 (sect. 3). Le tableau y afférent renseigne sur les attestations et le nombre d'auditeurs de justice formés puis nommés et intégrés dans la magistrature congolaise de 2003 à 2020 (sect. 4). Certaines attestations portent nomination dans la magistrature (sect. 5).

Section 1 – L'attestation n° 0219 du 27 février 2012

Suivant attestation n° 0219 du 27 février 2012, le ministre d'Etat, Coordonnateur du pôle de la souveraineté, garde des Seaux, ministre de la Justice, indiquait « qu'un projet de décret en cours de visas, contreseings et signature porte nomination dans la magistrature congolaise des auditeurs de justice ci-dessous » : Elenga Aristide, Samba Moussinga Virgile Rivet, Koutiotiolo Ngoma Fabrice, Tchibinda Koka Gay Vertu, Bouloukouet Kabat Morsch, Mbengou Roméo, Mangue Kengne Lorie Claire, Monkessa Judicaël, Mouyounga Ulrich, Wando Wenceslas Ruddy, Mouemeth Elia

Ngono, Moukilou Daniel, Gaïko Chyderique vostel, Milandou Mildia Harold Cardorel, Toni Koumba Wencelah Edson, Moufouta Christian Noriel Rachid, Dimi Nianga Dzo, N'Goma Roland Romaric, Ntondele Massamba Nicaise, Mabecket Maboni Itsa Hudol Belgenth, Baboungou Caroline Stevie Brusnole, Kiminou Paul Claver, Nziou Fred Lewis Daney, Bassenga Fiellot T'ov Fresnay, Mocko Rock Charly, Mpassi Maloundama Ludovic, Moukiama Mberi Davy Cédric Yann, Lekouété Justin Raudé, Kibiti Bavoueza Kardeck Défi, Pandi Moukoko Eric, Ngondo Elvire Pressia, Obara Ngoli Reine Emeline, Minzelet Estelle Nadège, Loembet-Kaddy Garonne Gironde, Issanga Riset Rodrigue Ulrich, Molebe Amar Zita, Leckaly Carmen Sheila, Obea M'Akongo Koumou, Ossete Igor Boris, Ondonda Aude trésor, Ossete Zéphirin, M'Pan-Gandzien-Okana Mélanie, Mbemba Talantsi Chancelle Nuptia Joklèse, Gambou Cynthia Olivière, Ollongo Itoua Muller Penser Farrehl, Mongo Constan Claude Alain, Pemba-Taty Michel John Alain, Ouetinigue Frédéric, Okissakossy Abonayele Dina Dorelle Tetia, Ngoye Donald Cédric, Ngouya Didier, Kinkela Princesse Katuixia, Nkouka Madede Gildas Judicaël, Mbongo Samuel Ulrich.

Section 2 – Les attestations en 2015

Par attestations, le ministre d'État, garde des Sceaux, ministre de la Justice et des droits humains, énonçait que des projets de décrets en cours de visas, contreseings et signature, portaient nomination dans la magistrature congolaise des auditeurs de justice en qualité de magistrat de 2ème grade, 2ème groupe, 1er échelon. Il en était, ainsi, des attestations n° 182 du 11 mars 2015 (§. 1), n° 338 du 11 mars 2015 (§. 2) et n° 2024 du 31 décembre 2015 (§. 3).

Parag. 1 – L'attestation n° 182 du 11 mars 2015

Suivant attestation n° 182 du 11 mars 2015, le garde des Sceaux, ministre de la Justice et des droits humains, annonçait qu'un projet de décret, en cours de visas, contreseings et signature, portait nomination des auditeurs de justice ci-dessous, de nationalité congolaise, diplômés du Centre de formation judiciaire (CFJ) de Dakar, en qualité de magistrat de 2ème grade, 2ème groupe, 1er échelon : Boyama René Blaise, Nziembianou-Ndoumou Grâce Jelyde, Kama Evelyne Daria, Elion Armano Beaubel Auffret, Abia Ombondzo Henri Lauric,

Gaboumba Moukengue Edwige Valérie, Gantsio Obignam Ledon, Mabounda-Mangandza Chinalda Melissa, Iloyi-Elenga Estelle, Houele Mboyo Nadège Honorine, Dongo Roncia Herline, Kasa-Kumba Paola Aurore Bienvenue, Mobambo Maurice, Mabounda-Mbombi Sandrine Colombe, Ambili Mvouma Ghislain Florien, Eba-Elenga Creth Delicia, Oyo née Yoca Nélie Dyane, Bonga Béranger Ernest, Oko-Kambi Rodhy, Ibara Mouondze Philos, Dangouono Emery Boris, Ondzie Dieudonné, Bokambissa Molongomoyi Horlina Miglège, Gandzien Cyr Olivier, Elenga Ondze Fred Roklant, Dimi Ghislain wilfrid, Essale-Ngandebouya Estella Elvire.

Ces vingt-sept (27) auditeurs de justice nommés magistrats font partie de la liste de soixante (60) élèves admis à suivre leur formation au Centre de formation judiciaire (CFJ) de Dakar, section magistrature, suivant arrêté n° 6046 du 16 août 2017 qui apparaissait comme un texte de régularisation car il ne pouvait être postérieur au texte qui les nommait magistrat à l'issue de leur formation.

Il avait été procédé à la nomination de ces auditeurs de justice, en qualité de magistrat de 2ème grade, 2ème groupe, 1er échelon, par décret du président de la République, en Conseil supérieur de la magistrature ayant tenu sa session ordinaire le 20 février 2018.

Parag. 2 – L'attestation n° 338 du 11 mars 2015

Aux termes de l'attestation n° 338 du 11 mars 2015 du ministre d'État, garde des Sceaux, ministre de la Justice, des Droits humains et de la Réforme de l'État, un projet de décret en cours de visas, contreseings et signature, portait nomination dans la magistrature congolaise des auditeurs de justice, ci-après, diplômés du Centre de formation judiciaire (CFJ) de Dakar, en qualité de magistrat de 2ème grade, 2ème groupe, 1er échelon : Ngouinda Nakoutelamio Ernode Oulianove, Massousa Bireva Géosia Hermensia, Nzoungou–Diele Alexie Renne, Mabiala-Kiang Bourgeonne Danielle, Oba Mopossi Dave Presley, Moukoko Jean Marie Premier, Pereira Ballay Alexandra Dominique, Backidi Medyvina Lettie Tracy, Opendza Guy Roland, Wassi Mélaine Alice, Onanga Solfigan Neto Jofiel, Ngakosso Fidolin, Tourakondo Ongambolo Revely, Otalet Pea Vivien, Olouengue Tania Jeanne, Oboyo Cyr Ikafilofoula, Ngassa Mbama Victor Judicaël, Mboungou Pambou Dorlika Carelle, Oko-Bora Doramay Christia, Nkouka Loussolo Destin, Mbe-Massa Lucio Ferryl, Nzila Banzouzi Kelly Chancelle, Mondzongo Pépin, Ngassaki Juscard

Vladmir, Ondze–Ambah Karl Léonide, Sow Obambi Levy, Kana Aneth Josiane, Bastia Marien, Olandzobo Okombi Romeli.

Parag. 3 – L'attestation n° 2024 du 31 décembre 2015

Par attestation n° 2024 du 31 décembre 2015, le ministre d'État, garde des Sceaux, ministre de la Justice, des droits humains et de la réforme de l'État, énonçait qu'un « projet de décret en cours de visas, contreseings et signature portait nomination dans la magistrature congolaise des auditeurs de justice ci-dessous, diplômés de l'École nationale d'administration et de magistrature (ENAM) du Cameroun, en qualité de magistrat de 2ème grade, 2ème groupe, 1er échelon…) : Mboungou Geoffroy Fabrice, Biyoudi Kitoko Laure Gloire, Pandi-De-Mbou Pierre Saturnin, Mpassi-Nkouka Ghyslain Josy, Ontsira Omporo Dayelhi, M'boungou Mayouma Benny Prescilia, Makoumbou Christe Ivernes, Iloye Nyangha Yannick Marcel, Mounda Brady Mendhes, Mberi Kelvy Jean Murphy, Boukoumou Hilarion, Mbongo Okoyo Jikel, Manga Michael Jaspère, Nguimbi Issamou Blandina Irène, M'bou Kouamakouele Thésina Nouchelvy, Moutoueba Loukombo Ronald Stève Primael, Nianga Dimi Godefroy Batota Dieusait Colomb Lalanne, Boussa Elenga Papy Elide, Mabiald Reine Chrisca, Missobidi-Bibangoudi Dauphin, Mongondza Mapola Alexandre, Ngouakoubele Vainn Aurelien, Mioko Salvège Amène, Kodet Marcelle Juliette Linda, Locko Patrice , Bazenga Koulessa Claumilie Loriane, Oyeke Elvery Romaric, Mafouta Edérik Fred, Nzossi-Okondzobia Sévérin.

Section 3 – L'attestation n° 363 du 28 mars 2017

Le ministre de la Justice, des Droits humains et de la Promotion des Peuples Autochtones, attestait qu'un projet de décret en cours de visas, contreseings et signature, portait intégration et nomination dans la magistrature congolaise des auditeurs de justice ci-dessous cités, de nationalité congolaise, diplômés de l'Ecole nationale d'administration et de magistrature (ENAM) du Cameroun, en qualité de magistrat de 2ème grade, 2ème groupe, 1er échelon, de la hiérarchie du corps judiciaire.

Ils étaient regroupés dans trois sections : la section judiciaire qui comportait un plus grand nombre d'auditeurs de justice, la section administrative et la section des comptes.

- **Section judiciaire** : Mampouele Liane Marlise, N'goka Lambert, Paka Lys Elsa Yeda, Kongo Tambakay Leroy, Ngono Marvel Sérichan, Obambo Junie Loriane, Mikala Mantsouaka Fridolin, Malonga Matondo Reine Amédée, Ewono Lyse Grace, Mvoutou Loukombo Divine, Yoka Honoré Chelmy Fioril, Matassa Kinkela Smith Ronald, Moussimi Franck Sylver Didi, Mbadinga Mbery Detroupe Elnarh, Kouadzoumou-Loukoula Gaëllie-Exaucée, Ivoungou Jude Régis Gaël, Matouti-Moukouyou Richard Chastel, Neosi-Tardze Humphry Fonlon, Manounou Hervé Djielfat, Dihoulou Grâce Angela, Moukouni Helma Piccioli, Bonzi Sam Audrey Le Marin, Mouvioyi Gambou Slovy Luchrech, Abandzounou Gildas Jean Hervé, Tchikaya Yasmine, Kounga Maboko Juste Melchior, Goma Kaya Prince Héritier Espoir, Koumou Akondzo, Taranko Peggy, Moussodji Juvenal Gautier, Ngoyi Mouandza Madima Roland Bob Niélvy, Mayoukou Francibel Farid, Tchicaya Yassinda Bephie Ingrid, Ompaba Ebienga Cilman Nelson, Nguellet Aimé Saurel, Masengo Louzolo Christie Bernicha, Abou Ngakosso Koumba Erick, Mavoungou Yvon Clavinick Linge, Etamantsirigui Beltrand Levite, Makiminao Ikangouza Stevens.

- **Section administrative** : Itoua Ossete Foster Chancelle, Batiri Nganianima Jorice Esdras, Ngouloumba Leger Gaël, Ndzabomi Voglard Thares, Boudzoumou Chriss-Du-Christ Mondestin, Moukiakia Ndala Chandrena Mise, Mbassa Parfait Clautaire, Moundaya Bazebita Aninat Raphaëlle, Nguimbi Adjel Yannick Chrisray, Nzahou Carine Princia.

- **Section des comptes :** Nkondi Estimée Gerles Révélation, Ekokomba Bozou Ngola Luc Rusel, Mindou Audrey.

Section 4 – Le tableau d'attestations

110 - Auditeurs de justice nommés magistrats, tableau d'attestations. Le tableau synoptique, ci-dessous, illustre le nombre d'auditeurs de justice formés à l'Ecole nationale d'administration et de magistrature (ENAM) de Brazzaville, depuis l'année 2003 et dans les écoles de formations des pays étrangers ayant conclu des accords de coopération avec la République du Congo, en l'occurrence le Benin, la Tunisie, le Sénégal, le Cameroun, le Maroc, le Togo et l'Algérie.

Ledit tableau montre qu'à la suite de leur formation initiale, ces auditeurs de justice furent nommés et intégrés dans la magistrature congolaise de 2003 à 2020. Par des attestations dont les références sont précisées, le garde des Sceaux, ministre de la Justice, annonçait que des projets de décrets en cours de visas, contreseings et signature portaient nomination dans la magistrature congolaise des auditeurs de justice en qualité de magistrat de 2ème grade, 2ème groupe, 1er échelon.

Le tableau indique les écoles des pays où se déroulaient ces formations : Ecole nationale d'administration et de magistrature (ENAM) de Brazzaville, Ecole nationale de la magistrature (ENM) de Bordeaux, Ecole nationale d'administration (ENAM) du Benin, Centre de formation judiciaire (CFJ) du Sénégal, Institut supérieur de la magistrature (ISM) de Tunisie, Ecole nationale d'administration (ENA) du Cameroun ;

Tableau d'attestations de la nomination des auditeurs de justice dans la magistrature congolaise

Années	Nature du texte	Références	Ecoles de formation	Auditeurs de justice
2003	Att.	n° 0166 du 28 juillet 2003	ENAM Brazzaville	22
2011	Att.	n° 137 du 6 mars 2013	ENAM Brazzaville	60
2012	Att.	n° 218 du 27 février 2012	ENM Bordeaux	28
2014	Att.	n° 0824 du 23 décembre 2014	ENAM Benin	60
2015	Att.	n° 182 du 11 mars 2015	CFJ Sénégal	27
2015	Att.	n° 338 du 11 mars 2015	CFJ Sénégal	29
2015	Att.	n° 637 du 22 septembre 2015	ISM Tunisie	40
2015	Att.	n° 2024 du 31 décembre 2015	ENA Cameroun	30

Outre les attestations annonciatrices de la nomination, par décrets, des auditeurs de justice, en cours de visas, contresings et signature, il en existe d'autres par lesquelles les auditeurs de justice sont nommés dans la magistrature congolaise.

Section 5 – La nomination des AJ par attestation

111 - Nomination dans la magistrature des auditeurs de justice par attestation. Il ressort de certains décrets de nomination d'auditeurs de justice dans la magistrature congolaise des visas d'attestations portant leur nomination ou intégration. Il en est ainsi, à titre illustratif, des décrets suivants :

- Décret n° 98-384 du 9 novembre 1998 portant nomination dans la magistrature congolaise de M. Ongoundou Constant, auditeur de justice, qui comporte le visa ainsi formulé : « Vu l'attestation n° 022-MJRA-SGJAP-DAF-SP du 11 février 1995 portant nomination dans la magistrature congolaise de M. Ongoundou Constant » ;
- Décret n° 91-898 du 23 novembre 1991 portant nomination dans la magistrature congolaise des auditeurs de justice, en tête Ngouya Jean Pierre, dont l'un des visas dispose : « Vu l'attestation n° 00177-MJRA-SGJRA-DAF-SP du 7 août 1991 portant nomination des intéressés dans la magistrature congolaise » ;
- Décret n° 88-705 du 4 octobre 1988 portant intégration dans la magistrature congolaise de certains auditeurs de justice, en tête Babela Christophe Guy Bienvenu, dont l'un des visas est ainsi libellé : « Vu l'attestation n° 0107 MJ-SGJ-DAF-SP du 6 mai 1985 portant intégration des auditeurs de justice dans la magistrature congolaise » ;
- Décret n° 91-466 du 20 mai 1991 portant intégration dans la magistrature congolaise de M. Koulangou Ferdinand, auditeur de justice, qui comporte l'un des visas formulé comme suit : « Vu l'attestation n° 0209 MESSJ-SGJRA-DAF-SP du 17 Juillet 1990 portant nomination de M. Koulangou Ferdinand dans la magistrature congolaise ».

Après leur formation initiale, les auditeurs de justice acquièrent la qualité de magistrat. Dans l'exercice de leurs fonctions, les magistrats bénéficient de la formation continue qui leur permet de renouveler leurs connaissances.

CHAPITRE V

LA FORMATION CONTINUE DES MAGISTRATS

112 – **Formation continue des magistrats, recherche de la performance.** Ce type de formation a été conçu pour permettre aux magistrats d'assurer le renforcement de leurs compétences techniques durant leur vie professionnelle. C'est, donc, un processus orienté vers la recherche d'une justice toujours performante qui s'est développé, essentiellement, entre la République du Congo et la République française. Celle-ci a, en effet, assuré la formation continue des magistrats congolais autant à l'École nationale de la magistrature, section internationale, à Paris qu'à l'École nationale de la magistrature de Bordeaux.

113 – Formation continue des magistrats, coopération avec la France. La coopération avec la France, en la matière, se manifeste à travers des sessions de formations continues organisées sous l'égide de l'ambassade de France, à la demande du Gouvernement de la République du Congo. Elles sont organisées sous la forme d'échanges entre les magistrats Français et Congolais, portant sur des actions de spécialisation sur une fonction ou sur l'étude d'un thème précis choisi de commun accord. Il s'agit, à n'en point douter, d'un accompagnement de la France pour consolider le système judiciaire congolais. Elle entend l'assurer non seulement à titre bilatéral mais également avec la délégation de l'Union européenne au Congo.

114 – Formation continue des magistrats, illustration. A titre illustratif, en novembre 2016, dans le cadre du cycle de formations continues des magistrats congolais, s'était ouverte la première session portant sur « La rédaction de la décision civile et l'introduction à l'éthique-déontologie du juge ». En mai 2017, fut organisée une deuxième session de perfectionnement sur le thème « L'audience pénale, principes et pratiques, et l'introduction à l'éthique-déontologie du juge ». La troisième session eut lieu en novembre 2017 sur la thématique « La fonction du juge d'instruction ». Elle avait regroupé quatre-vingt-dix (90) magistrats.

Des certificats de participation furent délivrés aux participants à ces sessions de formation (Yvette Reine Nzaba « La France et le Congo souhaitent renforcer leur coopération », Les Dépêches de Brazzaville, n° 3358, mardi 30 octobre 2018, p. 3).

C'est évidemment la bonne formation des magistrats qui permettrait de redorer l'image de la justice en jugulant les maux dénoncés par le président de la République, président du Conseil supérieur de la magistrature et les hautes autorités de la Cour suprême.

En effet, selon la description de l'état de la justice par le Premier président de la Cour suprême, en 2022, il s'agit d'une « justice décriée, malmenée, vilipendée, offensée par certains, huée et acculée par d'autres… » (cf. Adresses du Premier président de la Cour suprême et du Procureur général à l'occasion de la rencontre des magistrats, avocats, greffiers et huissiers de justice, séance du 21 janvier 2022 à Brazzaville, CS, p. 2, inédit).

Ces maux étaient, préalablement, dénoncés par le président de la République, président du Conseil supérieur de la magistrature, lors de son message sur l'état de la nation, le 28 décembre 2021.

Cet état de la justice congolaise présente des ressemblances frappantes avec les faits dénoncés de la même manière, par l'héroïne du roman « Au tribunal de Wamy ». S'adressant, en effet, à son collègue magistrat qu'il juge coupable de jeter le discrédit sur le corps de la magistrature d'OB2O, il lui écrit une lettre dans laquelle il l'importune en ces termes :

« Vous ne vous souciez donc pas de vous, souciez-vous au moins du corps de la magistrature d'OB2O. Les citoyens ne nous craignent plus, notre autorité est bafouée tous les jours, tenez, on crache maintenant sur les robes des magistrats en pleine audience » (cf. Valencia Iloki Engamba, « Au tribunal de Wamy », tome 1, Les éditions du Panthéon, 2020, p. 32).

Le procureur général près la Cour suprême avait, également, déploré la mauvaise manière de servir des magistrats en s'exprimant, ainsi, lors de la rencontre organisée avec eux et les auxiliaires de justice, le 21 janvier 2022 à Brazzaville :

« Mais quelle image renvoie de nous notre comportement, nous magistrats, nous auxiliaires de justice ;

« Pour le savoir, je vous invite, Monsieur Premier président, chers collègues, à revenir sur un extrait du message de Monsieur le président de la République, sur l'état de la nation en 2021 devant le Parlement réuni en congrès, le 28 décembre 2021 ;

« Je cite : « A ce niveau, je ne peux m'empêcher de relever certaines pratiques contraires à l'éthique et susceptibles d'entamer la crédibilité de nos Cours et Tribunaux ;

« Nul ne peut tolérer ces atteintes nocives qui affectent notre système judiciaire et asphyxient la noblesse du droit et l'impartialité de la justice dans notre pays ;

« Le gain facile et déshonorant du trafic d'influence, de la corruption, de la concussion et bien d'autres dérives dégradantes défie le professionnalisme de ceux qui sont chargés, au nom du peuple Congolais, de dire le droit ;

« Aussi, les organes constitutifs de l'autorité et garants de l'intégrité du pouvoir judiciaire sont-ils collégialement interpelés devant le prétoire et la conscience de la Nation ». Fin de citation ». (cf. Adresses du Premier président de la Cour suprême et du Procureur général à l'occasion de la rencontre des magistrats, avocats, greffiers et huissiers de justice, séance du 21 janvier 2022 à Brazzaville, CS, p. 13, inédit).

L'épée de Damoclès, suspendue au-dessus des têtes des magistrats, résultait du discours du Premier président de la Cour suprême qui les prévenait des sanctions qui leur seraient infligées, en ces termes : « Pour éradiquer au sein des cours et tribunaux le fléau des atteintes à la probité, pour lutter contre la paresse, l'absentéisme, la désinvolture, l'insubordination qui sont devenues légion, nous allons courageusement sévir au sein de la Commission de discipline et aussi au sein de la grande Commission » (cf. Adresses du Premier président de la Cour suprême et du Procureur général à l'occasion de la rencontre des magistrats, avocats, greffiers et huissiers de justice, séance du 21 janvier 2022 à Brazzaville, CS, p. 6, inédit).

Les dénonciations des dérives déshonorantes étalées par le président de la République lors de son message à la nation devant le parlement réuni en Congrès le 28 décembre 2021 ont été confirmées par le Premier président de la Cour suprême qui promet, en collaboration avec les magistrats d'« œuvrer, pour que la justice soit moins lente, mais pour autant pertinente dans ses décisions motivées ; à cet égard, nous devons faire en sorte que les parties n'attendent plus devant le juge d'instance deux ans, trois ans, quatre ans, voire davantage, pour obtenir une décision, et en appel, le même temps pour que la cour d'appel s'exprime ; entre-temps, on négocie, on crée les conditions d'un contact peu honorable avec les parties et quand cela est fait, alors tombe une décision qui renverse l'observateur averti et choque l'opinion (cf. Adresses du Premier président de la Cour suprême et du Procureur général à l'occasion de la rencontre des magistrats, avocats, greffiers et huissiers de justice, séance du 21 janvier 2022 à Brazzaville, CS, p. 6, inédit).

Cet état de la justice semble présenter, étrangement, des similitudes avec celui que dénonce l'héroïne du roman « Au tribunal de Wamy ». Magistrat, il se révolte contre les attitudes désobligeantes, trahissant les idéaux de la justice, qu'il reproche à son collègue magistrat en visant l'amélioration de la situation au sein du corps judiciaire. Il le couvre d'invectives, à l'entame de sa lettre dans l'extrait reproduit ci-haut (cf. Valencia Iloki Engamba, « Au tribunal de Wamy », tome 1, Les éditions du Panthéon, 2020, p. 32).

DEUXIÈME PARTIE

LE SERVICE PUBLIC DE LA JUSTICE

Il était apparu qu'au moment de la mise en œuvre de la loi n° 53-83 du 21 avril 1983 portant réorganisation de la justice en République populaire du Congo, notamment, s'agissant de l'application des dispositions de ladite loi régissant les tribunaux populaires, les textes qui garantissaient l'indépendance des magistrats n'étaient plus, strictement respectés. Il s'agissait principalement en l'occurrence, de la loi n° 42-61 du 20 juin 1961 portant statut de la magistrature et de la loi n° 5-62 du 20 janvier 1962 sur l'organisation et le fonctionnement du Conseil supérieur de la magistrature.

En effet, alors qu'auparavant le Conseil supérieur de la magistrature était l'organe compétent pour statuer en matière de nomination des magistrats du siège (excluant, donc, les magistrats du parquet), la réforme réorganisant la justice, intervenue en 1983, procédait à l'unification de la procédure de nomination des magistrats du siège et du parquet par le président de la République, chef du Gouvernement, par décret en Conseil des ministres, sur proposition du garde des Sceaux, ministre de la Justice.

L'abrogation tacite de la loi n° 42-61 du 20 juin 1961 précitée et de la loi n° 5-62 du 20 janvier 1962 susvisée paraissait acquise au regard du procédé de nomination des magistrats par le Gouvernement, sans l'intervention du Conseil supérieur de la magistrature censé garantir leur indépendance. Dans la logique du pouvoir exécutif, les magistrats connaissaient le même traitement administratif que les autres agents de l'Etat. Ainsi, il leur était appliqué les mêmes textes que ceux régissant les agents de l'Etat, au détriment du statut de la magistrature, notamment en matière de nomination (titre 1), de discipline (titre 2), de rendement et de productivité car ils subissaient, comme les autres fonctionnaires en service au ministère de la justice, des sujétions y relatives sur la base des circulaires du chef de département (titre 3).

TITRE I

LA NOMINATION DES MAGISTRATS EN 1983 ET 1985

La mise en œuvre de la loi n° 53-83 du 21 avril 1983 portant réorganisation de la justice en République populaire du Congo exigeait la création de soixante-six (66) tribunaux populaires de villages-centres dans les régions suivantes :

- Kouilou (5) : Hinda, Madingou-Kayes, Mvouti, Kakamoeka, Nzambi ;
- Niari (12) : Louvakou, Kibangou, Mossendjo, Divenié, Mayoko, Kimongo, Makabana, Banda, Mongoundou, Nyanga, Mbinda, Loundelakayes ;
- Lékoumou (03) : Komono, Zanaga, Bambama ;
- Bouenza (08) : Mouyondzi, Boko-Songo, M'Fouati, Nkayi, Loudima, Tsiaki, Mabombo, Kingoué ;
- Pool (08) : Kinkala, Boko, Mindouli, Kindamba, Mayama, Ngabé, Loumo, Vinza ;
- Plateaux (07) : Lékana, Gamboma, Abala, Ngo, Mpouya, Makotipoko, Ollombo ;
- Cuvette (14) : Makoua, Kellé, Mbomo, Boudji, Ewo, Okoyo, Mossaka, Loukolela, Oyo, Ntokou, Etoumbi, Ngoko, Mbama, Tchikapika ;
- Sangha (04) : Sembé, Souanké, Pikounda, Gbala ;
- Likouala (05) : Epéna, Dongou, Liranga, Bétou, Enyelle (arr. n° 9105, 18 novembre 1983, JORPC, 16 au 30 novembre 1983, p. 79).

Le fonctionnement de ces juridictions nécessitait la nomination des magistrats en 1983 (chap. 1) et en 1985 (chap. 2).

CHAPITRE I

LA NOMINATION DES MAGISTRATS EN 1983

115 - **Nomination des magistrats, nomination en 1983.** Afin d'assurer le fonctionnement des juridictions sus dénommées, des magistrats furent nommés à différents postes, cumulativement avec leurs anciennes fonctions tels, à titre illustratif :

- M. Grégoire Nanga-Nanga, magistrat de 2e grade, 2e goupe, 2e échelon, en qualité de président du tribunal populaire de quartier de Poto-Poto, Brazzaville, cumulativement avec ses fonctions de président du tribunal du travail de Poto-Poto (arr. n° 9390 du 24 novembre 1983, JORPC, 1983, p. 79) ;

- M. Jean-Marie Mabounda-Mangandza, magistrat de 2e grade, 2e goupe, 2e échelon, en qualité de président du tribunal populaire de quartier de Makélékélé, Brazzaville, cumulativement avec ses fonctions de doyen des juges d'instruction du tribunal populaire d'arrondissement de Bacongo (arr. n° 9390 du 24 novembre 1983, JORPC, 1983, p. 79) ;

- M. Mathieu-Ombandza Menga, magistrat de 3e grade, 1er échelon, en qualité de président du tribunal populaire de quartier de Mvoumvou, Pointe-Noire, cumulativement avec ses fonctions de doyen des juges d'instruction du tribunal populaire d'arrondissement de Mvoumvou, Pointe-Noire (arr. n° 9390 du 24 novembre 1983, JORPC, 1983, p. 79).

CHAPITRE II

LA NOMINATION DES MAGISTRATS EN 1985

116 - **Nomination des magistrats, nomination en 1985.** Dans le souci de faire fonctionner les tribunaux populaires d'arrondissement, il avait fallu procéder à la nomination des magistrats en 1985. Ainsi, s'agissant du tribunal populaire d'arrondissement de Poto-Poto, à titre illustratif, étaient nommés :

- M. Benoît Bati, magistrat de 2e grade, 2e groupe, 1er échelon, en qualité de juge du siège (décr. n° 85-1064, 9 septembre 1985 portant nomination et affectation des magistrats Benoît Bati et Jean-Pierre Iwandza, JORPC, septembre 1985, pp. 60-61). Il était, auparavant, intégré dans la magistrature congolaise par décret n° 85-981 du 6 août 1985 portant intégration dans la magistrature congolaise de M. Benoît Bati, auditeur de justice (JORPC, août 1985, pp. 14-15) ;
- M. Jean-Pierre Iwandza, en qualité de substitut du procureur de la République (décr. n° 85-1064, 9 septembre 1985 portant nomination et affectation des magistrats Benoît Bati et Jean-Pierre Iwandza, JORPC, septembre 1985, pp. 60-61). Il fut intégré dans la magistrature congolaise par décret n° 85-981 du 6 août 1985 portant intégration dans la magistrature congolaise de M. Jean-Pierre Iwandza, auditeur de justice (JORPC, août 1985, p. 15).

La composition des tribunaux populaires de villages-centres nécessitait l'élection des juges non professionnels.

117 - Affectation des magistrats, affectation en 1985. Des affectations de magistrats eurent lieu pour assurer le fonctionnement régulier des juridictions populaires, ainsi qu'il suit, à titre illustratif :

- M. Malonga Irénée, magistrat de 2e grade, 2e groupe, 1er échelon, en qualité de juge au tribunal populaire de district de

Louvakou (décr. n° 85-1041 du 21 août 1985 portant affectation de Malonga Irénée et Souamounou Jean Félix, magistrats, JORPC, août 1985, pp. 62-63) ;

- M. Souamounou Jean Félix, en qualité de juge au tribunal populaire de district de Louvakou (décr. n° 85-1041 du 21 août 1985 portant affectation de Malonga Irénée et Souamounou Jean Félix, magistrats, JORPC, août 1985, pp. 62-63).

Si à cette époque le statut de la magistrature était visé dans les décrets de nomination pris en Conseil des ministres, il en était de même en matière de détachement comme cela apparaissait dans le décret de détachement de M. Kouari Edouard, magistrat de 2e grade, 2e groupe, 1er échelon, juge de siège au tribunal populaire d'arrondissement de Poto-Poto, mis en détachement au cabinet du Premier ministre (décr. n° 85-1313 du 11 novembre 1985 portant détachement de M. Kouari Edouard , magistrat, JORPC, 1er au 15 novembre 1985, p. 73).

Il n'y était fait aucune allusion à la loi n° 5-62 du 20 janvier 1962 sur l'organisation et le fonctionnement du Conseil supérieur de la magistrature en raison, certainement, de ce que le détachement ne pouvait être assimilé à la nomination pour que soient appliquées les dispositions y relatives de cette loi.

Le président du Comité central du Parti congolais du Travail, président de la République, Chef du Gouvernement se basait, pour signer le décret de détachement susvisé, non pas sur l'avis du Conseil supérieur de la magistrature mais sur la note de service n° 00-46 du 28 mai 1985 du garde des Sceaux, ministre de la Justice portant détachement du magistrat Edouard Kouari.

C'est ainsi que la doctrine s'interrogeait pour savoir si l'observation quotidienne du fonctionnement de la justice et la manière dont elle est administrée ne suggéraient-elles pas la confirmation du qualificatif de « service public » à reconnaître à la justice congolaise dès lors que les magistrats n'étaient plus régis par la loi n° 5-62 du 20 janvier 1962 susdite.

Elle y répondait, affirmativement, en se fondant sur les dispositions de la Constitution du 8 juillet 1979 adoptée après le troisième Congrès extraordinaire du Parti congolais du Travail et l'application, par le Gouvernement des textes d'origine législative et réglementaire ayant ou non directement trait à l'institution judiciaire (cf. Auguste Iloki, « La justice au Congo : pouvoir ou service public », Penant n° 796, janvier à mai 1988, p. 137).

M. David Kintombo, partisan du statut juridique de service public de la justice, se fonde sur les dispositions de la seconde partie de la Constitution du 8 juillet 1979 modifiée par l'ordonnance n° 019-84 du 25 août 1984, ratifiée par la loi n° 076-84 du 7 décembre 1984 intitulé « Du Pouvoir Populaire ». Il en déduit qu'il n'existerait, par conséquent, pas d'autres « pouvoirs » mais un seul et unique pouvoir imprimé par le Parti congolais du Travail, forme suprême de l'organisation politique et sociale du peuple. Il confortait son opinion en citant la suppression du Conseil supérieur de la magistrature dont les compétences en matière de nomination des magistrats étaient dévolues, depuis la réforme judiciaire de 1983, au Gouvernement et conclut, péremptoirement, que la justice doit désormais être considérée non pas comme un troisième pouvoir mais comme un service public d'autant plus que les magistrats sont traités de la même manière que les agents de l'Etat évoluant dans d'autres secteurs d'activités (cf. David Kintombo, « Le ministère public en droit congolais », mémoire pour l'obtention du diplôme de l'ENAM, division Magistrature-Barreau, 1985, p. 23 ; cf. également, dans le même sens, Auguste Iloki, « cours de droit judiciaire, 2ème année de licence en droit privé, UMNG, 1984-1985, p. 52 ; et, du même auteur, « Cour de droit juridictionnel, 2ème année de licence en droit, option droit privé, UMNG, 1985-1986, p. 39 et 42).

A cet égard, il était observé, en doctrine, que « Le changement de formulation du titre réservé à la justice opéré par les constituants du 8 juillet 1979 n'est pas moins révélateur de leur volonté de traduire dans le texte fondamental la nature juridique véritable de l'institution judiciaire » (cf. Auguste Iloki, « La justice au Congo : pouvoir ou service public », op. cit. p. 128).

Une partie de la doctrine reconnaissait, comme M. David Kintombo la consécration, par la loi n° 53-83 du 21 avril 1983 portant réorganisation de la justice en République populaire du Congo, de la compétence du Gouvernement en matière de nomination des magistrats. Elle concluait que le Conseil supérieur de la magistrature avait perdu sa compétence dans ce domaine (cf. Auguste Iloki, « La justice au Congo : pouvoir ou service public », op. cit. p. 129).

TITRE II

LA DISCIPLINE DES MAGISTRATS DE 1982 A 1991

Les magistrats avaient vu, à partir de 1982, les règles disciplinaires gouvernant leur statu professionnel, issues de la loi n° 42-61 du 20 juin 1961 portant statut de la magistrature, être éclipsées par celles y relatives applicables aux agents de l'Etat.

En effet, les manquements à la discipline des agents de l'Etat étaient sanctionnés par les dispositions de la loi n° 01-82 sur les règles disciplinaires applicables aux agents de l'Etat. Le pouvoir disciplinaire du Conseil supérieur de la magistrature était exercé par le Gouvernement (chap. 1) qui infligeait aux magistrats fautifs des sanctions dont certaines ne figuraient pas dans le statut de la magistrature (chap. 2).

CHAPITRE I

LE POUVOIR DISCIPLINAIRE DU GOUVERNEMENT

Pour mieux assurer la discipline dans l'administration publique congolaise, la loi n° 01-82 du 7 janvier 1982 sur les règles disciplinaires applicables aux agents de l'Etat sanctionnait les fautes commises par ceux-ci dans l'accomplissement de leurs tâches.

Procédant à l'application de ladite loi, le Gouvernement exerçait le pouvoir disciplinaire que l'article 12 de la loi n° 01-82 du 7 janvier 1982 susvisée conférait au Premier ministre, par délégation car ledit pouvoir appartenait, selon cet article, à l'autorité investie du pouvoir de nomination qui devait l'exercer en Conseil de discipline. Autrement dit, cette disposition évoquait le pouvoir de l'autorité compétente pour procéder aux nominations aux hautes fonctions et, suivant le principe du parallélisme des formes, ladite autorité pouvait révoquer les fonctionnaires sanctionnés par le Conseil national de discipline par décret formalisé en Conseil des ministres.

En effet, selon l'article 3 du décret n° 82-006 du 7 janvier 1982 fixant l'organisation et le fonctionnement des Conseils de discipline et la procédure devant ces Conseils, le Conseil national de discipline était présidé par le membre du Bureau Politique, Premier ministre, Chef du Gouvernement.

Au regard des sanctions, l'avertissement, le blâme et le déplacement d'office, considérés comme étant moins graves, étaient infligés par décision motivée des supérieurs hiérarchiques compétents de l'agent fautif. Leur prononcé ne nécessitait, donc, pas la saisine du Conseil de discipline (art. 13, L. n° 01-82 du 7 janvier 1982 susmentionnée). Par contre, Les sanctions lourdes ne pouvaient intervenir qu'après exercice du pouvoir disciplinaire par le Conseil national de discipline, le Conseil ministériel de discipline ou le Conseil régional de discipline suivant les cas (art. 2, décr. n° 82-006 du 7 janvier 1982 cité ci-dessus) dont la composition (sect. 1) et le fonctionnement (sect. 2) étaient différemment déterminés.

Section 1 – La composition des Conseils de discipline

Les Conseils de discipline se composaient, ainsi qu'il suit, suivant le niveau considéré :

118 – Pouvoir disciplinaire du Gouvernement, composition du Conseil national de discipline. Le Conseil national de discipline comprenait (art. 3, décr. n° 82-006 du 7 janvier 1982 ci-haut cité) :

- Président : le premier ministre, Chef du Gouvernement ;
- Rapporteur : le ministre de la justice ;
- Secrétaire : le directeur général du travail et de la fonction publique ;
- membres :
  - Le membre du bureau politique, chargé de l'organisation ;
  - Le ministre des Finances ;
  - Le ministre de l'Intérieur ;
  - Le ministre du travail et de la prévoyance sociale ;
  - Le ministre de tutelle ;
  - Le secrétaire général de la CSC ;
  - Le Premier secrétaire de l'UJSC ;
  - La présidente de l'URFC.

119 - Pouvoir disciplinaire du Gouvernement, composition du Conseil ministériel de discipline. Le Conseil ministériel de discipline se composait comme suit : (art. 6, décr. n° 82-006 du 7 janvier 1982 visé ci-dessus) :

- Président : le ministre de tutelle ;
- Rapporteur : Le président du Comité ministériel du Parti ;
- Secrétaire : Le secrétaire général ou le directeur général de l'administration concernée ;
- Membres :
  - Le directeur du budget ou son représentant ;
  - Le directeur administratif et financier de l'administration concernée ;
  - Le directeur de la fonction publique ou son représentant ;
  - Le chef de service utilisateur de l'agent ;

- Le secrétaire général de la fédération syndicale concernée ;
- Le secrétaire général de la section syndicale du service utilisateur ;
- Le Premier secrétaire de l'UJSC du service utilisateur ;
- La présidente de l'URFC du service utilisateur.

120 - Pouvoir disciplinaire du Gouvernement, composition du Conseil régional de discipline. Le Conseil régional de discipline comprenait (art. 9, décr. n° 82-006 du 7 janvier 1982 précité) :

- Un président : le Commissaire politique ;
- Un rapporteur : le secrétaire chargé des activités du Parti dans la région ;
- Un secrétaire : le directeur régional du travail ;
- Des membres :
  - Le chef de service utilisateur ;
  - Le délégué régional de la C. S. C ;
  - Le président de la section syndicale locale ;
  - Le Premier secrétaire de l'U. J. S. C de la région ;
  - La secrétaire générale de l'U. R. F. C de la région.

Section 2 – Le fonctionnement des Conseils de discipline

121 - Fonctionnement des Conseils de discipline, périodicité des réunions. Au regard de leur fonctionnement, si la périodicité des réunions du Conseil national de discipline était trimestrielle, celle du Conseil ministériel et du Conseil régional était mensuelle (art. 4, al. 1er, 7, al. 1er et 10, al. 1er, décr. n° 82-006 du 7 janvier 1982 susmentionné). Ces Conseils pouvaient organiser des réunions extraordinaires sur convocation du président et prenaient des décisions à la majorité relative.

122 - Fonctionnement des Conseils de discipline, compétence. Si le Conseil national de discipline avait compétence pour statuer sur les dossiers disciplinaires sur saisine des ministres, le Conseil ministériel de discipline et le Conseil régional de discipline étaient, respectivement, saisis par le directeur général ou le secrétaire général ou le Commissaire politique de région (art. 7, al. 4, décr. n° 82-006 du 7 janvier 1982 susdit) ou par le directeur régional du service concerné (art. 10, al. 4, décr. n° 82-006 du 7 janvier 1982 précité).

123 - Fonctionnement des Conseils de discipline, procédure contradictoire. Il était prévu que « La procédure devant le Conseil de discipline est contradictoire » (art. 12, al. 1er, décr. n° 82-006 du 7 janvier 1982 cité plus haut). Ainsi, il est transmis à l'agent faisant l'objet de poursuites disciplinaires le dossier y afférent ainsi que les documents annexes qui le composent.

Sur invitation du président du Conseil concerné qui lui adresse une mise en demeure, l'agent qui fait l'objet d'une action disciplinaire produit des explications écrites dans les quinze jours à compter du jour de la réception de ladite mise en demeure.

Le rapporteur désigné procédait à l'enquête et son rapport devait être déposé, au président du Conseil, dans le délai de quinze jours à partir de la réception, par lui, du dossier. C'est, dans ces conditions que pouvait être évoquée l'affaire dès la première séance du Conseil, au cours des débats qui se déroulaient à huis clos. L'agent poursuivi disposait de la possibilité de se faire assister, dans le cadre de sa défense, par le syndicat auquel il est affilié ainsi que par une personne de son choix.

Il revenait au Conseil de délibérer après les débats. Des sanctions appropriées étaient prononcées si le bien fondé des griefs les justifiait. Elles ne pouvaient donner lieu à un recours administratif (art. 18, décr. n° 82-006 du 7 janvier 1982 ci-dessus cité).

CHAPITRE II

LES SANCTIONS DISCIPLINAIRES DU GOUVERNEMENT

Pour permettre au Gouvernement d'exercer son pouvoir disciplinaire sur les agents de l'Etat, il était prévu une échelle de sanctions (sect. 1). Certaines de ces sanctions étaient, toutefois, inadaptées aux magistrats (sect. 2). Elles engendraient, ainsi, la désuétude de certaines dispositions du statut de la magistrature (sect. 3).

Section 1 – L'échelle des sanctions disciplinaires

124 – Sanctions disciplinaires du Gouvernement, échelle des sanctions. Il était précisé, dans le décret n° 82-006 du 7 janvier 1982 fixant l'organisation et le fonctionnement des Conseils de discipline et la procédure devant ces Conseils, que les sanctions autres que l'avertissement, le blâme et le déplacement d'office relevaient, au niveau national, de la compétence du Conseil national de discipline (art. 2, décret n° 82-006 du 7 janvier 1982 susmentionné).

Au nombre de ces sanctions qui devaient être prononcées par le Conseil national de discipline, l'on dénombrait le reste des sanctions plus élevées mentionnées, par ordre croissant, à l'article 2 de la loi n° 01-82 du 7 janvier 1982 sur les règles disciplinaires applicables aux agents de l'Etat, concernant l'échelle des sanctions : la radiation du tableau d'avancement, l'abaissement d'échelon, l'abaissement de grade, l'exclusion temporaire de la fonction publique, la révocation avec droit à pension, la révocation sans droit à pension.

Section 2 – L'inadaptation des sanctions aux magistrats

125- Sanctions disciplinaires du Gouvernement, sanctions inadaptées aux magistrats. Parmi les six sanctions prévues dans la loi n° 01-82 du 7 janvier 1982 susmentionnée, deux, seulement, figurent dans le statut de la magistrature, à savoir l'abaissement d'échelon et la révocation avec ou sans suspension des droits à pension.

En conséquence, les autres sanctions disciplinaires qui étaient la réprimande avec inscription au dossier, le déplacement d'office, le retrait de certaines fonctions, la rétrogradation, la mise à la retraite d'office ou l'admission à cesser des fonctions lorsque le magistrat n'a pas droit à une pension de retraite ne pouvaient être appliquées au magistrat dès lors qu'elles ne furent pas prévues dans la loi n° 01-82 du 7 janvier 1982 susdite.

En effet, ladite loi ne mentionnait, au titre des sanctions disciplinaires à faire subir aux agents de l'Etat, que celles énumérées au paragraphe précédent, sans lien avec les sanctions prévues par le statut de la magistrature, à l'exclusion de l'abaissement d'échelon et de la révocation avec ou sans suspension des droits à pension (art. 31, L. n° 42-61 du 20 juin 1961 portant statut de la magistrature et art. 2, L. n° 01-82 du 7 janvier 1982 sur les règles disciplinaires applicables aux agents de l'Etat).

On observait qu'en appliquant aux magistrats la loi n° 01-82 du 7 janvier 1982 sur les règles disciplinaires applicables aux agents de l'Etat, le Gouvernement leur infligeait des sanctions qui ne découlaient pas de la loi n° 42-61 du 20 juin 1961 portant statut de la magistrature, en l'occurrence l'avertissement, le blâme, le déplacement d'office, la radiation du tableau d'avancement, l'abaissement d'échelon, l'abaissement de grade, l'exclusion temporaire de la fonction publique, la révocation avec droit à pension, la révocation sans droit à pension.

Ainsi, assimilant les magistrats aux agents de l'Etat, il était infligé à ces derniers des sanctions tel que cela ressort du décret n° 85-811 du 14 juin 1985 du président de la République, Chef du Gouvernement par lequel était révoqué de la fonction publique, avec droits à pension, un magistrat coupable de crime de faux et usage de faux prévu à l'article 145 du code pénal libellé comme suit :

« Tout fonctionnaire ou officier public qui, dans l'exercice de ses fonctions, aura commis un faux, soit par fausse signature, soit par altération des actes, écritures ou signatures, soit par supposition de personnes, soit par des écritures faites ou intercalées sur des registres ou d'autres actes publics depuis leur confection ou clôture, sera puni des travaux forcés à perpétuité ».

Section 3 – La désuétude du statut de la magistrature

126 - Sanctions disciplinaires du Gouvernement, désuétude de certaines dispositions du statut de la magistrature. Il apparaissait, alors, la volonté du Gouvernement de laisser tomber en désuétude les dispositions du statut de la magistrature relatives à la discipline, leur préférant celles prévues pour sanctionner les manquements aux fautes disciplinaires commises par les fonctionnaires dans l'exercice de leurs fonctions.

On peut observer que les dispositions de la loi n° 01-82 du 7 janvier 1982 susdite étaient largement inspirées de celles de la loi n° 15-62 du 3 février 1962 portant statut général des fonctionnaires. Or l'article 3 de ce texte disposait que les dispositions dudit statut ne pouvaient trouver application aux magistrats que dans la mesure précisée par leur statut.

Etant donné que le statut de la magistrature, en vigueur, contenait des mesures relatives à la discipline des magistrats, la logique aurait été de s'y référer pour sanctionner les fautes disciplinaires des magistrats. On pouvait, donc, noter la volonté politique des pouvoirs publics de préférer les règles générales édictées par la loi n° 01-82 du 7 janvier 1982 citée plus haut à celles du statut de la magistrature, pourtant, en vigueur.

Outre les questions relatives à la nomination des magistrats, à l'inamovibilité de ces derniers et à leur discipline qui exercent une influence considérable sur l'indépendance de la justice, le Gouvernement appliquait aux magistrats les textes conçus pour régir la productivité et le rendement des agents de l'Etat de manière générale dès lors qu'il se situait dans l'optique du service public de la justice qui ne favorisait pas l'application aux magistrats des règles particulières du statut de la magistrature ainsi que celles qui sont prévues par le Conseil supérieur de la magistrature.

TITRE III

LE RENDEMENT DES MAGISTRATS

Dans le souci de contrôler la ponctualité au travail et d'assurer l'exécution rationnelle des tâches administratives, le Gouvernement prenait le décret n° 82-007 du 7 janvier 1982 fixant certaines dispositions à prendre pour améliorer la productivité et le rendement aux fins d'améliorer la productivité et le rendement des agents de l'Etat, l'application dudit décret aux magistrats s'est particulièrement manifestée au cours des années 1982 (chap. 1) et 1983 (chap. 2).

CHAPITRE I

LE RENDEMENT DES MAGISTRATS EN 1982

Considérée comme tout service public de l'État, la justice était, à cette époque, débarrassée des considérations attachées aux privilèges reconnus, classiquement, à l'autorité judiciaire telle qu'elle était consacrée au titre IX de la Constitution de la République du Congo du 8 décembre 1963, d'inspiration française très marquée dès lors que cette expression « Autorité judiciaire » avait sa source dans la Constitution française du 4 octobre 1958 qui l'avait prévue au titre 8 qui traite des questions intéressant la garantie d'indépendance de l'autorité judiciaire par le président de la République, le Conseil supérieur de la magistrature, le statut des magistrats et l'inamovibilité (art. 64 de ladite Constitution).

Le Gouvernement ne s'empêchait pas d'assimiler, totalement, les magistrats régis par le statut de la magistrature (L. n° 42-61 du 20 juin 1961 portant statut de la magistrature) et le Conseil supérieur de la magistrature (L. n° 5-62 du 20 janvier 1962 sur l'organisation et le fonctionnement du Conseil supérieur de la magistrature) aux fonctionnaires soumis au statut général des fonctionnaires (L. n° 15-62 du 3 février 1962 portant statut général des fonctionnaires).

En conséquence, il était appliqué aux magistrats les textes qui régissaient les agents de l'État en matière disciplinaire et dans le cadre de la recherche de l'amélioration de la productivité et du rendement pouvant déboucher sur l'application des sanctions en cas de défaut d'atteinte des tâches prescrites par le Gouvernement.

Si de manière générale le décret n° 82-007 du 7 janvier 1982 fixant certaines dispositions à prendre pour améliorer la productivité et le rendement définissait, globalement, les missions à accomplir dans ce cadre (sect. 1), des tâches spécifiques étaient confiées aux magistrats suivant les juridictions auxquelles ils appartenaient (sect. 2).

Section 1 – Les tâches globales des agents de l'Etat

127 – Rendement des magistrats en 1982, tâches globales à exécuter. Le décret n° 82-007 du 7 janvier 1982 fixant certaines dispositions à prendre pour améliorer la productivité et le rendement était appliqué indistinctement aux magistrats et aux autres personnels judiciaires (greffiers en chef, greffiers, secrétaires).

En effet, le chapitre premier du décret n° 82/007 du 7 janvier 1982 susvisé comportait un article unique qui était ainsi libellé : « Le présent décret fixe certaines dispositions à prendre par les ministres pour le contrôle de la ponctualité et de l'exécution des tâches en vue de l'amélioration de la productivité et du rendement des agents de l'État ».

Pour ce faire, le chapitre 2 dudit décret était consacré au respect de la ponctualité au travail. Ainsi, chaque ministre était astreint, dans le cadre de l'observation des horaires de travail, à veiller :

- A ce que soit fixée une seule voie officielle d'accès aux postes de travail afin de mieux assurer le respect de l'heure d'arrivée et de départ et, donc, la présence effective des agents au travail ;
- A mettre en place des registres de contrôle tant à l'entrée de la voie officielle qu'à l'intérieur des services.

Les chapitres 3 et 4 du décret n° 82/007 du 7 janvier 1982 précité étaient respectivement réservés aux tâches à exécuter par les agents de l'État pour améliorer la productivité et le rendement et au contrôle y afférent.

Aux termes de l'article 12 dudit décret :

« Chaque ministre procède, au début de l'année, à la définition concrète des tâches du cabinet et des administrations placées sous son contrôle.

« A cet effet, sur la base des attributions du ministère et des administrations relevant de son autorité telles que définies par le décret d'orientation, il procède à un inventaire détaillé des tâches à exercer par rapport aux missions spécifiques confiées au département et par rapport aux activités courantes.

« Sur la base de cet inventaire, chaque direction et chaque service sont fixés sur les tâches à accomplir dans l'année ainsi que sur le planning d'exécution desdites tâches ».

A cette époque, en application du décret n° 77-169 du 11 avril 1977 fixant la composition des cabinets ministériels, le garde des Sceaux, ministre de la Justice, nommait suivant arrêté n° 0862 MJ-

CAB du 23 janvier 1982 certains membres de son cabinet, ci-après, qui l'ont accompagné, efficacement, dans la mise en œuvre des réformes judiciaires :

- Directeur de cabinet : Yoka Raymond, inspecteur principal des P.T.T. ;
- Conseiller juridique : Iloki auguste, magistrat, cumulativement avec ses fonctions de conseiller à la Cour d'appel de Brazzaville ;
- Conseiller à la justice, à l'éducation surveillée et à la resocialisation : Mambou née Pembellot Agathe, cumulativement avec ses fonctions de conseiller à la Cour d'appel de Brazzaville.

Se plaçant dans le contexte de l'assimilation des magistrats aux agents de l'Etat, aux fins d'exécution du décret n° 82-007 du 7 janvier 1982 fixant certaines dispositions à prendre pour améliorer la productivité et le rendement, le garde des sceaux, ministre de la justice, prescrivait aux magistrats des tâches à accomplir suivant circulaire n° 0317 du 8 mars 1982 relative aux tâches à exécuter par les juridictions de la République populaire du Congo, par laquelle le chef de département, se conformant à l'article premier dudit décret, instruisait les chefs de juridiction, après concertation avec eux, de veiller à l'exécution des tâches planifiées en fonction du niveau de la juridiction concernée.

Section 2 – Les tâches spécifiques des magistrats

Il peut être procédé à la répartition des tâches des magistrats suivant qu'ils les exécutent dans les juridictions (§. 1) ou lorsqu'ils effectuent des contrôles dans des prisons ou des postes de sécurité publique (§. 2).

Parag. 1 – Les tâches des magistrats dans les juridictions

C'est l'organisation administrative territoriale qui constituait, lors de la mise en œuvre de la réforme sur la justice en 1983, la base de l'organisation territoriale de la justice ainsi que le disposait l'article premier de la loi n° 53-83 du 21 avril 1983 portant réorganisation de la justice en République populaire du Congo.

Ainsi, les juridictions étaient créées dans les circonscriptions administratives et leur ressort territorial coïncidait avec l'étendue de ladite circonscription de sorte qu'il s'établissait une sorte de proportionnalité entre la circonscription administrative et la juridiction qui lui correspondait suivant qu'il s'agissait du territoire national, des régions, des communes, des districts, des arrondissements ou des villages-centre.

C'est dans ces conditions que furent établis, sur le territoire national de la République populaire du Congo, la Cour suprême, la Cour des comptes, les tribunaux populaires de région ou de commune, les tribunaux populaires de district ou d'arrondissement, les tribunaux populaires de village-centre ou de quartier.

L'organisation administrative territoriale révélait l'existence de neuf régions où devaient être implantés, au chef-lieu de chacune d'elles, des tribunaux populaires de région. Cependant, seuls étaient créés, dans les régions, les tribunaux populaires de région du Kouilou et de la Cuvette. A Brazzaville était créé un tribunal populaire de commune de Brazzaville.

Même si l'ensemble des régions fournissait le dénombrement de quarante-sept (47) districts, les tribunaux populaires de district étaient installés, uniquement, dans les districts dont les chefs-lieux correspondaient à ceux des régions.

Les tribunaux populaires d'arrondissement étaient mis en place dans les arrondissements sélectionnés des communes urbaines, leur ressort territorial devant couvrir l'ensemble de l'espace urbain considéré.

Tel fut le contexte dans lequel intervenaient les circulaires n° 0317 du 8 mars 1982 et n° 0074 du 1er juin 1983 du garde des Sceaux, ministre de la Justice relatives aux tâches à exécuter par les juridictions de la République populaire du Congo.

Ces circulaires prescrivaient aux magistrats du siège et du parquet, aux greffiers, secrétaires et huissiers ainsi qu'à d'autres catégories de personnels judiciaires, en service dans les juridictions, des tâches à exécuter en vue d'améliorer la productivité et le rendement des structures judiciaires rattachées au ministère de la Justice en application du décret n° 82/007 du 7 janvier 1982 fixant certaines dispositions à prendre pour améliorer la productivité et le rendement.

Les développements qui suivent détaillent la nature et le volume des tâches spécifiques assignées aux magistrats, à tous les niveaux d'accomplissement de leurs activités professionnelles dans les différentes juridictions sur le territoire national en les limitant, dans le temps, aux deux premières années d'application du décret n° 82/007 du 7 janvier 1982 susvisé, en l'occurrence les années 1982 et 1983.

A - Les tâches des magistrats de la Cour suprême

128 – Rendement des magistrats en 1982, tâches à exécuter par les magistrats de la Cour suprême. Les magistrats en fonction à la Cour suprême étaient astreints, comme les magistrats des juridictions placées sous le contrôle de cette haute juridiction nationale (art. 29, L. n° 53-83 du 21 avril 1983 portant réorganisation de la justice en République populaire du Congo), à l'exécution des tâches prescrites par la circulaire n° 0317 du 8 mars 1982 susvisée, qu'ils soient du siège (1) ou du parquet (2).

1) Les tâches des juges du siège

En considération des difficultés liées à l'exercice du pouvoir de contrôle juridictionnel qui portait sur toutes les autres juridictions, il était exigé aux juges composant la Cour suprême le traitement, mensuellement, d'au moins un dossier. Cette plus haute juridiction nationale disposait, à cette époque, de sept magistrats du siège :

1. Assemekang Charles, président ;
2. Antchouin-Mongo Jean, juge ;
3. Bigemi François, juge ;
4. Tchibinda Jean François, juge ;
5. Mampouya Gilbert, juge ;
6. Zoubabela Louis, juge ;
7. Locko Isaac, juge (cf. État nominatif du personnel des services judiciaires, troisième trimestre 1984, p. 4).

Dans l'exercice de sa compétence relative au prononcé des arrêts (art. 30, L. n° 53-83 du 21 avril 1983 susvisée), la Cour suprême devait, donc, rendre au minimum, mensuellement, neuf arrêts.

Devant, également, rendre des avis dans le cadre de son rôle consultatif (art. 30, L. n° 53-83 du 21 avril 1983 précité), il était demandé à la Cour suprême de se prononcer, à cet égard, dans le délai d'un mois qui courait à compter de sa saisine matérialisée par la date d'enregistrement du recours au greffe de cette plus haute juridiction nationale.

Concernant la périodicité des audiences, la Cour suprême devait en tenir mensuellement deux.

Si l'assemblée générale consultative devait se réunir une fois par semaine, sauf cas d'urgence, il était exigé que l'assemblée intérieure se réunisse, outre les assemblées intérieures extraordinaires, au début de chaque trimestre.

2) Les tâches des magistrats du parquet général

Au parquet général de la Cour suprême incombait l'obligation d'examiner, dans le mois, l'ensemble des dossiers en sa possession et de régler, mensuellement, au moins six dossiers. Il était composé de deux membres :

1. Gabou Alexis, procureur général ;
2. Mabouana Gaston, avocat général.

B - Les tâches à exécuter par la Cour d'appel

129 - Rendement des magistrats en 1982, tâches à exécuter par les magistrats de la Cour d'appel. À l'instar des magistrats de la Cour suprême, ceux constituant le siège et le parquet général de la Cour d'appel avaient des tâches à accomplir basées sur leurs compétences respectives.

1) Les tâches des juges du siège

Il était exigé des magistrats du siège de la Cour d'appel le traitement mensuel des dossiers dont le nombre variait suivant les chambres qui la composaient :

- Chambre correctionnelle : cinq dossiers ;
- Chambre civile et commerciale : trois dossiers ;
- Chambre sociale : trois dossiers ;
- Chambre d'accusation : trois dossiers.

2) Les tâches des magistrats du parquet général

Les magistrats du parquet général de la Cour d'appel devaient chacun traiter mensuellement cinq dossiers criminels.

La périodicité des audiences mensuelles était déterminée en fonction du nombre d'affaires dans les formations de la Cour d'appel comme ci-après :

- Chambre d'accusation : une audience par mois ;
- Chambre correctionnelle : deux audiences par mois ;
- Chambre civile et commerciale : une audience par mois ;

- Chambre sociale : une audience par mois.

C - Les tâches des tribunaux de grande instance

130 – Rendement des magistrats en 1982, tâches à exécuter par les magistrats des tribunaux de grande instance. Les tâches assignées aux magistrats du siège et du parquet en fonction dans les tribunaux de grande instance de la République du Congo variaient selon la nature des affaires à traiter.

1) Les tâches des juges du siège

Suivant qu'il s'agissait des dossiers, mis à la disposition des magistrats, relatifs aux affaires en matière civile, commerciale ou administrative, d'une part, et des dossiers intéressant les affaires correctionnelles, d'autre part, le nombre de dossiers à traiter mensuellement par les juges du siège des tribunaux de grande instance était fixé comme ci-dessous :

- Dix dossiers en matière civile, commerciale, administrative ;
- Quinze dossiers en matière correctionnelle.

Tout juge d'instruction avait l'obligation de régler dix dossiers par mois. Il était, cependant, prévu qu'il pouvait être tenu compte, dans l'appréciation du volume de son travail, du nombre d'actes effectués eu égard à la complexité et à la délicatesse des dossiers qui lui sont confiés.

2) Les tâches des magistrats du parquet

Au service du parquet le nombre de dossiers que devait traiter, mensuellement, chaque magistrat était déterminé comme suit, suivant la spécificité des procédures :

- Soixante dossiers s'il s'agissait des plaintes, des dénonciations, des procédures diverses ;
- Dix dossiers, par magistrat, en ce qui concernait les dossiers d'information.

Outre le traitement des dossiers, d'autres obligations incombaient aux magistrats du parquet, à savoir :

- La représentation du ministère public, à raison de deux audiences et ce, mensuellement ;
- Le contrôle mensuel du greffe du tribunal de grande instance.

D - Les tâches des magistrats des tribunaux pour enfants

131 – Rendement des magistrats en 1982, tâches à exécuter par les magistrats des tribunaux pour enfants. Il était prévu que chaque magistrat des tribunaux pour enfants avait la charge de traiter, mensuellement :

- Six dossiers de jugement ;
- Six dossiers d'instruction.

E - Les tâches des magistrats des tribunaux de travail

132 – Rendement des magistrats en 1982, tâches à exécuter par les magistrats des tribunaux de travail. Afin de réduire le nombre important de dossiers dans les tribunaux de travail, il était exigé de chaque magistrat y siégeant de traiter, mensuellement, dix dossiers.

F - Les tâches de contrôle des juridictions

133 – Rendement en 1982, tâches de contrôle des juridictions. Il incombait à la Cour suprême et à la cour d'appel de Brazzaville d'effectuer, en raison de la proximité, mensuellement, un contrôle continu et alterné portant sur les juridictions ayant leur siège à Brazzaville.

En ce qui concernait les juridictions situées dans les régions et, donc, à l'intérieur du pays, ce contrôle devait être opéré trimestriellement pour tenir compte des impératifs liés à leur éloignement.

Les chefs de la Cour suprême et des cours d'appel étaient invités à élaborer un planning dont la communication au garde des Sceaux, ministre de la Justice était exigée par la circulaire n° 0317 du 8 mars 1982 du garde des Sceaux, ministre de la Justice, relative aux tâches à exécuter par les juridictions de la République populaire du Congo.

Suivant lettre circulaire n° 0027 du 22 mars 1984, le garde des Sceaux, ministre de la Justice, demandait aux chefs des juridictions (président de la Cour suprême, procureur général près la Cour suprême, présidents des tribunaux populaires de communes ou de régions, procureurs généraux près ces tribunaux, présidents des tribunaux populaires d'arrondissement ou de districts, les procureurs de la République près ces tribunaux, présidents des tribunaux populaires de villages-centres ou de quartiers, substituts des procureurs de la République près les tribunaux populaires d'arrondissement ou de districts, représentants du ministère public auprès des tribunaux populaires de villages-centres ou de quartiers, les doyens des juges d'instruction, les juges d'instruction) de faire parvenir au département de la justice leurs rapports annuels d'activités. Il leur était rappelé, par cette occasion, qu'il leur avait été demandé de faire parvenir au secrétariat général à la justice des procès-verbaux d'inspection indispensables à l'élaboration des rapports d'activités du ministère de la justice.

G - Le contrôle des prisons et des PSP

134 – Rendement en 1982, tâches de contrôle des prisons et des postes de sécurité publique. Présente depuis la période de la colonisation, la prison avait fait sa première apparition à Brazzaville où elle était connue sous l'appellation « maison d'arrêt centrale » avant d'être implantée, en tant que « maison d'arrêt » dans d'autres localités du Pays.

Partout où elles furent construites, les maisons d'arrêt n'ont pas connu de transformations remarquables pour leur modernisation afin de les conformer aux normes de sécurité requises attendues d'un établissement pénitentiaire. Depuis l'indépendance de la République du Congo, certaines d'entre elles n'ayant été, auparavant, que des maisons bâties pour servir à d'autres fins, telles celles de Gamboma et de Sibiti, n'ont jamais été réfectionnées. C'est ainsi que les maisons d'arrêt d'Impfondo et Djambala ne sont que les anciens bâtiments abandonnés de l'Office national de commerce (OFNACOM).

La doctrine décrit, en effet, les édifices abritant les maisons d'arrêt comme étant « construits avant l'indépendance, ou aménagés après et rongés par l'usure… offrant un spectacle indescriptible, ils sont dans un état de vétusté très avancé, prouvé par la détérioration progressive des murs, la disparition du revêtement desdits murs, des plafonds suintants ou qui se détachent, la non-résistance à la moindre poussée, des portes centrales » (cf. Awa Aimé Ntsila, « Changer la prison au Congo », Éditions CCF Brazzaville, 1996, pp. 23-24).

Toutefois, nonobstant la quasi inexistence de la réglementation nationale régissant les maisons d'arrêt, dans le souci d'améliorer les conditions carcérales des détenus et des prisonniers, et ce, pour se conformer aux textes pertinents internationaux en matière de droits de l'Homme, notamment la Déclaration universelle des droits de l'Homme du 10 décembre 1948, la Charte africaine des droits de l'Homme et des Peuples du 26 juin 1981, il avait été envisagé de contrôler les visites effectuées par les autorités judiciaires compétentes des juridictions dans les prisons et les postes de sécurité publique. Ainsi, les chefs du siège et du Parquet général de la cour d'appel de Brazzaville avaient l'obligation de visiter la maison d'arrêt de Brazzaville et les postes de sécurité publique selon la périodicité suivante telle qu'elle résulte de la circulaire n° 0317 du 8 mars 1982 relative aux tâches à exécuter par les juridictions de la République populaire du Congo :

1) Les visites du président de la Cour d'appel :

- Trimestriellement, en ce qui concernait la maison d'arrêt centrale de Brazzaville ;
- Trimestriellement, pour les postes de sécurité publique de Brazzaville.

2) Les visites du procureur général près la CA

- Trimestriellement, s'agissant de la maison d'arrêt centrale de Brazzaville ;
- Biannuellement, en ce qui concernait les postes de sécurité publique de Brazzaville ;
- Annuellement, pour les postes de sécurité publique de l'intérieur.

La communication au garde des Sceaux, ministre de la Justice du planning des visites et des résultats des inspections était exigée.

3) Les visites du doyen des juges d'instruction

Il était demandé au doyen des juges d'instruction de visiter, trimestriellement, la maison d'arrêt centrale de Brazzaville.

135 - Rendement des magistrats en 1982, instructions du ministre de la Justice relatives à l'ardeur au travail. La circulaire n° 0317 du 8 mars 1982 du garde des Sceaux, ministre de la Justice relative aux tâches à exécuter par les juridictions de la République populaire du Congo invitait, enfin, les magistrats du siège et du parquet de toutes les juridictions à l'exécution de leurs tâches avec efficacité par leur ardeur au travail car les contrôles s'exerceraient, aussi bien, au niveau interne par les chefs de juridiction et le département ministériel compétent qu'au plan externe par l'inspection générale d'État et insistait sur la ponctualité parfaite ainsi que la présence constante sur les lieux de travail.

CHAPITRE III

LE RENDEMENT DES MAGISTRATS EN 1983

Comme en 1982, le garde des Sceaux, ministre de la Justice, avait instruit, par circulaire n° 0074 du 1er juin 1983 relative aux tâches à exécuter, les magistrats de la Cour suprême (sect. 1), des tribunaux populaires de région et de commune (sect. 2), des tribunaux populaires de district ou d'arrondissement (sect. 3), des cabinets d'instruction (sect. 4), des chambres correctionnelles pour mineurs (sect. 5), des tribunaux populaires de village-centre ou de quartier, des tribunaux du travail (sect. 6).

Les tâches de contrôle des juridictions étaient dévolues aux chefs de juridictions et à l'inspection générale d'Etat (sect. 7). Ceux-ci devaient accomplir, avec diligence, les tâches prescrites, en application du décret n° 82/007 du 7 janvier 1982 fixant certaines dispositions à prendre pour améliorer la productivité et le rendement, ci-après, en fonction du niveau de juridiction.

Section 1 – Les tâches à exécuter à la Cour suprême

136 - Rendement des magistrats en 1983, tâches à exécuter par les magistrats de la Cour suprême. Si, à l'instar des instructions contenues dans la circulaire n° 0317 du 8 mars 1982 du garde des Sceaux, ministre de la Justice, relative aux tâches à exécuter par les juridictions de la République populaire du Congo, chaque juge de la Cour suprême devait traiter au moins un dossier par mois, et les avis demandés par le Gouvernement à cette haute juridiction nationale étaient à donner dans le délai n'excédant pas un mois, il apparaissait dans la circulaire n° 0074 du 1er juin 1983 relative aux tâches à exécuter par les juridictions de la République populaire du Congo des tâches imparties aux magistrats du siège (§. 1) et du parquet (§.) de la Cour suprême.

Parag. 1 – Les tâches à exécuter par les juges du siège

Chaque juge de la Cour suprême devait, pour une périodicité mensuelle :

- Rédiger au moins trois avis ;
- Exploiter, au minimum, dix notices provenant des juridictions dans le cadre de l'exercice du pouvoir de contrôle de la Cour suprême.

Le principe de la tenue de deux audiences, mensuellement, et de la réunion de l'assemblée générale hebdomadaire était maintenu ainsi que celui d'une assemblée intérieure, trimestriellement, sans exclure des réunions extraordinaires de ladite assemblée.

Parag. 2 – Les tâches à exécuter au parquet général

Il avait été demandé au parquet général près la Cour suprême d'adresser à la direction des études, de la planification et de la statistique au secrétariat général à la Justice, en vue de leur publication, des bulletins des arrêts de la Cour suprême, des arrêts de cette haute juridiction susceptible de faire jurisprudence.

Alors que dans la précédente circulaire n° 0317 du 8 mars 1982 du garde des Sceaux, ministre de la Justice, relative aux tâches à exécuter par les juridictions de la République populaire du Congo, le parquet général devait « examiner, dans le mois, l'ensemble des dossiers qui lui seraient soumis » et « régler au moins six dossiers par mois », la nouvelle circulaire n° 0074 du 1er juin 1983 relative aux tâches à exécuter par les juridictions de la République populaire du Congo exigeait, désormais, de chaque magistrat du parquet général de :

- « Requérir par écrit dans toutes les affaires » ;
- «Traiter au moins un dossier par mois » au lieu de six comme dans la première circulaire n° 0317 du 8 mars 1982 susvisée.

Évidemment cette réduction du nombre de dossier à l'unité était justifiée par les révélations de la pratique au regard de l'exécution des instructions précédentes de ladite circulaire.

Section 2 – Les tâches à exécuter aux TPRC

137 – Rendement des magistrats en 1983, tâches à exécuter par les magistrats des tribunaux populaires de région ou de commune. La loi n° 53-83 du 21 avril 1983 portant réorganisation de la justice en République populaire du Congo, socle de la réforme de la justice ayant été adoptée puis promulguée et publiée, les tribunaux populaires de région ou de commune correspondaient aux anciennes cours d'appel. Ils étaient, ainsi, dénommés :

- Tribunal populaire de commune de Brazzaville ;
- Tribunal populaire de région du Kouilou ;
- Tribunal populaire de région de la Cuvette.

Le nombre de dossiers à traiter, mensuellement, par les magistrats du siège de ces juridictions, tel que prévu par la circulaire n° 0074 du 1er juin 1983 relative aux tâches à exécuter par les juridictions de la République populaire du Congo était demeuré le même que dans la circulaire n° 0317 du 8 mars 1982 susmentionnée, soit :

- cinq dossiers en matière correctionnelle ;
- trois en matière civile, commerciale et sociale ;
- trois en matière criminelle au niveau de la chambre d'accusation.

Toutefois, en raison de la création de la chambre administrative comme formation juridictionnelle du tribunal populaire de région ou de commune (art. 134-4°, L. n° 53-83 du 21 avril 1983 susvisée) et de l'instauration de la chambre criminelle qui se substituait à la cour criminelle (art. 134-5°, L. n° 53-83 du 21 avril 1983, susmentionnée), chaque juge devait traiter :

- Trois dossiers, mensuellement, en matière administrative ;
- Six dossiers criminels par session au niveau de la chambre criminelle en prenant en compte la tenue des sessions criminelles.

De nouvelles obligations, parce qu'elles ne figuraient pas dans l'ancienne circulaire n° 0317 du 8 mars 1982, citée ci-dessus, étaient mises à la charge des présidents des tribunaux populaires de région ou de commune pour faciliter le contrôle de l'observation des instructions du Garde des Sceaux, ministre de la justice, savoir :

- Adresser au secrétariat général à la Justice l'état des affaires jugées avant chaque fin de trimestre ainsi que les copies des arrêts rendus ;
- Tenir des registres mentionnant les décisions rédigées par chaque juge et celles dactylographiées par chaque greffier et secrétaire en n'omettant pas d'indiquer le nombre de dossiers mis à la disposition de chacun d'eux afin de permettre d'évaluer le niveau de leur performance ;
- Communiquer au secrétariat général à la justice un état trimestriel des pièces d'exécution établies en vue du recouvrement des frais de justice criminelle :

- Effectuer mensuellement le contrôle du greffe.

Les tâches à exécuter étaient réparties aux magistrats suivant qu'ils exerçaient leurs fonctions au tribunal populaire de commune de Brazzaville (§. 1), au tribunal populaire de région du Kouilou (§. 2), au tribunal populaire de région de la cuvette (§. 3),

Parag. 1 – Les tâches à exécuter au TPC de Brazzaville

Le tribunal populaire de commune de Brazzaville comprenait, à cette époque, dix magistrats, ci-après, qui devaient accomplir les tâches susvisées, prescrites par la circulaire n° 0074 du 1er juin 1983 précitée (cf., sur les détails de ces tâches, supra, sect. 2, les tâches à exécuter dans les TPRC, sp. n° 137, pp. 198, 199).

1. Okandzi Jean-Pierre : président ;
2. Lenga Placide : procureur général ;
3. Mabouana Gaston : avocat général ;
4. Miyoulou Raphaël : vice-président ;
5. Lipou Massala Albertine : substitut général ;
6. Ondzé Victor : conseiller ;
7. Sombo Léon : conseiller ;
8. Ognimba Amédée : conseiller ;
9. Moutéké Robert : conseiller ;
10. Mambani Dorothée : conseiller.

Suite au changement de dénomination de la Cour d'appel de Brazzaville en tribunal populaire de commune de Brazzaville, les magistrats ci-après furent nommés aux fonctions suivantes :

1. En qualité de président du tribunal populaire de commune de Brazzaville :
   - Okandzi Jean Pierre (décr. n° 83-1192 du 29 décembre 1983 portant nomination de magistrats) ;
   - Iloki Auguste (décr. n° 86-537 du 21 avril 1986 portant nomination de magistrats du service public judiciaire ;
2. En qualité de vice-président du tribunal populaire de commune de Brazzaville :
   - Sombo Léon (décr. n° 86-537 du 21 avril 1986 portant nomination des magistrats du service public judiciaire), en remplacement de Miyoulou Raphaël ;
   - Kimbembe Yvonne, en remplacement de Sombo Léon (décret n° 90-268 du 8 juin 1990 portant nomination de magistrats), en remplacement de Sombo Léon ;

3. En qualité de procureur général :
   - Lenga Placide ;
   - Bouka Henri (décr. n° 86-537 du 21 avril 1986 portant nomination des magistrats du service public judiciaire), en remplacement de Lenga Placide) ;

4. En qualité de juge : Makaya-Bouanga Auguste (décr. n° 86-537 du 21 avril 1986 portant nomination des magistrats du service public judiciaire), en complément d'effectif ;

5. En qualité de substitut général : Malanda Julie Pierre (décr. n° 86- 537 du 21 avril 1986 portant nomination des magistrats du service public judiciaire), en remplacement de Ondzie Victor.

Parag. 2 – Les tâches à exécuter au TPR du Kouilou

Le tribunal populaire de région du Kouilou comprenait sept magistrats : Kocani Germain : président ; Bouka Henri : Procureur général ; Soumbou Tchicaya Georges : avocat général ; Ballard Henri : juge ; Bahoumina Georges : juge ; Linvanie Elie : juge ; Matingou Michel : juge.

Ils étaient appelés à l'exécution des tâches détaillées dans la circulaire n° 0074 du 1er juin 1983 susvisée (cf., sur les détails de ces tâches, supra, sect. 2, les tâches à exécuter dans les TPRC, sp. n° 137, pp. 198, 199).

Parag. 3 – Les tâches à exécuter au TPR de la Cuvette

La circulaire n° 0074 du 1er juin 1983, précitée, répartissait les tâches à exécuter par les juges et les représentants du ministère public.

Le siège du tribunal populaire de région de la Cuvette était composé de trois magistrats nommés comme suit : Kamango André : président ; Boutsana Grégoire, juge ; Banzouzi Michel : juge. Ils devaient exécuter les tâches indiquées plus haut (cf., sur les détails de ces tâches, supra, sect. 2, les tâches à exécuter dans les TPRC, sp. n° 137, pp. 198 et 199).

Concernant le parquet général du tribunal populaire de région ou de commune, alors qu'auparavant il était astreint au règlement de cinq dossiers criminels, il incombait, désormais, selon la circulaire n° 0074 du 1er juin 1983 relative aux tâches à exécuter par les juridictions de la République populaire du Congo, à chaque magistrat du parquet les obligations suivantes :

- Requérir, par écrit, dans toutes les affaires enrôlées ;

- Régler, mensuellement, des dossiers dont le nombre varie avec la nature de la matière comme ci-dessous :

- Cinq dossiers en matière correctionnelle ;
- Trois dossiers en matière civile, commerciale et sociale ;
- Trois dossiers en matière administrative ;
- Trois dossiers en matière criminelle au niveau de la chambre d'accusation ;
- Six dossiers criminels, par session, à la chambre criminelle.

De nouvelles tâches furent assignées au procureur général qui devait :

- Adresser au secrétariat général à la justice ses notices mensuelles ;

- Tenir des registres mentionnant les dossiers réglés par chaque juge et les réquisitions dactylographiées par chaque secrétaire en précisant le nombre de dossiers mis à la disposition de chaque juge, greffier et secrétaire.

Le parquet du tribunal populaire de région de la Cuvette comprenait le procureur général en la personne de Gatabantou Samuel, sans avocat général ni substitut général qui lui seraient adjoints conformément aux dispositions de l'article 128 alinéa 4 de la loi n° 53-83 du 21 avril 1983 portant réorganisation de la justice en République populaire du Congo.

La périodicité des audiences était demeurée la même que dans la circulaire précédente n° 0317 du 8 mars 1982 susvisée.

Section 3 – Les tâches à exécuter aux TPDA

138 – Rendement des magistrats en 1983, tâches à exécuter par les magistrats des tribunaux populaires de district ou d'arrondissement. La réforme de l'organisation judiciaire du 21 avril 1983 avait substitué aux tribunaux de grande instance les tribunaux populaires de district ou d'arrondissement, lesquels étaient établis au chef-lieu de chaque district et dans chaque arrondissement des communes urbaines subdivisées en arrondissements (art. 140, L. n° 53-83 du 21 avril 1983 portant réorganisation de la justice en République populaire du Congo).

Le nombre de dossiers que chaque magistrat du siège des tribunaux populaires de district ou d'arrondissement avait l'obligation de traiter dans le cadre de la recherche de l'amélioration de la productivité et du rendement dans le secteur de la justice prévu par la circulaire n° 0074 du 1er juin 1983 relative aux tâches à exécuter par les juridictions de la République populaire du Congo demeurait inchangé en matière civile et commerciale en se référant à la première circulaire n° 0317 du 8 mars 1982 susvisée :

- dix dossiers en matière civile ;
- quinze dossiers en matière correctionnelle.

Toutefois, en tenant compte de ce que les tribunaux populaires de district ou d'arrondissement étaient juges de droit commun en premier ressort en matière administrative et, au plein contentieux, compétents pour interpréter les décisions des autorités administratives et apprécier leur régularité juridique, il fut mis par la circulaire n° 0074 du 1er juin 1983, à la charge de chaque juge, le traitement de cinq dossiers, en sus, en matière administrative.

Les présidents des tribunaux populaires de district ou d'arrondissement s'étaient vus imposer de nouvelles obligations consistant à contrôler, mensuellement, l'application de la circulaire n° 143 du 23 janvier 1982 relative au fonctionnement du casier judiciaire, aux modalités de délivrance du certificat de nationalité et à l'établissement des pièces d'exécution.

Les charges de chaque magistrat du parquet étaient demeurées les mêmes que celles, auparavant, prescrites dans la précédente circulaire n° 0317 du 8 mars 1982 du garde des Sceaux, ministre de la Justice, relative aux tâches à exécuter par les juridictions de la République populaire du Congo : soixante dossiers mensuels (plaintes, dénonciations et autres procédures diverses), dix dossiers d'information à traiter, mensuellement, la représentation du parquet par chaque magistrat du ministère public aux audiences bimensuellement.

Se basant sur les difficultés révélées par l'exécution de la circulaire n° 0317 du 8 mars 1982 susmentionnée, il avait été imposé au procureur de la République près le tribunal populaire de district ou d'arrondissement de nouvelles obligations :

- Transmettre au secrétariat général à la justice : les notices mensuelles ; un état trimestriel des pièces d'exécution établies en vue du recouvrement des frais de justice criminelle ; un rapport semestriel sur l'activité des officiers de police judiciaire dans la perspective de la tenue du comité mixte d'évaluation des tâches répressives ;
- Tenir des registres comportant :

- Les mentions des dossiers réglés par chaque magistrat du parquet ;
- Les réquisitions dactylographiées par chaque secrétaire.

Afin de permettre l'appréciation du volume du travail accompli par le personnel magistrat en service dans la juridiction intéressée, le procureur de la République près le tribunal populaire de district ou d'arrondissement devait préciser le nombre de dossiers mis à la disposition de chaque magistrat.

Le tribunal populaire de district ou d'arrondissement comprenait :

1) Au siège : un magistrat assumant les fonctions de président, un juge, trois juges non-professionnels élus ;

2) Au parquet : un procureur de la République, un ou des substituts du procureur de la République (art. 141, L. n° 53-83 du 21 avril 1983 susvisée).

Parag. 1 – Les tâches des magistrats des TPA

Selon les données de l'organisation administrative au moment de la mise en œuvre de la réforme de l'organisation judiciaire, trois tribunaux populaires d'arrondissement étaient créés :

- Le tribunal populaire d'arrondissement de Poto-Poto ;
- Le tribunal populaire d'arrondissement de Bacongo ;
- Le tribunal populaire d'arrondissement de Mvoumvou.

A – Les tâches à exécuter au TPA de Poto-Poto

Le tribunal populaire d'arrondissement de Poto-Poto était créé, par décret du Premier ministre, dans la commune autonome de Brazzaville.

Les magistrats du siège du tribunal populaire d'arrondissement de Poto-Poto ainsi que les représentants du ministère public près cette juridiction étaient investis des missions que leur conférait la circulaire n° 0074 du 1er juin 1983 relative aux tâches à exécuter par les juridictions de la République populaire du Congo.

La composition du tribunal populaire d'arrondissement de Poto-Poto se présentait ainsi qu'il suit au moment où étaient mises en œuvre les dispositions de la circulaire ministérielle n° 0074 du 1er juin 1983 susvisée :

1) Au siège : Kimbembe Yvonne, président ; Mabounda Mangandza Jean Marie, vice-président ; Babindamana Jacques, juge.

2) Au parquet : Akiera Georges, procureur de la République, Essamy-Ngatse, substitut du procureur de la République.

B – Les tâches à exécuter TPA de Bacongo

Pour tenir compte de l'organisation des tribunaux populaires d'arrondissement, des magistrats étaient nommés en fonction des services du siège et du parquet du tribunal populaire d'arrondissement de Bacongo :

1) Au siège : Panghoud Christophe, président ; Tsila née Bayidikila, vice-président ; Ahadji née Dalmeida, juge Mayanda Ntsika Christine, juge ;

2) Au parquet : Mabele Gabouma, procureur de la République ; Appesse Charles Émile, substitut du procureur de la République.

Les tâches de ces magistrats étaient précisées dans la circulaire n° 0074 du 1er juin 1983 précitée (cf., supra, sect. 3, les tâches à exécuter au TPDA, sp. n° 138, pp. 202, 203).

C – Les tâches à exécuter au TPA de Mvoumvou

Dans la région du Kouilou, il avait été créé le tribunal populaire d'arrondissement de Mvoumvou conformément à l'article 140 de la loi n° 53-83 du 21 avril 1983 portant réorganisation de la justice en République populaire du Congo.

Le tribunal populaire d'arrondissement de Mvoumvou était composé des magistrats suivants : Koumou Pascal, président ; Koubaka Simplice, vice-président ; Ndaye Thaddée, juge ; Ombandza Menga Mathieu, juge ; Tambault Marie Blanche, juge ; Entcha-Ebia, juge ; Nzoala Patrice, juge ; Kanza Jocelyne, juge ; Babindamana Georges, juge ; Loemba née Gomis, juge (cf. direction des services administratifs et financier du secrétariat général à la justice, service du personnel, état nominatif du personnel du service judiciaire, troisième trimestre 1984, pp. 13, 14).

L'état nominatif du personnel judiciaire élaboré pendant la période d'exécution de la circulaire n° 0074 du 1er juin 1983 relative aux tâches à exécuter par les juridictions concernant les magistrats du ministère public ne permet pas de percevoir la nomination des magistrats du parquet nommés au poste de procureur de la République ou de substitut du procureur de la République.

Parag. 2 – Les tâches à exécuter aux TPD

Comme les tribunaux populaires d'arrondissement, les tribunaux populaires de district comprenaient, au moins, deux magistrats dont l'un assumait les fonctions de président de la juridiction concernée.

Ainsi furent nommés, dans les tribunaux populaires de district, les magistrats ci-dessous.

A - Les tâches à exécuter au TPD de Louvakou

Trois (03) magistrats composaient cette juridiction :

1) Magistrats du siège : Makele-Mfoukou Jean, président ; Nguele Lamyr, juge ;

2) Magistrat du parquet : Ngoka Lambert. Il occupait, seul, le siège du ministère public dans cette juridiction alors que chaque tribunal populaire de district devait être pourvu d'au moins deux magistrats du parquet.

Les tâches à exécuter sont celles précisées dans la circulaire n° 0074 du 1er juin 1983 susvisée (cf., supra, sect. 3, les tâches à exécuter au TPDA, sp. n° 138, pp. 202, 203).

B - Les tâches à exécuter au TPD de Sibiti

1) Au siège : Koudinga Daniel, président ; Kaya-Ngolo Édouard, juge ; Goulou Narcisse, juge ;

2) Au parquet : Mvouo Michel, seul au parquet.

La circulaire n° 0074 du 1er juin 1983 relative aux tâches à exécuter par les juridictions de la République populaire du Congo indiquait, avec précision, les tâches à exécuter par les magistrats tant du siège que du ministère public exerçant leurs fonctions au tribunal populaire de district de Sibiti (cf., supra, sect. 3, les tâches à exécuter au TPDA, sp. n° 138, pp. 202, 203).

C - Les tâches à exécuter au TPD de Madingou

Comme le tribunal populaire de district de Louvakou, le tribunal populaire de district de Madingou comportait quatre magistrats du siège et du parquet confondus.

1) Au siège : Makaya-Bouanga Auguste, président ; Andzilando David, juge ; Pini-Talantsi Roger, juge ;

2) Au parquet : Malanda Julien Ausone, procureur de la République, qui ne disposait d'aucun substitut du procureur de la République alors que deux magistrats du parquet devaient être nommés pour le seconder, conformément à l'article 141 de la loi n° 53-83 du 21 avril 1983 portant réorganisation de la justice en République populaire du Congo.

Les tâches à exécuter figuraient dans la circulaire n° 0074 du 1er juin 1983 susdite (cf., supra, sect. 3, les tâches à exécuter au TPDA, sp. n° 138, pp. 202, 203).

D - Les tâches à exécuter au TPD de Djambala

1) Au siège : Kouzoungou Auguste, président ; Tiele Gambia Anselme, juge.

Le tribunal populaire de district de Djambala pouvait, ainsi, être régulièrement composé.

2) Au parquet, seul était nommé Ntelanke Jean, en qualité de procureur de la République.

La circulaire n° 0074 du 1er juin 1983 susvisée précisait les tâches des magistrats (cf., supra, sect. 3, les tâches à exécuter au TPDA, sp. n° 138, pp. 202, 203).

E - Les tâches à exécuter au TPD d'Owando

Au siège : Missamou Joseph, président ; Kounkou Donatien, juge ; Pandzou Mizère Émmanuel, juge.

Les tâches des magistrats étaient mentionnées dans la circulaire n° 0074 du 1er juin 1983 susvisée (cf., supra, sect. 3, les tâches à exécuter au TPDA, sp. n° 138, pp. 202, 203).

F - Les tâches à exécuter au TPD d'Ouesso

Le tribunal populaire de district d'Ouesso était composé des magistrats au siège (un président et deux juges) et au parquet (un Procureur de la République).

1) Au siège : Touadi-Packa Benoît, président ; Milongo Jacques, juge ; Mbon Albert, juge ;

2) Au parquet :

Un seul magistrat du parquet, en la personne de Bemba Robert Armand, était nommé procureur de la République près le tribunal populaire de district d'Ouesso alors que l'article 141 de la loi n° 51-83 du 21 avril 1983 portant réorganisation de la justice en République populaire du Congo prévoyait qu'il lui serait adjoint un ou plusieurs substituts du procureur de la République.

La circulaire n° 0074 du 1er juin 1983 susvisée précisait les tâches des magistrats (cf., supra, sect. 3, les tâches à exécuter au TPDA, sp. n° 138, pp. 202, 203).

G - Les tâches à exécuter au TPD d'Impfondo

Le tribunal populaire de district d'Impfondo disposait des magistrats du siège (Languangui Nicaise, président ; Ossibi Albert, juge ; Mahoungou-Gouakou, juge) et du parquet (Soussoulou Martin) chargés d'exécuter les tâches prescrites dans la circulaire n° 0074 du 1er juin 1983 susmentionnée (cf., supra, sur ces tâches, sect. 3, les tâches à exécuter au TPDA, sp. n° 138, pp. 202, 203).

Section 5 – Les tâches à exécuter aux cabinets d'instruction

139 – Rendement des magistrats en 1983, tâches à exécuter par les juges d'instruction. Reprenant les tâches des juges d'instruction dans la circulaire n° 0317 du 8 mars 1982 relative au fonctionnement du casier judiciaire, aux modalités de délivrance du certificat de nationalité et à l'établissement des pièces d'exécution, la circulaire n° 0074 du 1er juin 1983, précitée, leur imposait de transmettre des notices au secrétariat général à la justice (sur le détail de ces tâches, cf. supra, C- Les tâches des tribunaux de grande instance, n° 130, 1°) les tâches des juges du siège, p. 193).

Assumaient les fonctions aux cabinets d'instruction au tribunal populaire d'arrondissement de Poto-Poto : Etoto-Ébakassa Albert, doyen des juges d'instruction ; Goma Alphonse, juge d'instruction ; Otolo Jonas, juge d'instruction.

Section 6 – Les tâches à exécuter aux CCM

140 – Rendement des magistrats en 1983, tâches à exécuter par les chambres correctionnelles pour mineurs. La réforme sur la justice opérée au moyen de la loi n° 53-83 du 21 avril 1983 portant réorganisation de la justice en République populaire du Congo avait instauré, en lieu et place des tribunaux pour enfants et comme formation du tribunal populaire de district ou d'arrondissement, la chambre correctionnelle pour mineurs (art. 155, 3° de ladite loi). Étant donné que le tribunal populaire de district ou d'arrondissement comportait des juges des enfants (art. 148, al. premier de la loi n° 53-83 du 21 avril 1983 susvisée), il avait été prévu dans la circulaire n° 0074 du 1er juin 1983 relative aux tâches à exécuter par les juridictions de la République populaire du Congo que le juge des enfants devait effectuer, mensuellement, les tâches suivantes : - Traiter dix dossiers de jugement et dix dossiers d'instruction ; - Transmettre des notices au secrétariat général à la justice.

Comblant le vide au sujet des tâches dévolues au juge de l'application des peines, la circulaire n° 0074 du 1er juin 1983 précitée lui enjoignait d'établir, trimestriellement : un état des personnes placées en détention préventive à transmettre au secrétariat général à la justice ; un rapport sur les conditions de détention des détenus et leur comportement à adresser au secrétariat général à la justice ; un rapport sur le comportement des libérés conditionnels à faire parvenir au secrétariat général à la justice.

Section 7 – Les tâches à exécuter aux TPVCQ

141 – Rendement des magistrats en 1983, tâches à exécuter par les magistrats des tribunaux populaires de village-centre ou de quartier. Avant la réforme de l'organisation judiciaire, il existait les tribunaux d'instance auxquels s'étaient substitués les tribunaux populaires de village-centre ou de quartier. La circulaire n° 0074 du 1er juin 1983 relative aux tâches à exécuter par les juridictions de la République populaire du Congo prévoyait des tâches au magistrat du siège et au représentant du ministère public.

Parag. 1 – Les tâches des magistrats des TPQ

Deux tribunaux populaires de quartier étaient instaurés à Poto-Poto et à Makélékélé. Les magistrats dont les identités sont indiquées ci-dessous, lesquels y exerçaient leurs fonctions, étaient assujettis à l'exécution des tâches précises prescrites par la circulaire n° 0074 du 1er juin 1983 relative aux tâches à exécuter par les juridictions de la République populaire du Congo.

A - Les tâches à exécuter au TPQ de Poto-Poto

Des tâches à réaliser étaient déterminées, pour chaque catégorie de personnel judiciaire tant du siège que du parquet.

1) Au siège.

Le juge du siège, qui était président du tribunal populaire de village-centre ou de quartier, en la personne de Nanga-Nanga Grégoire, avait l'obligation de traiter, mensuellement, un certain nombre de dossiers suivant les matières concernées : dix dossiers en matière correctionnelle, cinq dossiers en matière civile et commerciale.

Une autre nature d'obligation qui incombait au président du tribunal populaire de quartier de Poto-Poto consistait à transmettre, mensuellement, au secrétariat général à la justice : l'état des affaires jugées, les copies des jugements rendus.

La troisième catégorie d'obligation qui pesait sur le président du tribunal populaire de quartier de Poto-Poto se déclinait en la tenue des registres faisant apparaître : les décisions rédigées par lui, les décisions dactylographiées par le greffier, en n'omettant pas de préciser le nombre de dossier mis à sa disposition.

Enfin, la dernière obligation que la circulaire n° 0074 du 1er juin 1983 relative aux tâches à exécuter par les juridictions de la République populaire du Congo faisait peser sur le président du tribunal populaire de quartier de Poto-Poto était de communiquer, trimestriellement, au secrétariat général à la justice, les pièces d'exécution établies afin d'assurer le recouvrement des frais de justice.

2) Au parquet.

Le représentant du ministère public se nommait Essamy-Ngatse. Il devait accomplir les tâches suivantes : requérir par écrit dans toutes les affaires qui lui étaient soumises ; régler, mensuellement : dix dossiers en matière correctionnelle ; cinq dossiers en matière civile et commerciale.

B - Les tâches à exécuter au TPQ de Makélékélé

Le personnel judiciaire du tribunal populaire de quartier de Makélékélé était soumis, en 1983, aux mêmes obligations que celles précédemment indiquées en ce qui concerne les tâches relatives à la productivité et le rendement des magistrats, greffiers et secrétaires en

1983, au tribunal populaire de quartier de Poto-Poto, aussi bien s'agissant des agents du service du siège que ceux du parquet.

1) Au siège

La présidence du tribunal populaire de quartier de Makélékélé était assurée par l'unique magistrat du siège, Mabounda Mangandza Jean-Marie, nommé par arrêté du garde des sceaux, ministre de la justice.

2) Au parquet

Le tribunal populaire de quartier de Makélékélé comportait un magistrat du parquet ainsi que le spécifiait l'article 161 de la loi n° 53-83 du 21 avril 1983 susvisé, nommé dans les mêmes formes que le président du tribunal populaire de quartier de Makélékélé. Évidemment, ledit magistrat du parquet, qui était représentant du ministère public dans cette juridiction, devait être substitut du procureur de la République près le tribunal de grande instance de Brazzaville. Telles étaient les fonctions qu'assumait le magistrat Apesse Charles Émile, nommé substitut du procureur de la République près le tribunal populaire de quartier de Makélékélé.

Section 8 – Les tâches à exécuter aux TT.

142 – Rendement des magistrats en 1983, tâches à exécuter par les magistrats des tribunaux du travail. Alors qu'autrefois il lui était demandé de traiter, mensuellement, dix (10) dossiers (circ. n° 0317 du 8 mars 1982 susmentionnée) le magistrat, président du tribunal du travail, était placé par la circulaire n° 0074 du 1er juin 1983 susvisée dans l'obligation de traiter, pendant la même période, quinze (15) dossiers.

Une nouvelle charge leur incombait, celle de transmettre au secrétariat général à la justice des notices ainsi que des décisions d'intérêt général pour publication.

Section 9 – Les tâches de contrôle des juridictions

143 – Rendement des magistrats en 1983, tâches à exécuter relatives au contrôle des juridictions. Auparavant d'une périodicité mensuelle, le contrôle des juridictions de Brazzaville qui s'était vu, désormais, étendu aux juridictions ayant leur siège à Pointe-Noire, fut dévolu, trimestriellement, à la Cour suprême puis, semestriellement, en ce qui concernait l'ensemble des juridictions dont le siège de chacune d'elles était fixé à l'intérieur du pays.

L'effet de la circulaire n° 0074 du 1er juin 1983 relative aux tâches à exécuter par les juridictions de la République populaire du Congo était fixé du 1er juillet 1983 au 30 août 1984, période au cours de laquelle des contrôles relatifs à l'exécution des tâches prescrites devaient être effectués par les chefs de juridictions et l'inspection générale d'État.

TROISIEME PARTIE

LE POUVOIR JUDICIAIRE

Avec le déclin du monopartisme et, conséquemment, l'émergence du multipartisme, l'Acte fondamental portant organisation des pouvoirs publics durant la période de transition adopté le 4 juin 1991 par la Conférence nationale souveraine affirmait, dans son préambule, la volonté de la République du Congo de bâtir l'Etat de droit. La justice fut érigée, au titre 8 dudit Acte fondamental, au rang de pouvoir judiciaire, au même titre que le pouvoir exécutif et le pouvoir législatif, en ces termes : « Le pouvoir judiciaire est confié aux juridictions nationales. Il est indépendant du pouvoir exécutif et du pouvoir législatif » (art. 75, al. premier, Acte n° 003-91-CNS-P-S du 04 juin 1991 portant adoption de l'Acte fondamental portant organisation des pouvoirs publics durant la période de transition). C'était la remise en cause du statut constitutionnel antérieur de la justice en tant que service public (cf. supra, deuxième partie, le service public de la justice, p. 163 et s.).

Les rédacteurs de l'Acte fondamental précité s'étaient, simplement, inspiré « du principe heuristique de la séparation des pouvoirs conçu par Locke mais formulé par Montesquieu dans « De l'esprit des lois » pour procéder à l'articulation de l'organisation des institutions en République du Congo autour du pouvoir législatif, du pouvoir exécutif et du pouvoir judiciaire à l'instar des démocraties occidentales (Auguste Iloki, « La justice au Congo : pouvoir ou service public ? ». Penant n° 796, janvier à mai 1988, p. 137 ; RSS n° 6, avril à juin 1986, p. 138).

Puisqu'en 1983, la place reconnue à la justice était celle d'un service public, on peut considérer que l'érection de la justice en « pouvoir judiciaire », en 1991, constituait une grande rupture que connaissait, pour la première fois, l'institution judiciaire en terme de revalorisation de la justice. Ce fut, certes, un tournant inédit mais il ne serait pas justifié par des considérations historiques ou des débats menés pour parvenir à l'instauration du pouvoir judiciaire afin d'assurer ainsi le renouveau de l'institution judiciaire.

A l'expiration de la période de transition déterminée par l'Acte fondamental du 4 juin 1991 susvisé il fut adopté, par référendum, la Constitution du 15 mars 1992 promulguée par décret n° 92-302 du 28 mai 1992 affirmant que « … la justice… a été depuis l'indépendance, notamment, sous le monopartisme, hypothéquée ou retardée par le totalitarisme, le régionalisme, les inégalités sociales et les violations des libertés fondamentales » (Const. 15 mars 1992, Préambule, 1er parag, JORC, juin 1992, hors texte, p. 3). C'est sous cette justification que furent reprises les dispositions de l'Acte fondamental du 04 juin 1991 relatives à l'instauration du pouvoir judiciaire « exercé par la Cour suprême et les autres juridictions nationales créées par la loi » et « indépendant du pouvoir exécutif et du pouvoir législatif » (art. 129, al. premier et 2, Const. 15 mars 1992 précitée).

Est-il besoin de rappeler qu'en France, le pays dont le Congo tire la source de son droit moderne, le refus de la consécration supralégislative du pouvoir judiciaire résultait de la rédaction de la loi constitutionnelle du 3 juin 1958 : « Seul le suffrage universel est source du pouvoir. C'est du suffrage universel ou des instances élues par lui que dérivent le pouvoir législatif et le pouvoir exécutif » (art. unique, 1°, LC, 3 juin 1958 portant dérogation transitoire aux dispositions de l'article 80 de la Constitution, JORP, 4 juin 1958, p. 5326). Il en était tiré la conséquence que les magistrats n'étant pas élus mais nommés, il ne pouvait être reconnu de pouvoir judiciaire dans la Constitution du 4 octobre 1958. C'est ainsi que le titre 8 de ladite Constitution fut intitulé « De l'autorité judiciaire », rompant, de cette manière, avec les Constitutions plus anciennes qui reconnaissaient le pouvoir judiciaire, telles la Constitution royale du 3 septembre 1791 (chap. 5, titre 3), la Constitution républicaine des 5 fructivor an 3 (titre 8), la Constitution du 4 novembre 1848, chap. 8 (Olivier Pluen, thèse de doctorat, op. cit. p. 205).

Les recherches effectuées par la doctrine sur la place de la justice au sein des institutions de l'Etat, en 1986, avant la consécration du pouvoir judiciaire en 1991, avaient abouti à la révélation des clivages qui permettaient de classer les auteurs en partisans du pouvoir judiciaire, en adversaires du pouvoir judiciaire et en auteurs indécis (Auguste Iloki, « La justice au Congo : pouvoir ou service public ? » (Penant n° 796, janvier à mai 1988, p. 137 ; RSS n° 6, avril à juin 1986, p. 138).

Rien ne semble avoir été entrepris pour déceler les éléments caractéristiques qui manifestent l'existence du pouvoir judiciaire depuis sa reconnaissance en 1991.

On pourrait, cependant, se référer aux propos du président de la Cour suprême contenus dans son discours de vœux de nouvel an 1996, qui s'adresserait au président de la République, au Palais du Peuple, en présence des membres de la Cour suprême, au cours d'une cérémonie solennelle.

A cette occasion, en effet, s'adressant au président de la République, en sa qualité de président du Conseil supérieur de la magistrature, le président de la Cour suprême qualifierait le pouvoir judiciaire comme étant le « plus jeune des pouvoirs ». Puis, évoquant les conflits « artificiels » qui opposeraient les pouvoirs préexistants, en l'occurrence le pouvoir exécutif et le pouvoir législatif, au pouvoir judiciaire qualifié de « très fragile » et de « frêle pouvoir », il estimerait qu'ils trouveraient leur source dans la « mauvaise lecture de la Constitution du 15 mars 1992 » qui disposait, en son article 129, que : « Le Pouvoir Judiciaire est exercé par la Cour suprême et les autres juridictions nationales créées par la loi ;
« Il est indépendant du Pouvoir Exécutif et du Pouvoir Législatif… ».

Le président de la Cour suprême expliciterait l'alinéa 2 de cet article, relatif à l'indépendance du pouvoir judiciaire, en faisant connaître qu'il serait « entendu du côté des magistrats comme un acte ou une déclaration d'émancipation et même d'affranchissement de la Justice. Considérée jusque-là comme un service public susceptible de recevoir des instructions et de les exécuter à la lettre, c'est-à-dire de condamner ou non sur ordre, d'être la main exécutrice de sales besognes, la Justice est devenue un Pouvoir indépendant des deux autres Pouvoirs préexistants, ne pouvant plus recevoir d'ordre, n'appliquant que la loi et n'obéissant qu'à elle ». Dans cette logique, le président de la Cour suprême estimerait que « dans cette acception de l'indépendance du pouvoir judiciaire, l'existence même d'un Ministère de la Justice paraît inconstitutionnelle ». Il s'exclamerait, à cet égard, ainsi : « Comment en effet concevoir un Ministère qui ne commande à personne ? Ou alors, comment concevoir un Pouvoir Judiciaire indépendant de l'exécutif, mais placé sous la tutelle d'un Ministère, donc de l'exécutif ! » (cf. discours prononcé par monsieur le président de la Cour suprême à l'occasion de la cérémonie des vœux pour l'année 1996 au Président de la République, président du Conseil supérieur de la magistrature, p. 2, inédit).

Pour garantir l'indépendance de la justice, il avait été décidé, entre autres, l'élection des magistrats de la Cour suprême (titre 1) tandis que la nomination, en Conseil supérieur de la magistrature demeurait le mode unique de désignation des magistrats des autres juridictions nationales (titre 2).

TITRE I

L'ELECTION DES MAGISTRATS DE 1991 A 1997

Le système électoral des magistrats, issu de la Constitution du 15 mars 1992, se limitait aux magistrats de la Cour suprême (chap. 1). Le scrutin avait eu lieu devant le Parlement réuni en congrès (chap. 2), à la suite duquel les magistrats ayant obtenu un plus grand nombre de voix étaient déclarés élus (chap. 3).

CHAPITRE I

LES PRÉVISIONS CONSTITUTIONNELLES

144 - **Pouvoir judiciaire, prévisions constitutionnelles.** Outre les dispositions fixées dans l'Acte fondamental du 4 juin 1991, la Constitution du 15 mars 1992, prescrivait, au titre 9 réservé au pouvoir judiciaire, l'élection des magistrats de la Cour suprême par le Parlement réuni en Congrès, dans les conditions fixées par la loi (art. 129, al. 3). C'est en application de cette disposition que la loi n° 025-92 du 20 août 1992 portant organisation et fonctionnement de la Cour suprême précisait, comme ci après, les conditions d'éligibilité des magistrats de cette juridiction :

- « Être élevé au dernier échelon du premier grade ;
- « Cumuler quinze années d'ancienneté dont dix ans dans les juridictions ou les services du ministère de la justice (art. 9, al. premier, L. n° 025-92 du 20 août 1992 portant organisation et fonctionnement de la Cour suprême).

On pourrait imaginer, à défaut d'éléments résultant des travaux préparatoires de l'Acte fondamental du 4 juin 1991 et de la Constitution du 15 mars 1992, que l'idée d'instituer l'élection des magistrats serait issue des débats engagés, en France, au cours de la révision de la Constitution du 27 octobre 1946 ayant débouché sur l'élaboration de la Constitution de la Vème République du 4 octobre 1958. Il ressortait, en effet, desdits débats que « … Seul le suffrage universel est source du pouvoir. C'est du suffrage universel ou des instances élues par lui que dérivent le pouvoir législatif et le pouvoir exécutif » comme indiqué ci-dessus (cf. supra, titre 1, la nomination des magistrats de 1961 à 1992, p. 25) ; troisième partie, p. 216).

C'est alors que, s'inspirant de cette idée que le pouvoir ne peut résulter que du souverain primaire ou des instances qui en sont issues, la Constitution congolaise du 15 mars 1992 prévoyait l'élection des magistrats pour justifier l'institution du pouvoir judiciaire. Cependant, alors que la Cour suprême comprenait les magistrats élus par le Parlement réuni en Congrès (art. 129, al. 3, Const. 15 mars 1992, JORC, 11 juin 1992), le système d'élection des magistrats ne fut point étendu aux magistrats des juridictions autres que la Cour suprême. Or la loi prescrivait que le pouvoir judiciaire est exercé par la Cour suprême et les autres juridictions nationales dénommées Cour des comptes, cours d'appel, tribunaux de grande instance, tribunaux administratifs, tribunaux de commerce, tribunaux d'instance, tribunaux du travail, tribunaux militaires (art. 1er, L. n° 22-92 du 20 août 1992 portant organisation et fonctionnement du pouvoir judiciaire en République du Congo).

Aussi paradoxal que cela puisse paraître, il était supprimé l'élection des juges non professionnels dans toutes les juridictions nationales alors que c'est par ce mode de désignation de ceux qui rendent la justice que se justifiait l'instauration du pouvoir judiciaire.

CHAPITRE II

LE SCRUTIN DEVANT LE PARLEMENT

145 - **Pouvoir judiciaire, scrutin devant le Parlement en 1996**. Il fut procédé, en 1996, en application de la Constitution du 15 mars 1992 et de la loi n° 22-92 du 20 août 1992 portant organisation et fonctionnement du pouvoir judiciaire en République du Congo, à l'élection des magistrats de la Cour suprême par le Parlement réuni en Congrès.

146 – Pouvoir judiciaire, corps électoral lors du scrutin de 1996. Le corps électoral comprenait, essentiellement, les députés issus du parti majoritaire à l'assemblée nationale, en l'occurrence, l'Union panafricaine pour la démocratie sociale (UPADS) et ceux des partis alliés, soit cent soixante-dix-huit (178) électeurs. Cinquante-un (51) magistrats furent candidats à cette élection.

147 – Pouvoir judiciaire, résultats issus du scrutin. A l'issue du scrutin, les résultats du vote se présentèrent ainsi qu'il suit :

1. Ballard Henri..173 voix ;
2. Mongo-Antchouin.....................................165 voix ;
3. Tchibinda-Kouangou Jean François.................164 voix ;
4. Mambouana Gaston....................................163 voix ;
5. Iloki Auguste..163 voix ;
6. Mbika Jean Pierre.....................................159 voix ;
7. Mampouya Gilbert.....................................157 voix ;
8. Diatoulou Henriette....................................151 voix ;
9. Elenga-Gamporo née Sambo julienne...............149 voix ;
10. Locko Isaac..140 voix ;
11. Zoubabela Louis.......................................138 voix ;
12. Mouteke Robert..133 voix ;
13. Bati Benoît...131voix ;
14. Gaboumba-Moukengue.................................130 voix ;

15. Mabele-Gambouma...................................130 voix ;
16. Mackosso-Douta Séraphin...........................130 voix ;
17. Makele-Mfoukou..126 voix ;
18. Nkounkou Donatien...................................120 voix ;
19. Nkaya-Ngolo Mesaac Magloire....................104 voix ;
20. Bouka Henri...62 voix ;
21. Lenga Placide..56 voix ;
22. Samory Jean Bernard..................................51 voix ;
23. Pembellot Agathe Félicie............................49 voix ;
24. Mouele André...41 voix ;
25. Dhellot Thomas..39 voix ;
26. Soumbou Tchicaya Georges........................36 voix ;
27. Olandzobo Ekobiyoa Jean Marie.................34 voix ;
28. Ognimba Amédé..31 voix ;
29. Odzie Victor...31 voix :
30. Awassi Habib Jean.......................................25 voix ;
31. Akiera Georges..22 voix ;
32. Popossi Mandziba Alphonse..........................17 voix ;
33. Kanga Louise..16 voix ;
34. Etoto-Ebakassa..10 voix ;
35. Linvani Elie...10 voix ;
36. Bangui née Mokoko......................................09 voix ;
37. Koumou Pascal..09 voix ;
38. Kamango André ....07 voix ;
39. Ngoma Alphonse ....07 voix ;
40. Gatse Jean Baptiste......................................06 voix ;
41. Nkounkou née Silou.....................................06 voix ;
42. Miambanzila Michel.....................................04 voix ;
43. Missamou Joseph..04 voix ;
44. Ntouadi-Packa Benoît...................................04 voix ;
45. Bahoumina Georges......................................03 voix ;
46. Gatabantou Samuel..03 voix ;
47. Boutsana Grégoire...02 voix ;
48. Mayama Richard..01 voix ;
49. Ntelanke Jean..00 voix ;
50. Nzouala Germain Vincent.............................00 voix ;
51. Piny-Talantsy Roger.......................................00 voix.

CHAPITRE III

LA PROCLAMATION DES RÉSULTATS ÉLECTORAUX

148 - **Proclamation des résultats électoraux, magistrats élus en 1996.** La Cour suprême devant être composée de dix-neuf (19) juges, avaient été déclarés élus par le Parlement réuni en Congrès les magistrats suivants ayant obtenu un plus grand nombre de suffrages :

1. Ballard Henri :......................173 voix, soit 97, 19 % ;
2. Mongo-Antchouin...................165 voix, soit 92, 69 % ;
3. Tchibinda-Kouangou J. F........164 voix, soit 92, 13 % ;
4. Mambouana Gaston..................163 voix, soit 91, 57 % ;
5. Iloki Auguste.......................163 voix, soit 91, 57% ;
6. Mbika Jean Pierre..................159 voix, soit 89, 32 % ;
7. Mampouya Gilbert..................157 voix, soit 88, 20 % ;
8. Diatoulou Henriette.................151 voix, soit 84, 83% ;
9. Elenga-Gamporo née Sambo J..149 voix, soit 83, 70 % ;
10. Locko Isaac..........................140 voix, soit 78, 65% ;
11. Zoubabela Louis......................138 voix, soit 77, 52% ;
12. Mouteke Robert......................133 voix, soit 74, 71 % ;
13. Bati Benoît...........................131 voix, soit 73, 59 % ;
14. Gaboumba-Moukengue..........130 voix, soit 73, 03 % ;
15. Mabele-Gambouma.................130 voix, soit 73, 03% ;
16. Mackosso-Douta Séraphin......130 voix, soit 73, 03 % ;
17. Makele-Mfoukou....................126 voix, soit 70, 78 % ;
18. Nkounkou Donatien................120 voix soit 67, 41 % ;
19. Nkaya-Ngolo Mesaac............104 voix, soit 58, 42 ;%.

149 – La nomination des magistrats en 1996, nomination des magistrats élus. La nomination des magistrats élus en qualité de magistrat à la Cour suprême a été formalisée par décret n° 96-153 du 5 avril 1996 portant nomination des membres de la Cour suprême, dans l'ordre ci-après :

1. Ballard Henri ;
2. Mongo-Antchouin Jean ;
3. Tchibinda-Kouangou Jean François ;
4. Mambouana Gaston ;
5. Iloki Auguste ;
6. Mbika Jean Pierre ;
7. Mampouya Gilbert ;
8. Diatoulou Henriette ;
9. Elenga-Gamporo née Sambo julienne ;
10. Locko Isaac ;
11. Zoubabela Louis ;
12. Mouteke Robert ;
13. Bati Benoît ;
14. Gaboumba-Moukengue ;
15. Mabele-Gambouma ;
16. Mackosso-Douta Séraphin ;
17. Makele-Mfoukou ;
18. Nkounkou Donatien ;
19. Nkaya-Ngolo Mesaac Magloire.

150 – La nomination des magistrats élus en 1996, prestation de serment des magistrats. La prestation de serment de ces dix-neuf (19) membres de la Cour suprême et l'installation du premier président et du procureur général près cette Cour eurent lieu le 3 mai 1996 devant le parlement réuni en Congrès.

Ces magistrats élus de la Cour suprême étaient, ensuite, nommés aux fonctions ci-après :

- **Président** : M. Gaston Mabouana ;
- **Procureur général** : M. Henri Ballard ;
- **vice-président** : M. Zoubabela Louis, magistrat hors classe de 4e échelon (décret n° 96-154 du 5 avril 1996 portant nomination à la Cour suprême)
- **Présidents de chambres** : président de la chambre pénale : M. Gilbert Mampouya, magistrat hors classe de 3e échelon (décret n° 96-154 du 5 avril 1996 portant nominations à la Cour suprême) ; président de la chambre administrative et financière : Mme Elenga Ngaporo née Sambo Julienne, magistrat de 1er grade, 2e groupe, 1er échelon (décr. n° 96-154 du 5 avril 1996 portant nomination à la Cour

suprême) ; président de la chambre commerciale : Mabele Gamboumba, magistrat de 1er grade, 2e groupe, 4e échelon (décr. n° 96-154 du 5 avril 1996 portant nomination à la Cour suprême) ; président de la chambre civile : Tchibinda-Kouangou Jean François, magistrat hors classe de 4e échelon (décr. n° 96-154 du 5 avril 1996 portant nomination à la Cour suprême) ; président de la chambre sociale : Mongo Antchouin Jean, magistrat hors classe de 4e échelon (décr. n° 96-154 du 5 avril 1996 portant nomination à la Cour suprême) ;

- **Premier Avocat général** : M. Benoît Bati magistrat de 1er grade, 2e groupe, 2e échelon (décr. n° 96-154 du 5 avril 1996 portant nomination à la Cour suprême) ;

- **Avocats généraux** : M. Auguste Iloki, magistrat hors classe de 2e échelon (décr. n° 96-154 du 5 avril 1996 portant nomination à la Cour suprême) ; M. Robert Mouteke, magistrat hors classe de 2e échelon (décr. n° 96-154 du 5 avril 1996 portant nomination à la Cour suprême) ;

On peut, aisément, relever que les autres magistrats de l'appareil judiciaire, autres que ceux élus à la Cour suprême, demeuraient régis par le régime de nomination basé sur l'application du statut de la magistrature, de la loi relative au Conseil supérieur de la magistrature et de la loi sur l'organisation du pouvoir judiciaire.

Le second critère de reconnaissance de l'existence du pouvoir judiciaire fut, à partir de l'année 1997, non plus la désignation des magistrats par voie électorale mais par nomination en Conseil supérieur de la magistrature.

TITRE II

LA NOMINATION DES MAGISTRATS DE 1997 A 2024

Faute de documents d'archives, il n'a pas été possible de renseigner sur le fonctionnement du Conseil supérieur de la magistrature exerçant ses compétences en matière de nomination des magistrats de 1997 à 2008. Seuls sont disponibles les textes révélateurs des nominations effectuées par cet organe en 2009 (chap. 1), 2013 (chap. 2), 2014 (chap. 3), 2018 (chap. 4) et 2023 (chap. 5).

L'intérêt de la nomination des magistrats étant d'assurer le fonctionnement régulier des juridictions, il était organisé, le 15 janvier 2024, la première rentrée judiciaire de la plus haute juridiction nationale de la République du Congo, la Cour suprême, au cours de laquelle il fut rendu compte des activités des magistrats (chap. 6).

CHAPITRE I

LA NOMINATION DES MAGISTRATS EN CSM EN 2009

151 - **Nomination des magistrats en Conseil supérieur de la magistrature en 2009.** Le Conseil supérieur de la magistrature, qui avait perdu ses attributions en matière de nomination des magistrats pendant la période au cours de laquelle la justice recelait le statut de service public, au profit du Conseil des ministres s'était, enfin, réuni sous la présidence du président de la République, le 4 mai 2009. Il avait procédé à la nomination des magistrats à la Cour suprême (sect. 1), à la cour des comptes (sect. 2), aux cours d'appel (sect. 3), aux tribunaux de grande instance (sect. 4), à l'inspection générale des juridictions et des services judiciaires (sect. 5) tel que cela ressort du décret n° 2009-150 du 13 mai 2009 (JORC n° 20-2009, pp. 1160-1163).

Section 1 – La nomination en CSM à la Cour suprême

152 – Nomination des magistrats en Conseil supérieur de la magistrature en 2009, Nomination à la Cour suprême : président de la chambre pénale : André Kamango ; Juges : Armand Robert Mbemba, Victor Mahoungou Gouakou, Albert Mbon, Norbert Elenga, Narcisse Goulou ; avocats généraux : Mabele Gabouma, Albert Etoto Ebakassa, Alphonse Dinard Moubangat-Moukonzi, André Charles Loemba.

Section 2 – La nomination en CSM à la CCDB

153 – Nomination des magistrats en Conseil supérieur de la magistrature en 2009, à la Cour des comptes et de discipline budgétaire : président de la chambre du budget des collectivités locales : Amédée Ognimba ; président de la chambre des comptes des entreprises d'Etat ou d'économie mixte et autres organismes : Jean Marie Mabounda Mangandza ; conseillers : Anselme Dieudonné Tiele-Gambia, Lucienne Virginie Mokoko ; procureur général : Yvonne Kimbembe ; premier avocat général : Jean Ngalebayi ; substitut général : David Osseke.

Section 3 – La nomination en CSM aux cours d'appel

154 - Nomination des magistrats en conseil supérieur de la magistrature en 2009, nomination aux cours d'appel. La nomination des magistrats en conseil supérieur de la magistrature, en 2009, avait concerné les cinq (5) cours d'appel ayant leurs sièges à Brazzaville, Pointe-Noire, Dolisie, Owando et Ouesso, tel qu'indiqué ci-dessous.

- **A la cour d'appel de Brazzaville,** furent nommés les magistrats, ci-après, aux fonctions diverses : vice-président : Justin Manota ; président de la 2e chambre civile : Hélène Koumba ; président de la Cour criminelle : Jean Claude Olouli ; président de la chambre administrative : Théophile Bitsi ; président de la 2e chambre correctionnelle : Simon William Mviboudoulou ; président de la chambre d'accusation : Albert Oko ; président de la chambre sociale : Benjamin Ngombe ; conseillers : Aurélie Pradexe Wassi épouse Mavoungou, Gabriel Kemoko, Raphaël Massamba, Sabine Nzikou épouse Sola, Rebecca Omoali épouse Bowao, Jean Claude Kouessali, Antoine Bissangou ; procureur général : Corneille Moukala Moukoko ; avocat général : Michel Miambi ; substituts généraux : Franck régis Tounda Ouamba, Edouard Kouari ; Ignace Kibi, Jacques Biyouri.

- **A la Cour d'appel de Pointe-Noire,** étaient nommés : premier président : David Andzilando ; vice-président : Joseph Tchiyoko ; président de la chambre administrative : Yolande Ngami épouse Mavoungou ; président de la 2e chambre correctionnelle : Roger Piny-Talancy ; président de la chambre commerciale : Edouard Taty Makaya ; conseillers : Jean Claude Toutissa, Fédéric Mouketo, Sylvie Mouanza épouse Tchignoumba, Blanche Tambaud, Kitoko Ngoma, Ferdinand Nzoussi ; procureur général : Christian Oba ; avocat général : Ludovoc Ngouala ; substituts généraux : Marcel Mokoko, Paul Blaise Mouyabi, Félix Souamounou.

- **A la Cour d'appel de Dolisie** : premier président : Florent Moukogoh ; président de la chambre d'accusation : Anselme Ngouadi ; conseillers : Basile Mangofo Mamboma, Ernest Moanda ; procureur général : Gabin Mbemba ; avocat général : Albert Mpimi Mbanga.

- **A la Cour d'appel d'Owando** : premier président : Norbert Nkoukouli ; vice-président : Jean Aimé Mabiala ; conseillers : Dominique Boukaka, Désiré Milandou ; procureur général : Albert Ossebi ; avocat général : Idris Aloïse Pambou.

- **A la Cour d'appel d'Ouesso** : premier président : Bienvenu Babela ; conseillers : Alphonse Mabiala Mienakoutima, Jean Paul Mavoungou Taty ; procureur général : Rufin Bouka ; avocat général : Etienne Loemba.

Section 4 – La nomination en CSM aux TGI

155 – Nomination des magistrats en Conseil supérieur de la magistrature en 2009, aux tribunaux de grande instance. En 1989, les magistrats étaient nommés à différentes fonctions judiciaires, ainsi qu'il est indiqué ci-dessous, aux divers tribunaux de grande instance, de Brazzaville, Pointe-Noire, Dolisie, Sibiti, Mossendjo, Madingou, Mouyondzi, Kinkala, Kindamba, Djambala, Gamboma, Oyo, Mossaka, Ewo, Ouesso et Impfondo, en Conseil supérieur de la magistrature :

- **Au tribunal de grande instance de Brazzaville,** furent nommés, à divers postes, en 1989, les magistrats suivants : président, Mathurin Bayi ; vice-président : Christine Ngoma Maniongui ; président de la 2e chambre civile : Jérôme Patrick Mavoungou ; président de la 2e chambre correcctionnelle : Léonard Sonde ; président de la 3e chambre correcctionnelle : Gilles Nganga ; juges : Marcel Mountou, Roger Nounguini, Masseke Mokongui Mpoke, Julienne Bayimissa, Marianne Diebe, Kibhat Ikobo Tombo ; procureur de la République : Essamy Ngatse ; procureur de la République Adjoint : Thomas Chris Zekakani ; substituts : Jérôme Ngouloubi, Dann 2 Ibara Ibombo, Marc Dikonda, Françoise Nzimbikissa, Serge Armel Nzoulani Koumbou, Collinet Makosso, Mavoungou Souami ; doyen des juges d'instruction : André Oko Ngakala ; juge d'instruction du 2e cabinet : Privat Itoua ; juge d'instruction du 3e cabinet : Marcelle Gampika ; juge d'instruction du 4e cabinet : Jean Louis Bitoumbou ; juge d'instruction du 5e cabinet : Hervé Kinouani ; président du tribunal pour enfants : Sylvie Koubounga épouse Mantari.

Au tribunal de grande instance de Pointe-Noire, étaient nommés, aux postes divers, en Conseil supérieur de la magistrature, les magistrats dont les noms et prénoms suivent : président, Antoine Michaël César Pambou ; vice-président : Ferdinand Koulangou ; président de la 2e chambre civile : Jean Paul Makaya ; président de la 2e chambre correctionnelle : Noëlle Elisabeth Malonga ; juges : Berthe Georgaly Miakassissa, Brigitte Diambonga, André Loemba, Nzila Malanda, Joseph Mavoungou ; procureur de la République : Christophe Pangoud ; procureur de la République adjoint : Valérien Embenga ; substituts : Jean Didier Claude Bouity, Félicien Pierre Louboungou, Alain Crépin Itoua Elenga ; Doyen des juges d'instruction : Djimbi Simouna ; juge d'instruction du 2e cabinet : Henri Faustin Abia ; juge d'instruction du 3e cabinet : Roger Justin Itsa ; juge d'instruction du 4e cabinet : Henri Bonaventure Mbemba ; président du tribunal pour enfants de Pointe-Noire : Mpouo Montsouka ; président du tribunal de commerce de Pointe-Noire : Didier Narcisse Iwandza ; président du tribunal du travail de Pointe-Noire : Cathérine Mantissa.

- **Au tribunal de grande instance de Dolisie,** avaient été nommés, en Conseil supérieur de la magistrature, en 1989, les magistrats ci-après : président, Jean Romain Soukou ; juge d'instruction du 1er cabinet : Philippe Koupena ; juges : Moussavou Kombila, Nanitelamio Yenguita ; procureur de la République : Gabriel Kokolo ; substitut du procureur de la République : Jean Mankondi.

- **Au tribunal de grande instance de Sibiti**, étaient nommés : président, Daniel Younga Kissengo ; juge d'instruction : Azère Milandou ; juge : Honoré Bikindou ; procureur de la République : Maixent Ngoulou Lie.
- **Au tribunal de grande instance de Mossendjo, furent nommés** : président, Bernard Missilou ; juge d'instruction : Clément Bouanga ; juge : Jean Paul Mavoungou Tati ; procureur de la République : Charles Pembe.

- **Au tribunal de grande instance de Madingou** : président, Jean Stéphane Mvouelemba ; juge d'instruction : Patrice Nestor Kididimpoua ; juges : Frédéric Mazouvi, Jean Mouanga ; procureur de la République : Joseph Mankou.

- **Au tribunal de grande instance de Mouyondzi** : président : Jean Marie Moulongo ; juge d'instruction : Célestin Biniakounou ; juges : Roger Moukila, Isidore Kitembo ; procureur de la République : Clément Mankita.

- **Au tribunal de grande instance de Kinkala** : président : Rémy Mfouna ; juge d'instruction : Jean Pierre Matsimouna ; juge d'instruction, 2ème cabinet : Bhobyh Marpaul Mick Moumbolo ; procureur de la République : Jean Pierre Matsimouna ; juge : Alain Massamba ; procureur de la République : François Miendoudi.

- **Au tribunal de grande instance de Kindamba** : président : Clément Ntari ; juge d'instruction : Daniel Kouaka ; juges : André Batoudidi, Etienne Mbemba ; procureur de la République : Dagobert Kouhouakouanda.

- **Au tribunal de grande instance de Djambala** : président Pierre Nzaba ; juge d'instruction : Bernard Nsala ; juges : Patrick Elvis Tsiba Engobo, Firmin Ngantsouo ; procureur de la République : Nganzino-Ngounga.

- **Au tribunal de grande instance de Gamboma** : président : Pascal Tati ; juge d'instruction : Raymond Kimbouala ; juges : Anicet Edmond Samba, Maurice Bouka ; procureur de la République : Jean Ngombo.

- **Au tribunal de grande instance d'Owando** : président : Belo Hamadou ; juge d'instruction : Bernard Nakoumouyoula ; juges : Henri Gnoni, André Roger Okombi ; procureur de la République : Séraphin Elangui.

- **Au tribunal de grande instance d'Oyo** : président : Désiré Oko ; Juge d'instruction : Michel Ognangue ; juges : Armando Félix Ngombe, Venceslas Xavier Bossouba ; procureur de la République : Guy Alain Ikolo.

- **Au tribunal de grande instance de Mossaka** : président : Gaston Gouampaka ; juges d'instruction : Edouard Mobeko ; juges : Dieudonné Elenga, Faustin Mbedi ; procureur de la République : Juvet Fidèle Obambi.

- **Au tribunal de grande instance d'Ewo** : président : Luc Melion ; juge d'instruction : Pierre Ngoko ; juges : Honoré Miambi, Faustin Mondele ; procureur de la République : Gilbert Openga.

- **Au tribunal de grande instance d'Ouesso** : président : Akondo Ossengue ; juge d'instruction : Joseph Bikindou ; juges : Jean Goma, Appolinaire Ndinga ; procureur de la République : Edmond Eyangue.

- **Au tribunal de grande instance d'Impfondo** : président : Narcisse Nkoulou ; juge d'instruction : Albert Mondzenga ; juges : Serge Armel Koumou, Christian Régi Ekoundzoula ; procureur de la République : Nazaire Sondou.

Section 5 – La nomination en CSM au TC

156 – Nomination des magistrats en Conseil supérieur de la magistrature en 2009, au tribunal de commerce de Brazzaville. Au regard de son organisation, le tribunal de commerce comprend un magistrat du siège qui assure la fonction de président de cette juridiction et les magistrats du ministère public (art. 106, L. n° 022-92 du 20 août 1992 portant organisation du pouvoir judiciaire en République du Congo).

Fut nommé par décret du président de la République, sur proposition du Conseil supérieur de la magistrature au cours de sa réunion tenue en 2009, au poste de président du tribunal de commerce, le magistrat Gérard Bikindou.

Section 6 – La nomination en CSM aux TI

157 – Nomination des magistrats en Conseil supérieur de la magistrature en 2009, aux tribunaux d'instance. Lors de sa session tenue le 13 mai 2009, le Conseil supérieur de la magistrature avait nommé les présidents aux tribunaux d'instance ainsi que les procureurs de la République près ces juridictions, dont les noms et prénoms sont indiqués ci-dessous.

- **Au tribunal d'instance de Bacongo-Makélékélé** : président, Jérôme Louvète ; procureur de la République : Serge Armel Ndzouani Koumbou.

- **Au tribunal d'instance de Poto-Poto/Moungali** : président, Alain Michel Opo ; procureur de la République : Marc Dikonda.

- **Au tribunal d'instance de Talangaï/Ouenzé**, furent nommés : président, Aline Nkoua ; procureur de la République : Dann 2 Ibara Ibombo.

- **Au tribunal d'instance de M'Filou** : président, Fernand Romain Ondono ; procureur de la République : Mavoungou Souami.

- **Au tribunal d'instance de Tié-Tié** : président, Constant Ongoundou ; procureur de la République : Félicien Pierre Louboungou.

- **Au tribunal d'instance de Tchinouka** : président, Jean Patrice Mavoungou ; procureur de la République : Alain Crépin Itoua Elenga.

Section 7 – La nomination en CSM à L'IGJSJ

158 - Nomination des magistrats en Conseil supérieur de la magistrature en 2009, nomination à l'inspection générale des juridictions et des services judiciaires. Selon le décret n° 99-87 du 19 mai 1999 portant attributions, organisation et fonctionnement de l'Inspection générale des juridictions et des services judiciaires, cette institution dispose, entre autres attributions, principalement, de celle relative à l'appréciation du fonctionnement régulier des juridictions, des administrations et des différents services qui sont rattachés au ministère de la justice.

Il était procédé au cours de la session du Conseil supérieur de la magistrature du 13 mai 2009, aux nominations à l'inspection générale des juridictions et des services judiciaires ainsi qu'il suit : inspecteur général des juridictions et des services judiciaires : Jean Pierre Mbika (décr. n° 2009-151 du 13 mai 2009, JORC, 14 mai 2009, p. 1163) ; inspecteur général adjoint des juridictions et des services judiciaires : Jean François Ngokouba Moke (décr. n° 2009-152 du 13 mai 2009, JORC, 14 mai 2009, p. 1163) ; inspecteurs à l'inspection générale des juridictions et des services judiciaires : Aimé Bayidikila Awa épouse Ntsila, Mathieu Barondinga, Jean Jacques Kamba, Pierre Julien Ausone Malanda, Joseph Missamou, Guy Antouonin Kampakol (décr. n° 2009-153 du 13 mai 2009, JORC, 14 mai 2009, p. 1163).

CHAPITRE II

LA NOMINATION DES MAGISTRATS EN CSM EN 2013

159 - Nomination des magistrats en Conseil supérieur de la magistrature en 2013. Il se pourrait qu'avant 2013, le Conseil supérieur de la magistrature se soit réuni pour exercer ses attributions en matière de nomination. Il est, cependant certain que par décret n° 2013-194 du 17 mai 2013, cet organe avait prononcé des nominations des magistrats dans toutes les juridictions nationales comme ci-après (JORC, jeudi 30 mai 2013, pp. 433-440).

Section 1 – La nomination en CSM à la Cour suprême

160 - Nomination des magistrats en Conseil supérieur de la magistrature en 2013, nomination à la Cour suprême : président de la 3e chambre civile : Mme Ouetinigue née Dorothée Mambani ; président de la chambre pénale : Grégoire Nanga-Nanga ; président de la 1ère chambre sociale : Auguste Makaya Bouanga ; président de la 2ème chambre sociale : Pierre Ausone Malanda ; juges : Christine Gomis, David Andzilando, Jean Ngalebayi, Hélène Koumba ; premier avocat général : Albert Etoto Ebakassa ; avocat général : Essamy Ngatse.

Section 2 – La nomination en CSM à la CCDB

161 - Nomination des magistrats en Conseil supérieur de la magistrature en 2013, à la Cour des comptes et de discipline budgétaire. En remplacement de Monsieur Olandzobo-Ekobiyoa Jean-Marie, nommé président de la Cour des comptes suivant décret n° 2001-251 du 26 mai 2001 portant nomination de magistrats à la Cour des comptes, Monsieur Apesse Charles Emile fut nommé président de la même institution par décret n° 2013-194 du 17 mai 2013 portant nomination des magistrats dans les juridictions nationales.

Par ce texte, Monsieur Gilbert Mouyabi occupait le poste de procureur général près la Cour des comptes. Il succédait, ainsi, à Madame Kimbembe Yvonne qui remplaçait, à ce poste, Monsieur Henri Ballard nommé par décret n° 2001-251 du 26 mai 2001 portant nomination de magistrats à la Cour des comptes.

Furent nommés conseillers à cette juridiction : Christophe Panghoud, Justin Manota, Paul Blaise Mouyabi, Edouard Tati Makaya, Kibongui née Martine Nkoussou.

Au parquet général, furent nommés : procureur général : Gilbert Mouyabi ; avocat général : Christian Oba ; substituts généraux : Ludovic Ngouala, Michel Miambi, Simon Milliam Mvibidoulou.

Section 3 – La nomination en CSM aux cours d'appel

162 - Nomination des magistrats en Conseil supérieur de la magistrature en 2013 aux Cours d'appel. Des magistrats à différents postes étaient nommés aux cours d'appel.

- **Nomination des magistrats à la Cour d'appel de Brazzaville** : premier président : Mathurin Bayi ; vice-président : Christine Mayanda épouse Ntsika ; président de la 2e chambre civile : Guy Alain Ikolo ; président de la Cour criminelle : Ignace Kibi ; président de la chambre administrative : Jérôme Louvète ; président de la 2e chambre correctionnelle : Akondo Ossengue ; président de la chambre d'accusation : Roger Justin Itsa ; conseillers : Ferdinand Koulangou, Jean De dieu Batchy, Célestin Biniakounou, Dominique Boukaka, Marcelle Gampika, Cyprien Ganzino-Ngounga, François Miendoudi, Désiré Milandou, Charles Pembe, Roger Nounguini, Dieudonné Boukaka, Christine Ngoma Maniongui, Faustin Narcisse Nkoulou, Fayette Tchitembo, Léonard Nsonde ; avocat général : Séraphin Elangui ; substituts généraux : Félix Souamounou, Obengui Ngoka, Alphonse Justin Soumbou, José Bosco Moanda Massende.
- **Nomination des magistrats à la Cour d'appel de Pointe-Noire** : premier président : Antoine Michael César Pambou ; vice-président : André Okombi ; président de la 2e chambre civile : Franck Régis Tounda Ouamba ; président de la Cour criminelle : Frédéric Mouketo ; président de la chambre administrative : Jean Claude Olouli ; président de la 2e chambre correctionnelle : Jean Claude

Toutissa ; président de la chambre d'accusation : Michel Oniangue ; président de la chambre commerciale : Nazaire Sondou ; président de la chambre sociale : Kitoko Ngoma ; conseillers : André Loemba, Alphonse Mabiala Miekoutima, Noëlle Elisabeth Malonga, Berthe Georgaly Miakassissa, Mpouo Moutsouka, Cathérine Mantissa, Ernest Moanda, Idris Aloïse Pambou, Louya Massolola ; procureur général : Norbert Nkounkouli ; avocat général : Jacques Biyouri ; substituts généraux : Jacques Milongo, Paul Maxim Moubongo, Roger Pini-Talansy, Brigitte Diambonga, Clément Mankita.

- **Nomination des magistrats à la Cour d'appel de Dolisie** : vice-président : Anselme Ngouabi ; conseillers : Jean Jacques Makondi, Yenguita Nanitelamio, Jean Claude Bikoumou.

- **Nomination des magistrats à la Cour d'appel d'Owando** : premier président : Théophile Mbitsi ; vice-Président : Albert Oko ; conseillers : Edmond Eyangue, Firmin Ngantsouo.

- **Nomination des magistrats à la Cour d'appel d'Ouesso** : conseillers : Jean Claude Kouessali, Raymond Kimbouala, Maurice Bouka.

Section 4 – La nomination en CSM aux TGI

163 - Nomination des magistrats en Conseil supérieur de la magistrature en 2013 aux tribunaux de grande instance. Les magistrats à des postes divers furent nommés aux tribunaux de grande instance.

- **Nomination des magistrats au tribunal de grande instance de Brazzaville, en 2013.** Plusieurs magistrats furent nommés à divers postes au tribunal de grande instance de Brazzaville : Président, Didier Narcisse Iwandza ; vice-président : Valérien Embenga ; président de la 2e chambre civile : Marcel Mountou ; président de la 3e chambre civile : Gabriel Ngoua ; président de la 4e chambre civile : Sylvie Koubounga épouse Mantari ; président de la 5e chambre civile : Sylver Etou-mba-Nimba ; président de la 2e chambre correctionnelle : Privat Itoua ; président de la 3e chambre correctionnelle : Serge Armel Nzoulani Koumbou ; président de la 4e chambre correctionnelle : Noël Moufouta ; président de la 5e chambre correctionnelle : Roméo James Opoki ; président de la 6e chambre correctionnelle : Habib Venceslas Akouala ; juges : Aimérance Junath Atipo Bakala, Dick Sidney Balou, Ryssie Meng Bindikou, Aristide Elenga, Sylvano Ravel Ekoungoulou, Dally Christelle Bongobo Mokassa, Brice Boukaka Ninamio, Doriane

Christelle Filankembo, Alexandrine Doréa Gandou, Else Rolia Itoua Mouanday, Dooryane Marlène Itoua Ngaporo, Ghislain Kamba Boboumba, Rare Charles Amour Koubelo, Carmen Koumou Mouakosso, Nathalie Makani-Nka, Lorena Roxane Ruth Mbemba, Rajiv Ini Mbwilu-Matondo, Meldia Harold Cardorel Milandou, Costella Nadège Minzelet, Edouard Mobeko, Dariase Mombonde Mambouli, Roland Romaric Ngoma, Kelly Dada Harvard Mowendabeka, Moyen Monkouah, Horty Malanges Ngoka Apendi Eko, Nuptia Naïck Nkouka Tsamba, Reine Eméline Obara, Olandzobo Tseyi Assemy, Gervais Ferrol Ombola Itoua, Nathalie Ondzie Ngoualoki, Carmen Novie Ontsira Nkounkou, Gilbert Openga, Pardelia Sende Bonazebi, Rosine Valérie Syangani-Wawondo, Eldiane Ebimba Okombi, Renaud Ikamba Ngoya, Presly Dimitri Diambou Bounkita, Diane Ngoka ; procureur de la République : André Oko Ngakala ; procureur de la République Adjoint : Rémi M'founa ; substituts : Anick Valia Amona, Fresnay Bassenga Fiellot, Christelle Bellande Rodicrine Biakala, Gwladys Orlande Bobianga, Venceslas Xavier Bossouba, Hilfgott Alfred Ebaka Mayanga, Michaël Privat Elion Zangha, Archille Vladrnir Gakosso, Chaleur Itoua Okombi Okouala, Aristide Okassa, Léonie Claire Mangue Kengue, Alida Natacha Mayela, Nuptia Mbemba Talantsi, Maurice Mbouassa, Milandou Lenda, Sandrine Alida Diane Monekene Mbila, Chareille Elodie Onkourankouni, Herman Peya, Monica Diane Jessica S. Pompad, Sama Mognima Ocasso, Igor Placide Vendze, Wenceslas Ruddy Wando, Stella Yoka épouse Guenon, Eric Pandi Mokoko, Igor Boris Ossete ; doyen des juges d'instruction : Alain Crépin Itoua Elenga ; juge d'instruction du 2e cabinet : Jean Ngombo ; juge d'instruction du 3e cabinet : Rolien Bokouango ; juge d'instruction du 4e cabinet : Amelin Christel Naphely Bassounguissa Moundaya ; juge d'instruction du 5e cabinet : Victorien Okieli ; juge d'instruction du 6e cabinet : Bénédicte Eléonore Mabondzo ; juge d'instruction du 7e cabinet : Firmin Kikouama Mabounda ; juge d'instruction du 8e cabinet : Eric Clinchard Malonga ; président du tribunal administratif de Brazzaville : Jérôme Patrick Mavoungou ; président du tribunal du travail de Brazzaville : Marc Dikona ; président du tribunal pour enfants de Brazzaville : Olga Blanche Zissi Bintebe.

- **Nomination des magistrats au tribunal de grande instance de Pointe-Noire, en 2013. -** président, Alain Opo ; vice-président : Maixent Ngoulou Lie ; président de la 2e chambre civile : Jean Mouanga ; président de la 3e chambre civile : Romain Nsoukou ;

président de la 2e chambre correctionnelle : Christian Régis Ekoundzoula ; président de la 3e chambre correctionnelle : Chiderique Vostel Gaïko ; juges : Caroline Stévie Brusanelle Baboungou, Carcelin Banzou Nounguini, Julio Bersyl Goma, Symphorien Kanga, Patrice Nestor Kidibifoua, Dagobert Kouhouakouanda, Carmen Scheila Leckaly, Muriel Bienvenue Loufoua-Lemay, Avelle Mavoungou, Véronique Mboumoungna, Amar Zita Molebe, Aimé Fiacre Mounzeo Iwangous, Nature Moyen Kepiebe, Mami Emilie Ngoka, Sarah Ngolo Ngambou, Providence Géa Pathy Ngolo Ngampio, Armelle Francy Nkie Bijoux, Aude Trésor Ondonda, Aymard Ontsouka Donthe, Gay Vertu Tchibinda Koka ; procureur de la République : David Osseke ; procureur de la République adjoint : Thomas Chris Zekakani ; substututs : Audrey Serge Boliban, Dominique Arnaud Dinghat, Marel Fleure Ebemby Ambono Ondze, Gervais Ebilika, Claude Viviane Eoussa-Ngongo, Dalette Davyne Lembhet Missonsa, Brice Rhôde Mbon, Vladimir Matte Dimitri Laurbritte Mikala, Hurcella Ngakala Moueley Euphrasia Inès Ngambale Ewele, Lucie Rosine Nsimba, Frédéric Ouetinigue, Amour Régis Tchicaya Mokangou, Stéphanie Souvenirs Tsibi Ititi ; Doyen des juges d'instruction : Barnabé Sala ; Juge d'instruction du 2e cabinet : Roland Ataba ; juge d'instruction du 3e cabinet : Garonne Gironde Loembe Kaddy ; juge d'instruction du 4e cabinet : Michel Pemba Taty ; juge d'instruction du 5e cabinet : Albain Wenceslas Ouando Etounda ; juge d'instruction du 6e cabinet : Urbain Bossali ; président du tribunal de commerce de Pointe-Noire : Gilles Ganga ; président du tribunal pour enfants de Pointe-Noire : Audrey Patricia Lembe Mouandza ; président du tribunal administratif de Pointe-Noire : Reno Weber Teddy Fango ; président du tribunal du travail de Pointe-Noire : Jean-Paul Makaya.

- **Nomination des magistrats au tribunal de grande instance de Dolisie, en 2013** - Président : Djimbi Simouna ; juges : Pasco Braz-Tiaba-Passy, Princesse Katuxia Kinkela ; Emmy Darelle Mabiala Makaya, Sandrine Mabika Ndembi, Ednève Bemba Vouala, Alix Romain Moukiama, Appolinaire Ndinga, Didier Ngouya, Hugues Nzila Tombet, Virgile Rivet Samba Moussinga ; juge d'instruction du 2e cabinet : Berthe Lucette Koubaka ; substituts : Laure Aurelie Gwladys Mavoungou, Samuel Ulrich Mbongo, Muller Pensar Ollongo Itoua, Fall Edgar Tsoumou, Mouemeth Ella Ngono.

- **Nomination des magistrats au tribunal de grande instance de Sibiti, en 2013** - Juges : Ulady Taffaric Boungou Mouila, Rizet

Rodrigue Ulrich Issanga, Jean Aimé Mabiala, Destin Jefford Adas Matsiona Massengo ; juge d'instruction : Honoré Bikindou ; procureur de la République : Azere Milandou ; substituts du procureur de la République : Michel Wuesfally Mampaha, Aimé Michel Mbama.

- **Nomination des magistrats au tribunal de grande instance de Mossendjo, en 2013** - Président : Clément Bouanga ; juges : Gilles Bertrand Banème, Roméo Mbengou, Ruth Amour Mouangamboulou, Viguier Carmen Nguembi ; juge d'instruction : Samier Childao Moukouri ; procureur de la République : Jean Paul Mavoungou Tati ; substituts du procureur de la République : Ulrich Mouyounga, Kardeck Defi Kibiti Bavouenza.

- **Nomination des magistrats au tribunal de grande instance de Madingou, en 2013** - Président : Joseph Mankou ; juges : Davy Laurien Abandzounou Nguili, Ismou Karl Axel Mouyoyi, Amède Ngamille Saya, Herman Romaric Samba Kinouani ; juge d'instruction du 1er cabinet : Frédéric Mazouvi ; juge d'instruction du 2ème cabinet : Casir Roussel ; procureur de la République : Etienne Mbemba ; substituts du procureur de la République : Patrick Raymond Mbengou, Edson Tony Koumba.

- **Nomination des magistrats au tribunal de grande instance de Mouyondzi, en 2013** - Juges : Barroux Fanoush Evaldon Foutou-Benzet, Danny Eminence Kennegui, Marachi France Leman Louboungou, Sley Paterson Massouema, Davy Cédric Yann Moukiama Mberi ; juge d'instruction : Isidore Kitembo ; procureur de la République : Roger Moukila ; substitut du procureur de la République : Ludovic Mpassi Mialoundama.

- **Nomination des magistrats au tribunal de grande instance de Kinkala, en 2013** - Président : Jean Stéphane Mvouelemba ; juges : Bison Chrislain Mabika Bazenguissa, Honoré Miambi, Nicaise Ntondele Massamba, Guy Silver Tonghat ; juge d'instruction du 1er cabinet : Jean Mouanda ; juge d'instruction du 2ème cabinet : Bhobyh Marpaul Mick Moumbolo ; procureur de la République : Jean Pierre Matsimouna ; substituts du procureur de la République : Christian Noriel Moufouta, Mayeul Arnaud Nzenguele Ngoumba.

- **Nomination des magistrats au tribunal de grande instance de Kindamba, en 2013** - Président : Daniel Kouaka ; juges : Fabrice Koutiotolo Ngoma, Henri Bonaventure Mbemba, César Arnaud Nkouka Ngoma, Cherubin Tontola Kibongui ; juge d'instruction : Lalys Roger Ngounga ; procureur de la République : Gildas Nkouka

Madede ; substituts du procureur de la République : Daniel Moukilou, Dominique N'guina Ndamba.

- Nomination des magistrats au tribunal de grande instance de Djambala, en 2013 - Juges : Hudel Belgenth Mabecket Maboni Itsa, Saint-Paul Mandzemou Botahanga, Hervé Ntsiba Elenga ; juge d'instruction : Habib Destin Melanda Eboue ; procureur de la République : Patrick Elvis Tsiba-Engobo ; substituts du procureur de la République : Constant Claude Alain Mongo, Yull F. Gouloubi Missie.

- Nomination des magistrats au tribunal de grande instance de Gamboma, en 2013 - Président : Henri Gnoni ; juges : Francis Ebandza, Jean Claver Kiminou, Morel Lengouala, Rock Charley Mocko, Raval Athel Nkounkou Matondo ; juge d'instruction du 1er cabinet : Nique Anderson Ikama ; juge d'instruction du 2ème cabinet : Michel Nguembi Massouanga ; procureur de la République : Raymond Kimbouala ; substituts du procureur de la République : Saturnin Lovel Bamba, Chrisostome Oyandza.

- Nomination des magistrats au tribunal de grande instance d'Owando, en 2013 - Juges : Serge Lionel Ema, Guy Saturnin Tsetsa, Armel Ulrich Ibono, Prisca Mokele Ekongolia ; juge d'instruction du 1er cabinet : Amouriche Zodéac Itoua Lawaya ; juge d'instruction du 2ème cabinet : Cynthia Olivière Gambou ; juge d'instruction du 3ème cabinet : Baptiste Gaston Joseph Obondzo Sebi ; procureur de la République : Bernard Nakoumouyoula ; substituts du procureur de la République : Gokaba Onanga Pourou, Mélanie Mpan Ngandzien-Okana, Jean Pierre Maboueke.

- Nomination des magistrats au tribunal de grande instance d'Oyo, en 2013 - Juges : Mondésir Atsoutsou Ahoue, Espruzi Bechylléam Omana Ingoba, Darian Bardhin, Elvine Pressia Ngondo, Dimitri Firmin Ongale Okoumou ; juge d'instruction du 1er cabinet : Willi Rolien Ngoubou ; juge d'instruction du 2ème cabinet : Dina Okissakossy Abonayele ; procureur de la République : Armando Féliz Ngombe ; substituts du procureur de la République : Yolande Gloria Adzobi, Firmin Okana Douniama.

- Nomination des magistrats au tribunal de grande instance de Mossaka, en 2013 - Juges : Serge Martinel Bopondzo Loungbamou, Mersch Bouloukouet Kaba, Christian Boundzou, Brell Gervais Ebata ; juge d'instruction : Dimi Nianga Dzo ; procureur de la République : Dieudonné Elenga ; substituts du procureur de la République : Zéphirin Ossete, Julien Mbode.

- **Nomination des magistrats au tribunal de grande instance d'Ewo, en 2013** - Juges : Davin Clovy Gampo Ebara, Emmanuel Fortuné Moundou, Donald Cédric Ngoye ; juge d'instruction : Faustin Mondele ; procureur de la République : Pierre Ngoko ; substituts du procureur de la République : Justin R. Lekouete, Sylvanist Moufle Micky.

- **Nomination des magistrats au tribunal de grande instance d'Ouesso, en 2013** - Président : Clément Ntari ; juges : Serge Bombete, Edi Blaise Makosso, Juslain Mbongo, Obea M'Akongo Koumou, procureur de la République : Juvet Fidèle Obambi ; substituts du procureur de la République : Léger Evrard Benontadidi, Arnaud Missoueli.

- **Nomination des magistrats au tribunal de grande instance d'Impfondo, en 2013** - Président : André Fayette Mavoungou ; juges : Louis Bobongo, Don Esdon Mambi Mongo, Fernand Nicolas Mboungou, Prosper Milandou ; juge d'instruction du 2ème cabinet : Judicaël Monkessa ; procureur de la République : Jean Louis Bitoumbou ; substituts du procureur de la République : Fred Lewis Daney Nziou, Charel Issac Angara.

Section 5 – La nomination en CSM aux TI

164 - Nomination des magistrats en Conseil supérieur de la magistrature en 2013, nomination aux tribunaux d'instance. Etaient nommés les magistrats dont les identités suivent, à différentes fonctions.

- **Nomination des magistrats au tribunal d'instance de Makélékélé, en 2013.** Etaient nommés aux fonctions audit tribunal, en Conseil supérieur de la magistrature, en 2013 : président, Aurélie Pradexe Wassi épouse Mavoungou ; procureur de la République : Anick Valia Amona.

- **Nomination des magistrats au tribunal d'instance de Poto-Poto/ Moungali, en 2013**. Avaient été, respectivement, nommés aux postes de président et de procureur de la République au tribunal d'instance de Poto-Poto/Moungali, les magistrats suivants : président : Jérôme Ngouloubi ; procureur de la République : Maurice Mbouassa.

- **Nomination des magistrats au tribunal d'instance de Talangaï, en 2013.** Furent nommés audit tribunal, en Conseil supérieur de la magistrature : - Procureur de la République : Chaleur Itoua Okombi Okouala.

- **Nomination des magistrats au tribunal d'instance de Tié-Tié, en 2013 -** Président : Henri Faustin Abia ; procureur de la République : Frédéric Ouetinigue.

- **Nomination des magistrats au tribunal d'instance de Tchinouka, en 2013 -** Président : Yolande Ngami épouse Mavoungou ; procureur de la République : Amour Régis Tchicaya Mokangou.

- **Nomination des magistrats au tribunal d'instance de Makoua, en 2013 -** Président : Bernard Missilou ; procureur de la République : Gokaba Onanga Pourou.

- **Nomination des magistrats en 2013, nomination au tribunal d'instance de Foundou-Foundou -** Président : Jean Mankondi ; procureur de la République : Laure Aurelie Gwladis.

- **Nomination des magistrats en 2013, nomination au tribunal d'instance de Youlou Poungui -** Président : Philippe Koupena ; procureur de la République : Fall Edgar Tsoumou.

- **Nomination des magistrats en 2013, nomination au tribunal d'instance de Nzassi -** Président : Félicien Louboungou ; procureur de la République : Audrey Serge Boliban.

- **Nomination des magistrats en 2013, nomination au tribunal d'instance de Makabana -** Président : Faustin Mbedi ; procureur de la République : Ulrich Mouyounga.

- **Nomination des magistrats en 2013, nomination au tribunal d'instance de Nkayi -** Président : Denis Samba ; procureur de la République : Edson Tony Koumba.

- **Nomination des magistrats en 2013, nomination au tribunal d'instance d'Ignié -** Président : Dann II Ibara Ibombo ; procureur de la République : Aristide Okassa.

CHAPITRE III

LA NOMINATION DES MAGISTRATS EN CSM EN 2014

165 - **Nomination des magistrats en Conseil supérieur de la magistrature en 2014**. Le Conseil supérieur de la magistrature avait nommé les magistrats aux cours (sect. 1), aux tribunaux de grande instance (sect. 2), aux tribunaux administratifs (sect. 3), aux tribunaux de commerce (sect. 4) et aux tribunaux d'instance (sect. 5), à différentes fonctions (décr. n° 2014-237 du 21 mai 2014 portant nomination de magistrats dans les juridictions nationales, JORC, 22 mai 2014, pp. 383-387).

Section 1 – La nomination en CSM aux Cours

166 - Nomination des magistrats en Conseil supérieur de la magistrature en 2014, nomination aux cours. En ce qui concernait les cours, la nomination des magistrats en Conseil supérieur de la magistrature intéressait un seul magistrat de la Cour suprême et d'autres magistrats de la Cour des comptes et de discipline budgétaire ainsi que ceux des cours d'appel.

- **Nomination des magistrats en 2014, nomination à la Cour suprême** : Albert Ossibi, avocat général.

- **Nomination des magistrats en 2014, nomination à la Cour des comptes et de discipline budgétaire -** Conseillers : Edouard Taty Makaya, Jean de Dieu Batchy ; avocat général : Ludovic Ngouala ; substituts généraux : Simon William Mviboudoulou, Alain Crépin Itoua Elenga.

- **Nomination des magistrats en 2014, nomination à la Cour d'appel de Brazzaville** : - Au siège : premier président : Christian OBA ; président de la Cour criminelle : Remi M'Founa ; président de la chambre sociale : Christine Ngoma Maniongui ; conseillers : Séraphin Elangui, Jean Claude Kouessali ; au parquet général :

procureur général : Théophile Mbitsi ; avocat général : Ferdinand Koulangou ; substitut général : José Bosco Mouanda Massende.

- **Nomination des magistrats en Conseil supérieur de la magistrature en 2014, nomination à la Cour d'appel de Pointe-Noire -** Au siège : vice-président : André Roger Okombi ; président de la chambre sociale : Emmanuel Kitoko-Ngoma ; président de la chambre administrative : Catherine Mantissa ; conseillers : Alphonse Mabiala Menakountima, Ignace Kibi, Joseph Mankou, Ernest Mouanda, Aloïse Idriss Pambou, Louya née Bikoumou Massolola Joséphine, Romain Ferdinand Ondono ; au parquet général : procureur Général : Norbert Nkoukouli ; substituts généraux : Paul Maxime Mobongo, Roger Piny-Talantsy.

- **Nomination des magistrats en 2014, nomination à la Cour d'appel de Dolisie** : M. Jean Jacques Mankondi fut nommé en qualité de conseiller.

- **Nomination des magistrats en 2014, nomination à la Cour d'appel d'Owando -** Premier président : Pascal Taty ; conseiller : Pierre Ngoko ; procureur général : Albert Oko.

- **Nomination des magistrats en 2014, nomination à la Cour d'appel d'Ouesso** : Gilbert Openga, en qualité de conseiller.

Section 2 – La nomination en CSM aux TGI

167 - Nomination des magistrats aux tribunaux de grande instance. Au siège et au parquet, les magistrats étaient nommés aux tribunaux de grande instance, en Conseil supérieur de la magistrature, ainsi qu'il suit.

- **Nomination des magistrats en 2014, nomination au tribunal de grande instance de Brazzaville** - Président de la 2e chambre civile : Marcel Moutou ; juges : Edlin Jubelor Ayessa Vendze, Charles Clotaire Amour Koubelo, Gloire Ruidnel Loris Mambou, Rajiv Ivi Mbwilu-Matondo, Mildia Harold Cardorel Milandou, Boris Vianney Mileme Mbama, Estelle Nadège Minzelet, Louisy Philonvie Nkonimbe Ngala, Herman Sévérin Nkouka Mabele, Nupcia Naïck Nkouka Tsamba, Reine Emeline Obara Ngoli, Espruzi Bechylléam Omana Ingoba, Laurena Oyombo Ntsaka, Saul de Tarse Taty Bayonne, Tendance Prisca Vouezolo Bongat, Véronique MBoumougna, Edson Wencelah Toni Koumba, Angèle Ndoundou ; procureur de la République adjoint : Guenoni née Stella Michelle Yoka ; substituts : Le messie Geraula Onassis Bakabana, Fresnay

Bassenga Fiellot Tov, Mavy Chaldyne Jolivia Ebienga Ndinga, Claude Viviane Eoussa-Ngongo, Audrey Jamaïque Jolly Bois, Lorie Mangue Kengne, Chancelle Nuptia Jokelese Mbemba Talantsi, Lenda Milandou, Chareille Elodie Onkirankouni Essanini, Monika Diane Jessica Soren Pompad ; doyen des juges d'instruction : Jean Ngombo ; juge d'instruction du 2e cabinet : Venceslas Xavier Bossouba ; juge d'instruction du 4e cabinet : Amelin Christel Norphely Basongisa Moundaya.

- **Nomination des magistrats en 2014, nomination au tribunal de grande instance de Pointe-Noire** - Président de la 3e chambre civile : Jean Romain Soukou ; président de la 2e chambre correctionnelle : Christian Ekoundzola ; président de la 3e chambre correctionnelle : Chyderique Vostel Gaïko ; juges : Caroline Stevie Brusnelle Baboungou, Midène Blane Bakoulou, Nina Roseline Nathalie Diandaga, Amouriche Zoderic Itoua Lawaya, Renaud Ikamba Ngoya, Irma Michelle Lohitouma, Avelle Mahoungou, Aimé Fiacre Saquaine Mounzeo Iwangous, Princia Rykielle Ngassou, Karel Arian Ossombi, Michel Pemba Taty, Symphorien Kanga, Amour régis Tchikaya Mokango, Amour Ruth Moungamboulou ; juge d'instruction du 2e cabinet : Gervais Ebilika ; juge d'instruction du 4e cabinet : Gay vertu Tchibinda Koka ; substituts : Davy Laurien Abandzounou Nguili, Christella Bellande Rodivine Biakala épouse Nkanza, Dominique Arnaud Christ Dinghat, Marel Fleuri Ebemby Ambomo Ondze, Isidore Kitembo, Arlette Davyne Lembhet Missonsa, Hudel Belgenth Mabecket Maboni Itsa, Jessica Valérie Mamoni Goma, Judicaël Monkessa, Steave Arnaud Ngakosso, Patrick Raymond Mbengou.

- **Nomination des magistrats en 2014, nomination au tribunal de grande instance de Dolisie** - Juges : Charden Bédié Ngoto, Jerry Lawson Nguimbi Mana, 1er cabinet d'instruction : Pasco Braz-Tiaba-Passy ; substituts : Muller Penser Ollongo Itoua, Mireille Carine Badiabo Zayoka.

- **Nomination des magistrats en 2014, nomination au tribunal de grande instance de Sibiti** - Juge : Vlady Taffaric Boungou Mouila ; substitut du procureur : Michel Wesfally Mampaha.

- **Nomination des magistrats en 2014, nomination au tribunal de grande instance d'Oyo** - Juges : Mondésire Atsoutsou Ahoué, Christella Raïssa Baralangui Bimbo, Belva Christa Dimi Iloki, Darian Bardin Gaïko ; substitut du procureur : Yoebande Gloria Adzobi.

- **Nomination des magistrats en 2014, nomination au tribunal de grande instance de Madingou** - Président : Faustin Narcisse Nkoulou ; juges : Alain Joachim Mabiala Boukama, Jaime Allegra Renish Mfikou Kiminou ; substituts du procureur : Gilald Quefère Thurnin Missengue, Seybault Régis Augèle Souami.

- **Nomination des magistrats en 2014, nomination au tribunal de grande instance de Mossendjo** - Président : Jean Paul Mavoungou Tati ; juge : Anicet Samba ; juge d'instruction : Samier Chidao Moukouri ; procureur de la République : Fall Edgar Michel Ntsoumou ; substitut du Procureur de la République : Kardeck Defi Kibiti Bavoueza.

- **Nomination des magistrats en 2014, nomination au tribunal de grande instance de Mouyondzi**, juge d'instruction : Barroux Fanoush Evaldon.

- **Nomination des magistrats en 2014, nomination au tribunal de grande instance d'Owando** - Juges : Celes Gianel, Calixte Brice Ngalebaye ; juge du 1er cabinet d'instruction : Guy Saturnin Tsetsa ; substituts du procureur de la République : Melaine Mpan Gandzien-Okana, Patrick Steve Gneneke.

- **Nomination des magistrats en 2014, nomination au tribunal de grande instance d'Ewo** - Juge : Emmanuel Fortuné Moundouh ; procureur de la République : Sylvanist Mouele Micky ; substitut du Procureur de la République : Justin Raudé Lekouete.

- **Nomination des magistrats en 2014, nomination au tribunal de grande instance d'Impfondo** - Juge : Serge Bombete ; juge d'instruction du 1e cabinet : Prosper Milandou ; substitut du Procureur de la République : Charel Isaac Angara.

- **Nomination des magistrats en 2014, nomination au tribunal de grande instance de Djambala** - juge : Roland Wilfrid C'Kouayoukou ; juge d'instruction : Michaël Privat Elion Zangha.

- **Nomination des magistrats en 2014, nomination au tribunal de grande instance de Mossaka** - Juges : Serge Martinel Bopondzo Loungbamou, Mersch Bouloukouet Kabat, Christian Junior Boundzou.

- **Nomination des magistrats en 2014, nomination au tribunal de grande instance de Kinkala**. Furent nommés, en Conseil supérieur de la magistrature, les magistrats suivants : Juges : Ulrich Banzouzi Ngoma, Anicet Tymoté Massounguila ; substituts du Procureur de la République : Christian Noriel Rachid Moufouta, Ferry Alex Nzitoukoulou Baniemambou.

- **Nomination des magistrats en Conseil supérieur de la magistrature en 2014, nomination au tribunal de grande instance de Gamboma** - Juges : Rock Charly Mocko, Lovane Tsamby Lhakhy, Fortuné Edgar Justin N'gounga ; substitut du Procureur de la République : Auriame Johanel Bayissa.

- **Nomination des magistrats en 2014, nomination au tribunal de grande instance d'Ouesso** - Juges : Allélua Ngoulou Moullath, Grâce Djebel Frison ; substitut du Procureur de la République : Ulrich Dimitry Ngouma Mapacka.

Section 3 – La nomination en CSM aux TA

168 – Nomination des magistrats aux tribunaux administratifs. La nomination des magistrats était, également, intervenue au tribunal administratif de Brazzaville et à celui de Pointe-Noire comme ci-dessous.

- **Nomination des magistrats en 2014, nomination au tribunal administratif de Brazzaville** - Président : Jérôme Patrick Mavoungou ; vice-président : Louis Bobongo ; juges : Preley Dimiti Diambou Bounkita, Virguier Carmen Nguiembi, Nuptia Misline Missie, Norecey Honey Ntounta Mambou ; procureur de la République : Roger Nounguini ; substitut : Prince Arnie Matoko.

- **Nomination des magistrats en 2014, nomination au tribunal administratif de Pointe-Noire**. Au siège du tribunal administratif de Pointe-Noire, furent nommés : président : Reno Weber Tendy Fango ; vice-président : Melchi Grâce Vanessa Makaya Zinga ; juges : Rolan Ataba, Prince Rama Laki Laka Mbani ; Au parquet, étaient nommés procureur de la République, Stéphanie Souvenirs Tsibi Ititi et substitut du Procureur de la République, Andréa Claudine Stell Kaya Nzoussi.

Section 4 – La nomination en CSM aux TC

169 - Nomination des magistrats en Conseil supérieur de la magistrature en 2014, nomination aux tribunaux du commerce. Deux magistrats étaient nommés aux tribunaux de commerce. Au parquet, le procureur de la République près le tribunal de commerce de Brazzaville et, au siège, le président du tribunal du commerce de Pointe-Noire furent nommés en Conseil supérieur de la magistrature, en 2014.

- **Nomination des magistrats en Conseil supérieur de la magistrature en 2014, nomination au tribunal du commerce de Brazzaville** - Procureur de la République : Alix Romain Moukiama.

- **Nomination des magistrats en Conseil supérieur de la magistrature en 2014, nomination au tribunal du commerce de Pointe-Noire** - président : Gilles Nganga.

Section 5 – La nomination en CSM aux TI

170 - Nomination des magistrats en Conseil supérieur de la magistrature en 2014, nomination aux tribunaux d'instance. Le Conseil supérieur de la magistrature nommait, en 2014, aux tribunaux d'instance, soit le président de cette juridiction, soit le représentant du ministère public ou les deux chefs de ces tribunaux s'il l'estimait nécessaire.

- **Nomination des magistrats en Conseil supérieur de la magistrature en 2014, nomination au tribunal d'instance de Bacongo-Makélékélé** - Représentant du ministère public : Annick Valia, substitut du procureur de la République.

- **Nomination des magistrats en Conseil supérieur de la magistrature en 2014, nomination au tribunal d'instance de Poto-Poto-Moungali** - Représentant du ministère public : Maurice Mbouassa, substitut du procureur de la République.

- **Nomination des magistrats en Conseil supérieur de la magistrature en 2014, nomination au tribunal d'instance de Talangaï** - Représentant du ministère public : Hilfgott Alfred, substitut du procureur de la République.

- **Nomination des magistrats en Conseil supérieur de la magistrature en 2014, nomination au tribunal d'instance de M'filou** - Président : Shaleur Itoua Okombi Okouala ; représentant du ministère public : Jean Baptiste Mavoungou Souami, substitut du procureur de la République.

- **Nomination des magistrats en Conseil supérieur de la magistrature en 2014, nomination au tribunal d'instance d'Ignié** - Représentant du ministère public : Aristide Okassa, substitut du procureur de la République ;

- **Nomination des magistrats en Conseil supérieur de la magistrature en 2014, nomination au tribunal d'instance de Tié-Tié** - Représentant du ministère public : Frédéric Ouetinigue, substitut du procureur de la République.

- **Nomination des magistrats en Conseil supérieur de la magistrature en 2014, nomination au tribunal d'instance de Tchinouka** - Représentant du ministère public : Judicaël Monkessa, substitut du procureur de la République.

- **Nomination des magistrats en Conseil supérieur de la magistrature en 2014, nomination au tribunal d'instance de Nzassi** - Représentant du ministère public : Hudel Belgenth Mabecket Maboni Itsa, substitut du procureur de la République.

- **Nomination des magistrats en Conseil supérieur de la magistrature en 2014, nomination au tribunal d'instance de Makoua** - Représentant du ministère public : Gokaba Onanga Pourou, substitut du procureur de la République.

- **Nomination des magistrats en Conseil supérieur de la magistrature en 2014, nomination au tribunal d'instance de Foundou-Foundou** - Président : Philippe Koupena ; représentant du ministère public : Laure Aurelie Gwladis Mavoungou, substitut du procureur de la République.

- **Nomination des magistrats en Conseil supérieur de la magistrature en 2014, nomination au tribunal d'instance de Youlou Poungui** - Président : Samuel Ulrich Mbongo ; représentant du ministère public : Muller Penser Ollongo Itoua, substitut du procureur de la République.

- **Nomination des magistrats en Conseil supérieur de la magistrature en 2014, nomination au tribunal d'instance de Makabana** - Représentant du ministère public : Ulrich Mouyounga, substitut du procureur de la République.

- **Nomination des magistrats en Conseil supérieur de la magistrature en 2014, nomination au tribunal d'instance de Nkayi** - Représentant du ministère public : Gilald Quefère Thurnin Missengue, substitut du procureur de la République.

CHAPITRE IV

LA NOMINATION DES MAGISTRATS EN CSM EN 2018

171 - **Nomination des magistrats en Conseil supérieur de la magistrature en 2018**. Le Conseil supérieur de la magistrature, convoqué suivant décret n° 2018-27 du 7 février 2018, s'est réuni en session ordinaire le 20 février 2018. Se basant sur des critères légaux de nomination des magistrats à la Cour suprême (sect. 1), à la Cour des comptes (sect. 2) et aux cours d'appel (section 3), a procédé à la nomination des magistrats auxdites juridictions. D'autres magistrats en attente d'affectation après leur formation initiale, aussi bien au niveau national que dans les écoles étrangères furent, également, nommés aux tribunaux de grande instance (sect. 4), aux tribunaux d'instance (sect. 5), aux tribunaux administratifs (sect. 6), aux tribunaux de commerce (sect. 7), aux tribunaux du travail (sect.8), aux tribunaux pour enfants (sect. 9) et aux cabinets d'instruction (sect. 10).

Section 1 – La nomination des magistrats à la CS

172 – Nomination des magistrats en CSM en 2018, fondement légal de la nomination des magistrats à la Cour suprême. Les critères spécifiques de proposition de nomination des magistrats à la Cour suprême sont spécifiés à l'article 10, alinéa premier, de la loi organique n° 29-2018 du 7 août 2018 fixant l'organisation, la composition et le fonctionnement du Conseil supérieur de la magistrature, ainsi qu'il suit :

- Le critère relatif au grade : être magistrat hors hiérarchie ou du premier grade ;
- Le critère lié à l'ancienneté : avoir accompli au moins quinze années d'ancienneté pour espérer être proposé à la nomination à la

Cour suprême, dont dix années dans les juridictions ou dans les institutions centrales de l'État ;

- Le critère inhérent à la probité et à l'intégrité morale : - N'avoir subi aucune sanction disciplinaire au cours des dix dernières années précédant le moment de la proposition du magistrat aux fonctions de la Cour suprême.

Le magistrat est, ainsi, soumis pendant cette période au respect de l'obligation de probité et doit manifester son intégrité morale.

Le second alinéa de l'article 10 de la loi organique n° 29-2018 du 7 août 2018, précitée, prévoit, pour la première fois, le mode de nomination du premier président de la Cour suprême et du procureur général près cette juridiction.

Il revient, en effet, selon cette disposition, au président de la République, sans intervention de la commission de nomination des magistrats, usant de ses prérogatives de président du Conseil supérieur de la magistrature, de nommer ces hauts magistrats, uniquement, après concertation avec le garde des Sceaux, ministre de la Justice. Les magistrats de la Cour suprême sont nommés aussi bien au siège (§. 1) qu'au parquet général (§. 2).

Parag. 1 – La nomination des magistrats du siège à la CS

173 - Nomination des magistrats par décret en CSM en 2018, nomination des magistrats du siège à la Cour suprême. Par décret n° 2018-102 du 14 mars 2018 portant nomination des magistrats à la Cour suprême (cf. JORC n° 13-2018 du jeudi 29 mars 2018, p. 416), furent nommés en Conseil supérieur de la magistrature :

- **Premier président** : Henri Bouka. Étaient, avant lui, nommés présidents de la Cour suprême depuis l'indépendance de la République du Congo, les magistrats ci-après : Pouabou Joseph (décr. n° 62-116 du 20 avril 1962 portant nomination du président de la Cour suprême). Celui-ci occupait, précédemment, le poste de procureur général suivant décret n° 62-91 du 6 avril 1962 portant nomination du procureur général près la Cour suprême du Congo). Intégré dans les cadres de la magistrature congolaise par décret n° 61-305 du 23 décembre 1961, Pouabou Joseph exerçait, cumulativement avec ses fonctions celles de directeur de cabinet du président de la République. Il avait été décidé, par décret n° 62-116 du 20 avril 1962 susvisé, son maintien en position de détachement à la présidence de la République jusqu'à l'installation dans ses fonctions de président de la Cour suprême ; Charles Assemekang (décr. n° 86-537 du 21 avril 1986 portant nomination des magistrats du service public judiciaire), Lenga Placide.

- **Vice-président** : M. Moubangat Moukonzi Alphonse Dinard. Avaient exercé les fonctions de vice-président de la Cour suprême, avant 2018, les magistrats ci-après : Okandzi Jean-Pierre (décr. n° 86-537 du 21 avril 1986 portant nomination des magistrats du service public judiciaire), Zoubabela Louis (décr. n° 96-154 du 5 avril 1996 portant nomination à la Cour suprême), Bouka Henri (décr. n° 98-63 du 23 février 1998 portant nomination du vice-président et des présidents des chambres de la Cour suprême du Congo).

- **Présidents de chambres** : président de la 3ème chambre civile : M. Ndayi Thadée. D'autres magistrats avaient, avant 2018, exercé les fonctions de président de la chambre civile : Tchibinda-Kouangou Jean François (décr. n° 96-154 du 5 avril 1996 portant nomination à la Cour suprême), Koumou Pascal (décr. n° 98-63 du 23 février 1998 portant nomination du vice-président et des présidents des chambres de la Cour suprême du Congo).

- **Président de la chambre administrative** : Mbon Albert. Certains magistrats avaient, avant lui, occupé les fonctions de président de la chambre administrative de la Cour suprême : Elenga Ngaporo née Sambo Julienne, Iloki Auguste (décr. n° 98-63 du 23 février 1998 portant nomination du vice-président et des présidents des chambres de la Cour suprême du Congo) qui avait pris ses fonctions le 3 mars 1998 suivant note de prise de service n° 032 du 5 mars 1998.

- **Président de la chambre pénale** : Ngalebayi Jean. Les magistrats ci-après ont, auparavant, exercé les fonctions de président de la chambre pénale : Mampouya Gilbert (décr. n° 96-154 du 5 avril 1996 portant nomination à la Cour suprême), Mbika Jean Pierre (décr. n° 98-63 du 23 février 1998 portant nomination du vice-président et des présidents des chambres de la Cour suprême du Congo).

- **Président de la chambre commerciale** : Loemba André Charles. Avaient occupé, avant lui, les fonctions de président de la chambre commerciale : Mabele Gamboumba (décr. n° 96-154 du 5 avril 1996 portant nomination à la Cour suprême), Ondze Victor (décr. n° 98-63 du 23 février 1998 portant nomination du vice-président et des présidents des chambres de la Cour suprême du Congo).

- **Président de la chambre sociale** : Koumba Mbaki Hélène. Les magistrats suivants avaient, avant 2018, exercé les fonctions de président de la chambre sociale : Mongo Antchouin Jean (décr. n° 96-154 du 5 avril 1996 portant nomination à la Cour suprême), Samory Jean Bernard (décr. n° 98-63 du 23 février 1998 portant nomination du vice-président et des présidents des chambres de la Cour suprême du Congo).

- **Quinze juges** étaient nommés, à la Cour suprême : Mmes, MM. Malanda Pierre Julien Ausonne ; Elenga Norbert, Pambou Antoine Michaëls César, Mouckogoh Florent, Mbemba Gabin Félix, Oko Albert, Yobo Dieudonné, Mavoungou Yolande Epouse Gami, Ntsika Christine Epouse Mayanda, Manota Justin, Batchi Jean De Dieu, Mokoko Lucienne, Soukou Jean Romain, Mavoungou Jérôme Patrick, Nounguini Roger.

Étaient, avant 2018, nommés juges à la Cour suprême : Ondzié Victor (décr. n° 86-537 du 21 avril 1986 portant nomination des magistrats du service public judiciaire), Iloki Auguste (décr. n° 92-543 du 17 août 1992 portant nomination d'un magistrat à la Cour suprême) qui prit ses fonctions le 29 août 1992 suivant note de prise de service du premier président de Cour suprême de la République du Congo n° 395 du 1er septembre 1992.

Parag. 2 – La nomination au parquet général

174 - Nomination des magistrats par décret en 2018, nomination des magistrats du parquet général près la Cour suprême. Etaient nommés au parquet général près la Cour suprême par décret n° 2018-102 du 14 mars 2018 portant nomination des magistrats à la Cour suprême, les magistrats ci-après :

- **Procureur général** : Gilbert Mouyabi. Celui-ci était, auparavant, nommé à la Cour suprême en qualité de juge suivant décret n° 2004-69 du 06 avril 2004 portant nomination de magistrats à la Cour suprême.

Les fonctions de procureur général près la Cour suprême furent, avant 2018, exercées par les magistrats ci-après : Pouabou Joseph (décr. n° 62-91 du 6 avril 1962 portant nomination du procureur général près la Cour suprême du Congo), Mathieu, précédemment procureur général près la cour d'appel de Brazzaville. Il était nommé procureur général près la Cour suprême cumulativement avec ses fonctions de procureur général près la Cour d'appel, Ganga Zandzou Jean, Gabou Alexis (décr. n° 79-455 du 9 août 1979 portant nomination des magistrats), Lenga Placide (décr. n° 86-537 du 21 avril 1986 portant nomination des magistrats du service public judiciaire), en remplacement de Gabou Alexis, Mongo Antchouin Jean : Entcha-Ebia ; Akiera Georges.

- **Premier Avocat général** : Etoto-Ebakassa Albert. Avaient, avant lui, occupé ces fonctions les magistrats suivants : Akiera-Mouandzibi (décr. n° 98-64 du 23 février 1998 portant nomination du 1er avocat général et des avocats généraux près la Cour suprême), Mvouo Michel (décr. n° 2004-68 du 06 avril 2004 portant nomination de magistrats au parquet général de la Cour suprême, Bati Benoît (décr. n° 96-154 du 5 avril 1996 portant nomination à la Cour suprême).

- **Deuxième avocat général** : Gatabantou Samuel (décr. n° 90-268 du 8 juin 1990 portant nomination de magistrats) ;

- **Avocats généraux** : Essamy Ngatse ; Ossibi Albert, Goulou Narcisse, Mbitsi Théophile, M'viboudoulou William Simon.

Ils étaient précédés, dans l'exercice de ces fonctions, par d'autres avocats généraux tels que : Ndayi Thadée (décr. n° 98-64 du 23 février 1998 portant nomination du 1er avocat général et des avocats généraux près la Cour suprême), Mvouo Michel (décr. n° 98-64 du 23 février 1998 portant nomination du 1er avocat général et des avocats généraux près la Cour suprême), Iloki Auguste (décr. n° 96-154 du 5 avril 1996 portant nomination à la Cour suprême), Mouteke Robert (décr. n° 96-154 du 5 avril 1996 portant nomination à la Cour suprême) ;

- **Substitut général** : M. Mabele Gabouma (décr. n° 90-268 du 8 juin 1990 portant nomination de magistrats) ;

MM. Henri Bouka et Gilbert Mouyabi, nommés respectivement premier président de la Cour suprême et procureur général près la Cour suprême (décr. n° 2018-102 du 14 mars 2018 portant nomination des magistrats à la Cour suprême), étaient installés chacun dans ses nouvelles fonctions le 28 mars 2018 au cours d'une audience solennelle.

Section 2 – La nomination aux cours d'appel

175 - Conseil supérieur de la magistrature, nomination des magistrats aux cours d'appel en 2018. Suivant décret n° 2018-103 du 14 mars 2018 portant nomination des magistrats dans les cours d'appel (cf. JORC n° 13-2018 du jeudi 29 mars 2018, p. 417), des magistrats furent nommés aux cours d'appel de Brazzaville (§. 1),

Pointe-Noire (§. 2), Dolisie (§. 3), Owando (§. 4) et Ouesso (§. 5) à différentes fonctions.

Parag. 1 – La nomination à la CA de Brazzaville

176 - Conseil supérieur de la magistrature, nomination des magistrats à la Cour d'appel de Brazzaville en 2018. La nomination des magistrats concernait autant les magistrats du siège (A) que ceux du parquet (B).

A - Nomination des magistrats au siège

Furent nommés, au siège de la cour d'appel de Brazzaville, en 2018, les magistrats suivants :

- **Président** : Oba Christian. Il succédait à lui-même, à ce poste, car il avait été nommé président de la Cour d'appel de Brazzaville suivant décret n° 2014-237 du 21 mai 2014 portant nomination de magistrats dans les juridictions nationales.

L'avaient précédé, dans l'exercice des fonctions de président de la Cour d'appel de Brazzaville, les magistrats suivants : Boyer Charles (décr. n° 62-8 du 18 janvier 1962 portant nomination de Monsieur Boyer Charles aux fonctions de président de la Cour d'appel de Brazzaville). Il était nommé en conseil des ministres sur proposition du garde des sceaux, ministre de la Justice, suivant lettre n° 1714 du 12 février 1962 ; Emmanuelli René, en remplacement de monsieur Boyer Charles (décr. n° 62-66 du 12 mars 1962 portant nomination du président de la cour d'appel, J. O de la République du Congo, 1er avril 1962, p. 288) ; Gabou Alexis, magistrat de 2ème grade, 2ème groupe, licencié en droit et ayant suivi les cours du centre national d'études judiciaires (décr. n° 66-184 du 27 mai 1966 portant nomination du président de la Cour d'appel de Brazzaville, J. O de la République du Congo, 15 juin 1966, p. 380) ; Adouki Lambert, Ouetiningue Dorothée (décr. n° 91-918 du 3 décembre 1991 portant nomination de magistrats dans les cours d'appel, en tête Gatse Jean-Baptiste), Apesse Charles Émile (décr. n° 2001-252 du 26 mai 2001 portant nomination de magistrats à la Cour d'appel de Brazzaville).

- **Vice-président** : Akondo Ossengue. D'autres magistrats avaient, auparavant, occupé les fonctions de vice-président de la Cour d'appel de Brazzaville. Il s'agit en l'occurrence de : Miyoulou Raphaël (décr. n° 83-1192 du 29 décembre 1983 portant nomination de magistrats), Mouyabi Gilbert (décr. n° 91-918 du 3 décembre 1991 portant nomination de magistrats dans les cours d'appel, en tête Gatse Jean-Baptiste).

- **Présidents de chambres** : président de la 2ème chambre civile : Kemoko Gabriel ; président de la Cour criminelle : Ganzino Ngounga Cyprien. L'avaient précédé, dans l'exercice des fonctions de président de la Cour criminelle, les magistrats ci-après : Massengo Prosper (décr. n° 91-918 du 3 décembre 1991 portant nomination de magistrats à la cour d'appel de Brazzaville), Panghoud Christophe (décr. n° 2002-188 du 24 avril 2002 mai 2001 portant nomination des magistrats au tribunal de grande instance de Brazzaville), Bayi Mathurin (décr. n° 99-125 du 2 juillet 1999 portant nomination de magistrats à la cour d'appel de Brazzaville) ; président de la chambre administrative : Ikolo Guy Alain ; président de la 2ème chambre correctionnelle : Goma Maniongui Christine. Fut, précédemment, nommée aux mêmes fonctions de président de la 2ème chambre correctionnelle, Mme Mokoko Lucienne Virginie (décr. n° 99-125 du 2 juillet 1999 portant nomination de magistrats à la cour d'appel de Brazzaville) ; président de la chambre d'accusation : Itsa Roger. Le poste de président de la chambre d'accusation fut occupé, précédemment, par Mme Koumba Hélène (décr. n° 2002-188 du 24 avril 2002 portant nomination de magistrats à la cour d'appel de Brazzaville) ; président de la chambre sociale : Boukaka Dominique. Avait été nommé, précédemment, à ce poste, le magistrat Mbon Albert (décr. n° 99-125 du 2 juillet 1999 portant nomination de magistrats à la cour d'appel de Brazzaville) ; président de la 3ème chambre civile : Nsonde Léonard ; président de la 4ème chambre civile : Elangui Séraphin ; président de la chambre commerciale : Babela Guy Christophe Bienvenu. Les fonctions de président de la chambre commerciale furent, auparavant, assumées, par d'Almeida Mele Flora (décr. n° 99-125 du 2 Juillet 1999 portant nomination de magistrats à la cour d'appel de Brazzaville) ;

- **Conseillers :** Trente conseillers à la Cour d'appel de Brazzaville, ci-dessous désignés, furent nommés par décret n° 2018-103 du 14 mars 2018 portant nomination des magistrats dans les cours d'appel : Basongisa Moundaya Amelin Chrystel Norphely, Bayimissa Julienne, Bindikou Ryssie Meng, Biniakounou Célestin, Biyouri Jacques, Boukaka Dieudonné, Etou Mban Imba Sylver, Filankembo Dorianne Christelle, Gampika Marcelle, Goma Roland Romaric, Ikobo Tombo Germaine, Koubounga Sylvie, Epouse Mantari,

Kouessali Jean Claude, Mabondzo Bénédicte Eléonore, Masamba Raphaël, Mavoungou Souami Jean Baptiste, Mavoungou Taty Jean Paul, Mbemba Laurena Roxane Ruth, Miendoudi François, Milandou Désiré ; Missilou Bernard, Mizele Estelle Nadège, Nkonimbe Ngala Louisy Philonvie, Ntounta Mambou Norcely Honey, Nzikou Sabine, épouse Sola, Omana Ingoba Espruzzi Bechylleam, épouse Ondele Dzalala, Ondzie Ngoualoki Nathalie, Ontsira Nkounkou Carmen Novie, Pembe Charles, Taty Bayonne Saul de Tarse.

Il convient d'indiquer que les fonctions de conseiller à la Cour d'appel de Brazzaville furent, précédemment, exercées au sein de cette juridiction, depuis l'indépendance de la République du Congo, par les magistrats suivants : Boyer Charles (décr. n° 62-104 du 16 avril 1962 portant nomination aux fonctions de conseiller à la cour d'appel). Cette nomination d'un magistrat français dans les fonctions de conseiller à la cour d'appel de Brazzaville alors que la République du Congo est, évidemment, indépendante depuis le 15 août 1960, était justifiée par la double application de la convention franco-congolaise du 23 juillet 1959 et ses annexes relatives à l'utilisation du personnel relevant de la fonction publique métropolitaine par la République du Congo et de la convention judiciaire franco-congolaise du 25 juillet 1959, Bigemi François (décr. n° 74-371 du 8 octobre 1974 portant nomination et affectation des magistrats), Miyoulou Raphaël (décr. n° 77-281 du 23 mai 1977 portant nomination et affectation des magistrats), Zoubabela Louis (décr. n° 77-281 du 23 mai 1977 portant nomination et affectation des magistrats), Mambou née Pembellot Agathe (décr. n° 77-281 du 23 mai 1977 portant nomination et affectation des magistrats), Sombo Léon (décr. n° 83-1192 du 29 décembre 1983 portant nomination de magistrats), Ouetiningue née Mambani Dorothée (décr. n° 83-1192 du 29 décembre 1983 portant nomination de magistrats), Mouteke Robert (décr. n° 83-1192 du 29 décembre 1983 portant nomination de magistrats), Ognimba Amédé (décr. n° 84-852 bis du 7 août 1984 portant nomination de magistrats), Massengo Prosper (décr. n° 90-268 du 8 juin 1990 portant nomination de magistrats), Dalmeida Mele Flora (décr. n° 90-268 du 8 juin 1990 portant nomination de magistrats), Ntouadi Packa Benoît (décr. n° 90-268 du 8 juin 1990 portant nomination de magistrats), Linvani Elie (décr. n° 90-268 du 8 juin 1990 portant nomination de magistrats), Koumou Pascal (décr. n° 90-268 du 8 juin 1990 portant nomination de magistrats), Kouloungou Delphin (décr. n° 90-268 du 8 juin 1990 portant nomination de magistrats).

B - Nomination au parquet général

- **Procureur général** : Oniangue Michel. D'autres magistrats avaient, précédemment, exercé les fonctions de procureur général près la Cour d'appel de Brazzaville, tels Lenga Placide (décr. n° 79-455 du 9 août 1979 portant nomination de magistrats), précédemment avocat général près la cour d'appel, en remplacement de Monsieur Mouele André, Kimbembe Yvonne (décr. n° 91-918 du 3 décembre 1991 portant nomination de magistrats près les cours d'appel, en tête Gatse Jean-Baptiste), Robert Armand Bemba (décr. n° 2001-252 du 26 mai 2001 portant nomination de magistrats à la cour d'appel de Brazzaville).
- **Avocat général :** Koulangou Ferdinand. Étaient précédemment, nommés au poste d'avocat général près la cour d'appel de Brazzaville, les magistrats ci-après : Mouele André, Lenga Placide, Mongo-Antchouin Jean (décr. n° 79-455 du 9 août 1979 portant nomination de magistrats), précédemment substitut général près la cour d'appel, en remplacement de Lenga Placide, Lipou née Massala Albertine (décr. n° 90-268 du 8 juin 1990 portant nomination de magistrats), Ndaye Thadée (décr. n° 91-918 du 3 décembre 1991 portant nomination de magistrats dans les cours d'appel, en tête Gatse Jean-Baptiste), Eleka Placide, magistrat militaire (décr. n° 99-125 du 2 juillet 1999 portant nomination de magistrats à la cour d'appel de Brazzaville).
- **Substituts généraux** : Nzaba Pierre, Elenga Dieudonné, Loemba Etienne, Nzoulani Koumbou Serge, Mouanda Massende José Bosco, Zimbikissa Françoise.

Les magistrats suivants étaient, auparavant, nommés en qualité de substituts généraux près la cour d'appel de Brazzaville : Perceval Michel, en remplacement de Simoni nommé directeur des services centraux du ministère de la justice à Brazzaville (décr. n° 62-77 du 19 mars 1962 portant nomination de magistrats, J. O de la République du Congo, 1er avril 1962, p. 289), Mongo-Antchouin Jean (décr. n° 77-280 du 23 décembre 1977 portant nomination et affectation des magistrats), Okoko Ekaba Dieudonné (décr. n° 77-280 du 23 décembre 1977 portant nomination et affectation des magistrats), Ndayi Thadée (décr. n° 90-268 du 8 juin 1990 portant nomination de magistrats), Bati Benoît (décr. n° 90-268 du 8 juin 1990 portant nomination de magistrats), Nzoala Patrice (décr. n° 90-268 du 8 juin 1990 portant nomination de magistrats), Nkounkou née

Silou Françoise Valentine Rose (décr. n° 90-268 du 8 juin 1990 portant nomination de magistrats).

Parag. 2 - La nomination à la CA de Pointe-Noire

177 - Conseil supérieur de la magistrature, nomination des magistrats à la cour d'appel de Pointe-Noire en 2018. Y avaient été nommés les magistrats du siège (A) et du parquet (B).

A - La nomination des magistrats au siège

- **Président** : Mouandza Sylvie, épouse Tchignoumba. Le poste de président de la cour d'appel de Pointe-Noire fut occupé, précédemment, par les magistrats ci-dessous nommés : Kocani Germain (décr. n° 83-1192 du 29 décembre 1983 portant nomination de magistrats). La loi n° 53-83 du 21 avril 1983 portant réorganisation de la justice en République du Congo ayant créé les tribunaux populaires, à la cour d'appel de Pointe-Noire s'était substitué le tribunal populaire de région du Kouilou. Les magistrats suivants furent nommés en qualité de président du tribunal populaire de région du Kouilou : Akiera Georges, en remplacement de Ballard Henri (décr. n° 90-268 du 8 juin 1990 portant nomination de magistrats), Makaya-Bouanga Auguste (décr. n° 91-918 du 3 décembre 1991 portant nomination de magistrats près les cours d'appel, en tête Gatse Jean-Baptiste), Pambou Antoine Michaëls César, Andzilando David (décr. n° 2009-150 du 13 mai 2009 portant nomination de magistrats dans les juridictions nationales), Ballard Henri, Elenga Ferdinand (décr. n° 98-70 du 23 février 1998 portant nomination des magistrats de la cour d'appel de Pointe-Noire).
- **Vice-président** : Okombi André. Fut, précédemment, promue au poste de vice-président de la cour d'appel de Pointe-Noire, Mme Yoba-Djembo (décr. n° 98-70 du 23 février 1998 portant nomination des magistrats de la cour d'appel de Pointe-Noire).
- **Présidents de chambres** : président de la 2ème chambre civile : Ngoua Gabriel. Avait exercé, auparavant, les fonctions de président de la 2ème chambre civile de la cour d'appel de Pointe-Noire le magistrat Boutsana Grégoire (décr. n° 98-70 du 23 février 1998 portant nomination des magistrats de la cour d'appel de Pointe-Noire) ; président de la Cour criminelle : Bouity Jean Didier. Le magistrat Youkou Hilaire l'avait précédé au poste de président de la Cour

criminelle (décr. n° 98-70 du 23 février 1998 portant nomination des magistrats de la cour d'appel de Pointe-Noire) ; président de la 2ème chambre correctionnelle : Toutissa Jean Claude.

Avait été précédemment nommé aux fonctions de président de la 2ème chambre correctionnelle, Mokoko Lucienne Virginie (décr. n° 98-70 du 23 février 1998 portant nomination des magistrats de la cour d'appel de Pointe-Noire) ; président de la chambre d'accusation : Mobongo Paul Maxime. Les fonctions de président de la chambre d'accusation furent, auparavant, exercées par le magistrat Malanda Pierre Auzonne (décr. n° 98-70 du 23 février 1998 portant nomination des magistrats de la cour d'appel de Pointe-Noire) ; président de la chambre commerciale : Ngoulou Lié Maixent ; président de la chambre sociale : Kitoko Ngoma Emmanuel. Les magistrats suivants furent promus, auparavant, au poste de président de la chambre sociale : Loemba André Charles (décr. n° 98-70 du 23 février 1998 portant nomination des magistrats de la cour d'appel de Pointe-Noire), Jean-de Dieu Batchy (décr. n° 2002-189 du 24 avril 2002 portant nomination de magistrats) ; président de la 3ème chambre correctionnelle : Djimbi Simouna ; président de la chambre administrative : Mantissa Catherine.

- **Conseillers** : Etaient nommés, en cette qualité, à la Cour d'appel de Pointe-Noire, en 2018, les magistrats Abia Henri Faustin, Bikindou Gérard, Bitoumbou Jean Louis, Bokouango Rolien, Boliban Audrey Serge, Bouka Maurice, Gouampaka Gaston, Itoua Privat Roméo, Loemba André, Mabiala Mienakoutima, Makaya Jean-Paul, Malonga Elisabeth Noëlle, Mbengou Patrick Raymond, Mbon Brice Rhodes, Miakassissa Bertrand Georgaly, Monkesa Judicaël, Ngakala Mouelley Hurcella, Nzoussi Ferdinand, Obambi Fidèle Juvet, Pouo Moutsouka, Samba Anicet, Mavoungou Joseph.

Avaient exercé, précédemment, les fonctions de juge du siège, équivalant aux conseillers, au tribunal populaire de région du Kouilou les magistrats ci-après : Gomis Christine (décr. n° 90-268 du 8 juin 1990 portant nomination de magistrats), Kaya Ngolo Mesaac (décr. n° 90-268 du 8 juin 1990 portant nomination de magistrats), Ballard Henri (décr. n° 83-1192 du 29 décembre 1983 portant nomination de magistrats), Linvani Elie (décr. n° 83-1192 du 29 décembre 1983 portant nomination de magistrats), Bahoumina Georges (décr. n° 83-1192 du 29 décembre 1983 portant nomination de magistrats), Matingou Michel-Marie (décr. n° 83-1192 du 29 décembre 1983 portant nomination de magistrats).

B - La nomination au parquet général

- **Procureur général.** Le magistrat Nkoukouli Norbert, auparavant nommé au même poste par décret n° 2014-237 du 21 mai 2014 portant nomination de magistrats dans les juridictions nationales, fut, de nouveau, nommé procureur général près la cour d'appel de Pointe-Noire, en 2018.

D'autres magistrats avaient exercé, précédemment, les fonctions de procureur général près la Cour d'appel de Pointe-Noire. Parmi eux figurent les magistrats suivants : Akiera Georges (décr. n° 91-918 du 3 décembre 1991 portant nomination de magistrats dans les cours d'appel, en tête, Gatse Jean-Baptiste), Milandou-Kanza Jocelyne (décr. n° 98-70 du 23 février 1998 portant nomination des magistrats de la cour d'appel de Pointe-Noire), Oba Christian (décr. n° 2009-150 du 13 mai 2009 portant nomination de magistrats dans les juridictions nationales).

Au moment de la mise en place des tribunaux populaires de région (TPR), le magistrat Soumbou-Tchikaya Georges avait exercé les fonctions de procureur général près le tribunal populaire de région du Kouilou (décr. n° 86-537 du 21 avril 1986 portant nomination des magistrats du service public judiciaire), en remplacement du magistrat Bouka Henri).

- **Avocat Général** : Mankou Joseph. D'autres magistrats avaient, précédemment, exercé les fonctions d'avocat général près la cour d'appel de Pointe-Noire, tels Pini-Talantsi (décr. n° 90-268 du 8 juin 1990 portant nomination de magistrats), Apesse Charles Émile (décr. n° 98-70 du 23 février 1998 portant nomination des magistrats de la cour d'appel de Pointe-Noire), Gomis Christine (décr. n° 91-918 du 3 décembre 1991 portant nomination de magistrats dans les cours d'appel, en tête Gatse Jean-Baptiste), Prosper Massengo (décr. n° 2002-189 du 24 avril 2002 portant nomination de magistrats à la cour d'appel de Pointe-Noire).

A occupé, précédemment, les fonctions d'avocat général près le tribunal populaire de région du Kouilou le magistrat Mouandzibi-Akiera Georges (décr. n° 86-537 du 21 avril 1986 portant nomination des magistrats du service public judiciaire), en remplacement de Soumbou-Tchikaya Georges.

- **Substituts généraux**. A la Cour d'appel de Pointe-Noire furent nommés, en 2018, en qualité de substituts généraux, les magistrats Mouanda Ernest, Mankita Clément, Diambonga Brigitte.

Parag. 3 – La nomination à la CA de Dolisie

178 - Conseil supérieur de la magistrature, nomination des magistrats à la Cour d'appel de Dolisie en 2018. Les magistrats du siège (A) et du parquet général près la Cour d'appel de Dolisie (B) étaient, ainsi, nommés.

A - La nomination des magistrats au siège

- **Président** : Taty Pascal. Les magistrats suivants étaient, auparavant, promus dans l'exercice des fonctions de président de la cour d'appel de Dolisie : Mouckogoh Florent (décr. n° 2009-150 du 13 mai 2009 portant nomination de magistrats dans les juridictions nationales) ; Gomis Christine (décr. n° 98-72 du 23 février 1998 portant nomination des magistrats de la cour d'appel de Dolisie).
- **Vice-président** : Ngouadi Anselme. Le poste de vice-président de la cour d'appel de Dolisie fut, précédemment, occupé par le magistrat Essamy Ngatse (décr. n° 98-72 du 23 février 1998 portant nomination des magistrats de la cour d'appel de Dolisie) ;
- **Président de la Cour criminelle** : Yenguitta Nanitelamio Rosine. Avait, auparavant, également, occupé le poste de président de la Cour criminelle de Dolisie le magistrat Makele-Foukou (décr. n° 98-72 du 23 février 1998 portant nomination des magistrats de la cour d'appel de Dolisie) ;
- **Président de la chambre d'accusation** : Mpimi Mbanga Albert. Les fonctions de président de la chambre d'accusation de la Cour d'appel de Dolisie étaient, précédemment, exercées par le magistrat Alingui-Ngassaki (décr. n° 98-72 du 23 février 1998 portant nomination des magistrats de la cour d'appel de Dolisie).
- **Conseillers** : Mangofo Maboma Basile, Moukla Roger, Mankondi Jean Jacques, Mazouvi Frédéric, Bikoumou Jean Claude, Boukaka Ninamio Brice, Kamba Bobouba Ghislain, Koubelo Rare Charles Clotaire.

B - La nomination des magistrats au parquet général

- **Procureur général** : Kokolo Ange Gabriel, remplaçant monsieur Mbemba Gabin nommé par le décr. n° 2009-150 du 13 mai 2009 portant nomination de magistrats dans les juridictions nationales.
- **Avocat général** : Nko Pierre ;

- **Substitut général** : Ngantso Firmin.

Parag. 4 – La nomination des magistrats à la CA d'Owando

179 - Conseil supérieur de la magistrature, nomination des magistrats à la Cour d'appel d'Owando en 2018. Le siège (A) et le parquet (B) de la cour d'appel d'Owando comportaient les magistrats ci-après nommés.

A - La nomination des magistrats au siège

Avaient été nommés les magistrats ci-dessous en qualité de :

- **Président** : Moulongo Jean Marie.

Les fonctions de président de la Cour d'appel d'Owando furent, précédemment, exercées par Kamango André (décr. n° 83-1192 du 29 décembre 1983 portant nomination de magistrats), Youkou Hilaire, en remplacement de Kamango André (décr. n° 90-268 du 8 juin 1990 portant nomination de magistrats), Gatse Jean-Baptiste (décr. n° 91-918 du 3 décembre 1991 portant nomination de magistrats près les cours d'appel, en tête Gatse Jean-Baptiste), Mahoungou Ngouakou Victor (décr. n° 2004-72 du 06 avril 2004 portant nomination de magistrats à la Cour d'appel de Owando), Taty Pascal (décr. n° 2014-237 du 21 mai 2014 portant nomination de magistrats dans les juridictions nationales).

- **Vice-président** : Moutou Marcel ;
- **Président de la chambre d'accusation** : Moundele Faustin.
- **Conseillers** : Kididimpoua Patrice Nestor, Massamba Alain, Matsimouna Jean Pierre, Mondzenga Albert, Openga Gilbert, Banzouzi Michel (décr. n° 83-1192 du 29 décembre 1983 portant nomination de magistrats), Boutsana Grégoire (décr. n° 83-1192 du 29 décembre 1983 portant nomination de magistrats), Makele Foukou (décr. n° 90-268 du 8 juin 1990 portant nomination de magistrats).

B - La nomination des magistrats au parquet général

- **Procureur général** : Eyangue Edmond. Furent, précédemment, nommés à ce poste : Mbon Albert (décr. n° 91-918 du 3 décembre 1991 portant nomination de magistrats près les cours d'appel, en tête : Gatse Jean-Baptiste), Nkounkouli Norbert (décr. n° 2004-72 du 06 avril 2004 portant nomination de magistrats à la

Cour d'appel de Owando), Taty Pascal (décr. n° 2013-194 du 17 mai 2013 portant nomination de magistrats dans les juridictions nationales).

- **Avocat général** : Kinouani Hervé. Avaient occupé ce poste, précédemment, Andzilando David, cumulativement avec les fonctions de procureur de la République près le tribunal populaire de district d'Owando (décr. n° 90-268 du 8 juin 1990 portant nomination de magistrats), Mabiala Jean-Michel Aimé (décr. n° 91-918 du 3 décembre 1991 portant nomination de magistrats dans les cours d'appel, en tête Gatse Jean-Baptiste).

- **Substituts généraux** : Peya Herman, Ngoya Ikamba Francis, Kanga Symphorien.

Parag. 5 – La nomination des magistrats à la CA d'Ouesso

180 - Conseil supérieur de la magistrature, nomination des magistrats à la Cour d'appel d'Ouesso en 2018. Au siège (A) et au parquet (B) de la cour d'appel d'Ouesso, furent nommés, en Conseil supérieur de la magistrature, les magistrats dont les noms et prénoms suivent.

A - La nomination des magistrats au siège

- **Président** : Bouka Rufin. Avait occupé, précédemment, ce poste M. Babéla Bienvenu qui était nommé premier président de cette juridiction suivant décret n° 2009-150 du 13 mai 2009 portant nomination de magistrats dans les juridictions nationales. Le magistrat Bouka Rufin occupait, en ce moment, les fonctions de procureur général selon le décret n° 2009-150 du 13 mai 2009 précité.
- **Vice-président** : Gnoni Henri ;
- **Président de la Cour criminelle** : Sala Barnabé ;
- **Président de la Chambre d'accusation** : Gombe Armando Félix ;
- **Conseillers** : Gniambi Honoré, Louboungou Félicien Pierre, Ntari Clément, Mileme Mbama Boris vianney.

B – La nomination des magistrats au parquet général

- **Procureur général** : Sondou Nazaire Jonathan ;
- **Avocat général** : Mavoungou Fayette ;

- **Substituts généraux** : Mbedi Faustin, Itoua Lawaya Amouriche Zodiac.

181 - Conseil supérieur de la magistrature, sort des magistrats non mutés ou non remplacés. Il était indiqué que les magistrats non mutés ou non remplacés devaient se considérer comme étant confirmés dans leurs fonctions (art. 2 décr. n° 2018-103 du 14 mars 2018 portant nomination des magistrats dans les cours d'appel).

Section 3 – La nomination des magistrats aux TGI

182 - Conseil supérieur de la magistrature, nomination des magistrats aux tribunaux de grande instance en 2018. Les nominations des magistrats dans les tribunaux de grande instance, qui sont issus des tribunaux populaires de district ou d'arrondissement créés par la loi n° 53-83 du 21 avril 1983 portant réorganisation de la justice résultent, principalement, du décret n° 2018-104 du 14 mars 2018 portant nomination des magistrats dans les tribunaux de grande instance (cf. JORC n° 13-2018 du jeudi 29 mars 2018, p. 418).

Il convient de préciser que les nominations des magistrats, antérieures audit décret voient leurs sources être indiquées au moyen des textes réglementaires y afférents. Ces nominations avaient eu lieu aux tribunaux de grande instance de Brazzaville (§. 1), Pointe-Noire (§. 2), Dolisie (§. 3), Owando (§. 4), Ouesso (§. 5), Oyo (§. 6), Mossaka (§. 7), Sibiti (§. 8), Madingou (9), Bamboma (§. 10), Impfondo (§. 11), Kinkala (§. 12), Ewo (§. 13), Kindamba (§. 14), Mouyondzi (§. 15), Mossendjo (§. 16) et Djambala (§. 17).

Parag. 1 – La nomination au TGI de Brazzaville

La nomination des magistrats du siège du tribunal de grande instance intègre celle du président de cette juridiction, du ou des vice-présidents selon l'importance de la juridiction, des présidents des chambres civiles, des chambres correctionnelles, des juges chargés du service des chambres, du président du tribunal pour enfants, des magistrats composant les cabinets d'instruction comportant le doyen des juges d'instruction (s'il y a plusieurs cabinets d'instruction) et les juges d'instruction.

Il est prévu qu'à défaut de juges pour la composition régulière des audiences, le président du tribunal de grande instance fait appel, par ordonnance, afin de compléter les chambres, les présidents des tribunaux d'instance ou ceux des tribunaux du travail (art. 74, al. premier, L. n° 022-92 du 20 août 1992 portant organisation du pouvoir judiciaire en République du Congo).

Le tribunal de grande instance comprend, également, les magistrats du ministère public (procureur de la République, procureur de la République adjoint, substitut du procureur de la République) nommés par décret du président de la République sur proposition du Conseil supérieur de la magistrature.

Appartenant au siège (A) ou au parquet (B), les magistrats étaient nommés, en 2018, aux tribunaux de grande instance, ainsi qu'il suit.

A - Nomination au siège du TGI de Brazzaville

- **Président** : Opo Alain Michel. Avaient occupé ce poste, avant lui, les magistrats ci-après : Mampouya Gilbert (décr. n° 77-281 du 23 mai 1977 portant nomination et affectation des magistrats), Mbon Albert (décr. n° 2001-256 du 26 mai 2001 portant nomination des magistrats au tribunal de grande instance de Brazzaville), Bayi Mathurin (décr. n° 2009-150 du 13 mai 2009 portant nomination de magistrats dans les juridictions nationales), Ngoka Lambert (décr. n° 91-917 du 3 décembre 1991 portant nomination de magistrats dans les tribunaux de grande instance, en tête : Kibi Ignace), Dalmeida Flora (décr. n° 98-67 du 23 février 1998 portant nomination des magistrats au tribunal de grande instance de Brazzaville).

- **Vice-président** : Embenga Valerien. Ces fonctions étaient, précédemment, exercées par les magistrats : Gabou Alexis (décr. n° 63-266 du 13 août 1963 portant affectation et détachement des magistrats), Yoka Aimé-Emmanuel (décr. n° 74-371 du 8 octobre 1974 portant nomination et affectation des magistrats), Touby-Ecko Edouard (arr. n° 3815 du 21 avril 1986 portant nomination des magistrats du service public judiciaire de la République populaire du Congo), en remplacement de Mabounda-Mangandza Jean-Marie, Elenga Emmanuel, en remplacement de Touby-Ecko Edouard, admis à faire valoir ses droits à la retraite (arr. n° 5647 du 16 novembre 1987 portant nomination des magistrats du service public judiciaire, Alingui Ngassaki (décr. n° 91-917 du 3 décembre 1991 portant nomination de magistrats dans les tribunaux de grande instance, en tête : Kibi Ignace), Ossombi Odilon (décr. n° 98-67 du 23 février 1998 portant nomination des magistrats au tribunal de grande instance de

Brazzaville), Oba Christian (décr. n° 2001-256 du 26 mai 2001 portant nomination des magistrats au tribunal de grande instance de Brazzaville).

- **Président de chambres** : président de la 2ème chambre civile : Nkoua Emma Aline. Étaient, précédemment, nommés à ce poste : Tele-Gambia Anselme (décr. n° 98-67 du 23 février 1998 portant nomination des magistrats au tribunal de grande instance de Brazzaville), Massamba Raphaël (décr. n° 2001-256 du 26 mai 2001 portant nomination des magistrats au tribunal de grande instance de Brazzaville) ; président de la 2ème chambre correctionnelle : Ngouloubi Jérôme. Avaient, auparavant, occupé ce poste : Kibongui Martine (décr. n° 98-67 du 23 février 1998 portant nomination des magistrats au tribunal de grande instance de Brazzaville), Ngoma Maniongui Christine (décr. n° 2001-256 du 26 mai 2001 portant nomination des magistrats au tribunal de grande instance de Brazzaville) ; président de la 3ème chambre civile : Melion Luc ; président de la 3ème chambre correctionnelle : Ibara Ibombo Dann 2. Etait, précédemment, nommé à ce poste, Elenga Norbert (décr. n° 98-67 du 23 février 1998 portant nomination des magistrats au tribunal de grande instance de Brazzaville) ; président de la 4ème chambre civile : Ongale Okoumou Dimitri Firmin ; président de la 4ème chambre correctionnelle : Moufouta Henri Noël ; président de la 5ème chambre civile : Vendze Igor Placide ; président de la 5ème chambre correctionnelle : Diebe Marianne ; président de la 6ème chambre civile : Bassenga Fiellot Tov Fresny ; président de la 6ème chambre correctionnelle : Tsoumou Fall Edgar Michel.

- **Juges** : Abia Ombondzo Henri Lauric, Akery- Ntondele Ingrid Jennifer, Akondo Jaime Guillot Chavelie, Ambili Mvouma Ghislain Florien, Angognat Ngakosso Fransca Duvall, Appesse Gloria Emeraude Stacey, Batota Dieusaint Colomb Larianne, Bayissa Auriane Johanel, épouse Mahouono, Biyoudi Kitoko Laure Gloire, Bondongo Beylhond Régis, Boungou Mouila Taffaric Vlady, Boussa Elenga Papy Elide, Boyama René Blaise, Diandaga Nina Roseline Narthalée, Dongo Roncia Herline, Dziono Sandrine Chrystelle, Eba-Elenga Creth, Ebandza Francis, Ebienga Ndinga Mavy Chaldyne Joliva, Ekoya Ulrich Venceslas, Elenga Aristide, Elenga Yoka Vannel, Elion Armano Beaubel Auffret, Essebo Ben Benguyd Fredh, Ewono Lise Grâce, Gambou Cynthia Olivière, épouse Etou Mban Imba, Gamboumba Moukengue Edwige Valérie, Gandou Francis, Gandzien Cyr Olivier, Gantsio Anaïse Pavelie, Gantsio Obignam

Ledon, Gnanga Apounou Rufin, Gokaba Onanga Pourou Sélia, Houele Mboyo Nadège Honorine, Iloki Engamba Valencia, Iloye Nyangha Yannick Marcel, Irangat Pedet Balzac, Itoua Igor Ulrich, Kama Evelyne Daria, Kasa-Kumba Paola Aurore Bienvenue, Kinkela Princesse Katuixia, épouse Kipolo Ngoma, Koubaka Berthe Lucette, Koulangou Akokou Ercilla Floride, Koumba Mackoul Habib, Lekouete Justin Raudé, Limesse Moboutou Boussassoua Aymar, Mabiala Makaya Emmy Darelle, épouse Mouho, Mabiald Reine Chrisca, Mabika Ndembi Sandrine, épouse Louvouezo, Mabounda Mangandza Chinalda Melissa, Mabounda-Ndombi Sandrine Colombe, Makoumbou Christe Yvernes, Manga Michaël Jaspère, Mangue Kengne Lorie, Manzekele Bokenga Girest Sadate, Massengo Louzolo Christie Bernicha, Massoussa Bireva Geosia Hermensia, Mayela Alida Natacha, Mbemba Talansi Chancelle Nuptia, Mbemba Vouala Ednève, Mberi Kelvy Jean Murphy, Mbossa Eboreba Bell Sigerist, Mboungou Geoffroy Fabrice, Mboungou Mayouma Benny Prescilia, Mindoudi Ntinou Mvoula Nadam Amélia Gracia, Mocko Rock Charly, Mokele Ekoungoula Prisca, Mombouli Enaise, Mondzenga Mitsengue Bienvenu Christella, Monekene Mbila Sandrine Alida, Morabandza Antoinette Inès, Moufouta Christian Noriel Rachid, Mounda Brady Mendhes, Moussoki Rosia Kelly, épouse Gallimoni, Mouyounga Ulrich, Mviboudoulou Lembe Willia Lysèle, Mvotto Praxcède, Mvoula Aleka Nice Marjolaine Cerise, Mvoutou Loukombo Divine, Ngambali Roïne Lesly, Ngandou Henri Bernard, Ngavouni Assagna Meline, Ngoka Lambert, Ngounga Lalys Roger, Nkouka Kipa Audrey Erica, Ntsiba Elenga Hervé, Nziembanou-Ndoundou Grâce Jelyde, Oba Mopossi Dave Presley, Ofele Onounou Francis, Okissakossy Abonayele Dina Dorelle Tetia, Oko-Kambi Rodhy, Okola Tertulais, Okolakia Okendze Roméo, Olandzobo Ntsieyi Assemy, Olouengue Tania Jeanne, Ombola Itoua Gervais Ferrol, Ompaba Ebienga Cilman Nelson, Ondele Dzalala Amboulou, Ondzie Dieudonné, Ontsira Omporo Dayelhi, Pandi-De-Mbou Pierre Saturnin, Piya Chanterelle, Pompad Monika Diane Jessica Soren, Sama Mognimba Ocasso, Souari Tania Stelicia Ralyne, Taranko Peggy, Toganou Claudette, Voumina Bambouka Audrey, Yoka Mboyaka Adnette Carole.

Suivant ordonnance n° 189 du 05 avril 2018, le président du tribunal de grande instance de Brazzaville avait procédé à la répartition des juges affectés à cette juridiction, dans les chambres civiles et correctionnelles ; première chambre civile : 30 magistrats ;

première chambre correctionnelle : 23 magistrats ; deuxième chambre civile : 21 magistrats ; deuxième chambre correctionnelle : 22 magistrats ; troisième chambre civile : 21 magistrats ; troisième chambre correctionnelle : 20 magistrats ; quatrième chambre civile : 18 magistrats ; quatrième chambre correctionnelle : 20 magistrats ; cinquième chambre civile : 20 magistrats ; cinquième chambre correctionnelle : 18 magistrats ; sixième chambre civile : 16 magistrats ; sixième chambre correctionnelle : 22 magistrats.

- **Cabinets d'instruction**

Dans onze (11) cabinets d'instruction, furent nommés, en 2018, les magistrats ci-après :

- **Doyen des juges** : Ngombo Jean.

Certains magistrats étaient, précédemment, nommés aux fonctions de doyen des juges d'instruction au tribunal de grande instance de Brazzaville, au nombre desquels : Bayi Mathurin (décr. n° 98-67 du 23 février 1998 portant nomination des magistrats au tribunal de grande instance de Brazzaville), Oko Albert (décr. n° 2001-256 du 26 mai 2001 portant nomination des magistrats au tribunal de grande instance de Brazzaville), Nzouala Patrice (décr. n° 2002-191 du 24 avril 2002 portant nomination de magistrats au tribunal de grande instance de Brazzaville) ;

- **2e cabinet d'instruction** : Tsiba Engombo.

Avaient, précédemment, occupé ce poste : Yangofolo Gabriel (décr. n° 98-67 du 23 février 1998 portant nomination des magistrats au tribunal de grande instance de Brazzaville) ; Yamba Joséphat Simplice (décr. n° 2001-256 du 26 mai 2001 portant nomination des magistrats au tribunal de grande instance de Brazzaville) ;

- **3e cabinet d'instruction** : Malonga Eric Clinchard.

Avant lui, étaient nommés à ces fonctions : Loubon Mandekya (décr. n° 98-67 du 23 février 1998 portant nomination des magistrats au tribunal de grande instance de Brazzaville) ; Ngouya Jean Pierre (décr. n° 2001-256 du 26 mai 2001 portant nomination des magistrats au tribunal de grande instance de Brazzaville) ;

- **4e cabinet** : Ossombi Karel Arian.

D'autres magistrats avaient, précédemment, été nommés à ce poste : Kibi Ignace (décr. n° 98-67 du 23 février 1998 portant nomination des magistrats au tribunal de grande instance de Brazzaville) ; Mme Malonga Noëlle Elisabeth (décr. n° 2001-256 du 26 mai 2001 portant nomination des magistrats au tribunal de grande instance de Brazzaville) ;

- **5ᵉ cabinet** : Zissi Bintebe Olga Blanche.

Fut nommé, à ce poste, avant elle, Nsonde Léonard (décr. n° 2001-256 du 26 mai 2001 portant nomination des magistrats au tribunal de grande instance de Brazzaville) ;

- **6ᵉ cabinet** : Ngambale Ewele Euphrasia Inès ;
- **7ᵉ cabinet** : Kouka Goma César Arnaud ;
- **8ᵉ cabinet** : Milandou Prosper ;
- **9ᵉ cabinet** : Moumbolo Bhobyh Marpaul ;
- **10ᵉ cabinet** : Onkourakouni Essanini Chareille Elodie épouse Nguembi ;
- **11ᵉ cabinet** : Okassa Aristide.

- **Tribunal pour enfants de Brazzaville** - Makani Nka Nathalie était nommée présidente du tribunal pour enfant de Brazzaville. Ces fonctions furent exercées, précédemment, par d'autres magistrats : Mme Koubounga Sylvie, épouse Mantari, suivant décr. n° 2009-150 du 13 mai 2009 portant nomination de magistrats dans les juridictions nationales ; Malonga Elisabeth Noëlle (décr. n° 98-67 du 23 février 1998 portant nomination des magistrats au tribunal de grande instance de Brazzaville).

B – Nomination au parquet du TGI de Brazzaville

- **Procureur de la République** : Gakala-Oko André, précédemment doyen des juges (décr. n° 2009-150 du 13 mai 2009 portant nomination de magistrats dans les juridictions nationales).

A ce poste, furent ses prédécesseurs : Matsokota Lazare (décr. n° 63-2 du 3 janvier 1963 portant nomination de Monsieur Matsokota Lazare dans la magistrature et le désignant pour exercer par intérim les fonctions de procureur de la République près le tribunal de grande instance de Brazzaville, (J. O de la République du Congo, 15 janvier 1963, p. 71). M. Matsokota Lazare avait sollicité sa nomination en qualité d'auditeur de justice et son intégration dans les corps de la magistrature congolaise à la commission d'avancement instituée par l'article 27 de la loi 42-61 du 20 juin 1961 portant statut de la magistrature. Celle-ci s'étant prononcée favorablement à sa demande, il fut nommé, sur proposition du garde des Sceaux, ministre de la Justice, en conseil des ministres, auditeur de justice à compter du 1ʳᵉ septembre 1961 et magistrat du 2ème groupe, 2ème grade, 1er échelon, à compter du 1er juillet 1962 suivant décret n° 63-2 du 3 janvier 1963 susvisé. Il avait été, à cette occasion, affecté au parquet du tribunal de grande instance de Brazzaville en qualité de procureur adjoint. Il exerçait, également, par intérim les fonctions de procureur de la République près le tribunal de grande instance de Brazzaville ; Bati Benoît (décr. n° 86-538 du 21 avril 1986 portant nomination des magistrats du service public judiciaire), en remplacement de Monsieur Mouandzibi-Akiera Georges ; Essamy-Ngatse (décr. n° 2009-150 du 13 mai 2009 portant nomination de magistrats dans les juridictions nationales) ; Nzouala Patrice (décr. n° 91-917 du 3 décembre 1991 portant nomination de magistrats dans les tribunaux de grande instance, en tête : Kibi Ignace), Moubangat-Moukonzi Alphonse Dinard (décr. n° 2004-73 du 06 avril 2004 portant nomination de magistrats au tribunal de grande instance de Brazzaville), Etoto Ebakassa Albert (décr. n° 2001-256 du 26 mai 2001 portant nomination des magistrats au tribunal de grande instance de Brazzaville).

- **Procureur de la République adjoint** : Yoka Stella, épouse Guenoni. Ce poste fut, auparavant, occupé par : Bati Benoît (décr. n° 85-538 du 21 avril 1986 portant nomination des magistrats du service public judiciaire), Djembo Pauline (décr. n° 91-917 du 3 décembre 1991 portant nomination de magistrats dans les tribunaux de grande instance, en tête : Kibi Ignace), Eleka Placide, magistrat colonel (décr. n° 98-67 du 23 février 1998 portant nomination des magistrats au tribunal de grande instance de Brazzaville), Oko Albert (décr. n° 2002-191 du 24 avril 2002 portant nomination de magistrats au tribunal de grande instance de Brazzaville), Massengo Prosper (décr. n° 2001-256 du 26 mai 2001 portant nomination des magistrats au tribunal de grande instance de Brazzaville).

- **Substituts du procureur de la République** : Amona Anick Valia, Bobianga née Eleni Ossebi Glwadys Orlande, Bonga Béranger Ernest, Boukoumou Hilarion, Bondoki Edouardine Lauretty, Dauboussy-Mango Dominique Stellvens, Ebaka Mayanga Hifgott Alfred, Eoussa Ngongo Claude Viviane, Essale-Ngandebouya Estella Elvire, Gaïko Dorian Bardin, Gakosso Achille Vladimir, Ibara Mouondze Philos, Kana Aneth Josiane, Kouhatakana Lyallit Providence, Angara Charel Isaac, Louwowo Matembili Leslie Murielle, Matsiona Massengo Destin Jeffort Destin Adas, Matsouele Nzonzi Prudence, Mbongo Okoyo Jikel, Mbou Kouamakouele Thésina Nouhelvy, Milandou Lenda, Epouse Sitou, Mossa Bono Gildas, Mouheto Soukou Olvège Quintale, Moutoueba Loukombo Ronald Steve Primael, Ngatse Audrey, Nguimbi Issamou Blandina

Irène, épouse Makosso Taty, Nkouka Madede Gildas, Yoca Nélie Dyane, épouse Oyo.

Exerçaient, précédemment, les fonctions de substitut du procureur de la République près le tribunal de grande instance de Brazzaville : Mandello Anselme, appelé à exercer, par intérim, les fonctions de deuxième substitut du procureur de la République près tribunal de grande instance de Brazzaville (arr. n° 3718 du 12 août 1972 portant nomination des magistrats), Ognimba Amedée, Massassi Paul (décr. n° 77-280 du 23 décembre 1977 portant nomination et affectation des magistrats), Barodinga Mathieu (décr. n° 77-280 du 23 décembre 1977 portant nomination et affectation des magistrats).

Parag. 2 – La nomination au TGI de Pointe-Noire

Comme au tribunal de grande instance de Brazzaville, des magistrats étaient nommés, en 2018, au siège (A), au parquet (B) et au tribunal pour enfants de Pointe-Noire (D) ainsi qu'il suit.

A – La nomination au siège du TGI de Pointe-Noire

- **Président** : Iwandza Didier Narcisse.

Ces fonctions étaient, précédemment, occupées par : Bona Jean-Pierre, en remplacement de monsieur Lecorche, bénéficiaire d'un congé administratif (décr. n° 62-77 du 19 mars 1962 portant nomination de magistrats, J. O de la République du Congo, 1er avril 1962, p. 289), Bigemi François, nommé par intérim président du tribunal de grande instance de Pointe-Noire en remplacement de M. Rocquefort bénéficiaire d'un congé administratif. Magistrat de 2e groupe, 2e grade, il était admis à exercer cumulativement avec ses fonctions celles de président du tribunal du travail et de juge des enfants de cette juridiction (arr. n° 3718 du 12 août 1972 portant nomination des magistrats), Miyoulou Raphaël (décr. n° 74-371 du 8 octobre 1974 portant nomination et affectation des magistrats), Okandzi Jean Pierre (décr. n° 76-267 du 19 juillet 1976 portant nomination et affectation des magistrats), Tchibinda Jean François (décr. n° 77-281 du 23 mai 1977 portant nomination et affectation des magistrats), Apesse Charles Emile (décr. n° 91-917 du 3 décembre 1991 portant nomination de magistrats dans les tribunaux de grande instance, en tête : Kibi Ignace), Mahoungou-Gouakou (décr. n° 98-71 du 23 février 1998 portant nomination des magistrats au tribunal de grande instance de Pointe-Noire).

- **Vice-président** : Ekoundzola Christian Régis. Ont occupé, précédemment, ces fonctions : Mahoungou-Ngouakou Victor, en remplacement de Ombandza-Menga Mathieu (arr. n° 5647 du 16 novembre 1987 portant nomination des magistrats du service public judiciaire), Miete Édouard (décr. n° 91-917 du 3 décembre 1991 portant nomination de magistrats dans les tribunaux de grande instance, en tête : Kibi Ignace), Tati-Makaya (décr. n° 98-71 du 23 février 1998 portant nomination des magistrats au tribunal de grande instance de Pointe-Noire) ;

- **Présidents de chambres,** président de la 2ème chambre civile : Mouzeo Iwangous Aimé Fiacre S. ; président de la 2ème chambre correctionnelle : Younga Kissengou Daniel.

Ces fonctions furent, précédemment, exercées par le magistrat Kokolo Gabriel (décr. n° 2002-192 du 24 avril 2002 portant nomination de magistrats au tribunal de grande instance de Pointe-Noire) ; président de la 3ème chambre correctionnelle : Gaïko Chidérique Vostel ; président de la 4ème chambre civile : Tchibinda Koka Gay Vertu.

- **Juges** - Abou Ngakosso Koumba Erick, Backidi Medyvina Lettie Tracy, Balou Dick Sydney, Bastia Marien, Bazenga Koulessa Claumille Lauriane, Bokambissa Molongomoyi Horlina Miglège, Elangui Labea Gimela Chardenne, God-Zia Elouo Lafrange, Iloyi-Elenga Estelle, Kamba Bobouba Ghislain, Kaya Nzoussi Andrea Claudine Steph, Kiminou Jaime Allegra Renish, épouse Moundanga, Kodet Marcelle Juliette Linda, Lengou Weerth Valeur, Likibi Movoura Jeanyv Chabel, Locko Patrice, Mabiala Kiang Bourgeonne Danielle Reine, Mafouta Edérick Fred, Makaya Bouanga Devauchelle Fleurille, Mampassi Ntsakala Gildas Guenole, Mavoungou Laure Gladys, épouse Limingui, Mayoukou Francibel Farid, Mbadinga Mbery Detroupe Elnarh, Mbonde Julien César, Mbongo Samuel Ulrich, Mboungou Pambou Dorlika Carelle, Mbwilu-Matondo Rajiv Ivi, Mioko Salvège Amène, Missobidi-Bibangoudi Dauphin, Mongondza Mapola Alexandre, Mpassi Nkouka Ghislain Josy, Ndzossi-Okodzobia Séverin, Ngakosso Fidolin, Ngassaki Juscard Vladmir, Ngongo Michel Junior Givenchy, Ngouakoubele Vainn Aurelien, Ngouinda Nakoutelamio Ernode Oulianove, Ngoulou Josiane, épouse Pandzou Bayonne, Nkie Bijoux Armelle Francy, Nsimba Lucie Rosine, Nziengui Maboundou Jude Dallia, Nzila Banzouzi Kelly Chancelle, Obambi Wilfrid Vivien, Obambo Junie Loriane, Oko-Ibara Papinot, Oko-Bora Doramay Christia, Olandzobo

Okombi Romeli, Onanga Solfigan Neto Jofiel, Ongouma Aya Kévin Franck Régis, Opendza Guy Roland, Ossibi Ambroise, Ottiobanda Steddy Yannick, Ouando Etounda Albin Wenceslas, Oyombo Ntsaka Laurena, Paka Lys Leda, Pereira Ballay Alexandra Dominique, Sounga Durand Gilles Frazère, Sow Ossambi Lévy, Toukounou Belvie Ariane, Tourankondo Ogambolo Revely, Wassi Melaine Alice, Zohi Mossemba Ray Franck.

- **Cabinets d'instruction** :

- **Doyen des juges** : Ebilika Gervais.

Ces fonctions étaient, précédemment, occupées par : Moubanghat-Moukonzi A. D. (décr. n° 98-71 du 23 février 1998 portant nomination des magistrats au tribunal de grande instance de Pointe-Noire) ; Gami Yolande, en remplacement de Babindamana Jacques (arr. n° 5647 du 16 novembre 1987 portant nomination des magistrats du service public judiciaire) ; Mme Mantissa Catherine (décr. n° 2002-192 du 24 avril 2002 portant nomination de magistrats au tribunal de grande instance de Pointe-Noire ;

- **2e cabinet** : Ngolo Ngambou Sarah Eladre.

Ont, précédemment, été nommés au 2e cabinet : Pambou Idris Aloïse (décr. n° 2002-192 du 24 avril 2002 portant nomination de magistrats au tribunal de grande instance de Pointe-Noire, Akondo-Ossengue (décr. n° 98-71 du 23 février 1998 portant nomination des magistrats au tribunal de grande instance de Pointe-Noire) ;

- **3e cabinet** : Ombondzo Sebi Gaston Joseph.

Ces fonctions de juge d'instruction au 3e cabinet furent, précédemment, occupées par le magistrat Tchiyoko Joseph (décr. n° 98-71 du 23 février 1998 portant nomination des magistrats au tribunal de grande instance de Pointe-Noire) ;

- **4e cabinet** : Lembe Missonsa Davyne Arlette.

Etait précédemment nommés au 4e cabinet, Pambou Michel César (décr. n° 98-71 du 23 février 1998 portant nomination des magistrats au tribunal de grande instance de Pointe-Noire) ;

- **5e cabinet** : Braz-Tiaba-Passy Pasco ;
- **6e cabinet** : Ngouloubi Missie Yull ;
- **7e cabinet** : Moungamboulou Amour Ruth ;
- **8e cabinet** : Okieli Victorien.

- **Tribunal pour enfants de Pointe-Noire en 2018**.

Président : Ngoka Mami Emilie. Ces fonctions étaient, précédemment, assumées par : Bigemi François, magistrat de 2e groupe, 2e grade. Il était admis à exercer cumulativement avec ses fonctions de président du tribunal de grande instance par intérim, celles de président du tribunal du travail et de juge des enfants de cette juridiction (arr. n° 3718 du 12 août 1972 portant nomination des magistrats) ; Pouo-Moutsouka Pierre (décr. n° 2002-192 du 24 avril 2002 portant nomination de magistrats au tribunal de grande instance de Pointe-Noire.

B - Nomination au parquet du TGI de Pointe-Noire

- **Procureur de la République** : Osseke David. Ont assumé ces fonctions avant lui : Ndaye Thadée (décr. n° 86-538 du 21 avril 1986 portant nomination des magistrats du service public judiciaire), Milandou-Kanza Jocelyne (décr. n° 91-917 du 3 décembre 1991 portant nomination de magistrats dans les tribunaux de grande instance, en tête : Kibi Ignace), Batchy Jean de Dieu (décr. n° 98-71 du 23 février 1998 portant nomination des magistrats au tribunal de grande instance de Pointe-Noire).
- **Procureur de la République adjoint** : Zekakany J. Chris Thomas. L'ont précédé à ce poste : Nzoala Vincent, magistrat stagiaire de 2ème groupe du 2ème grade, nommé à exercer ces fonctions par intérim, en remplacement de Monsieur Bigemi François. Il exerçait ces fonctions avec celles de juge d'instruction et de juge de l'application des peines du même tribunal (arr. n° 3718 du 12 août 1972 portant nomination des magistrats) ; Massamba Jean-Pierre (décr. n° 91-917 du 3 décembre 1991 portant nomination de magistrats dans les tribunaux de grande instance, en tête : Kibi Ignace), Kampakol Antouoni (décr. n° 98-71 du 23 février 1998 portant nomination des magistrats au tribunal de grande instance de Pointe-Noire).
- **Substituts du procureur de la République** : Abandzounou Nguili Davy Laurien, Badinga Nsilou Mia Socky Brice Pascal, Dinghat Chris Dominique Arnaud, Ebemby Ambono Ondze Fleuri M. Kimfoko Soumou Clavert, Kongo Tambaka Leroy, Malonga Matondo Reine Amedée, Mamoni Goma Jessica Valérie, Mampouele Liane Marlise, Matassa Kinkela Smith Ronald, Mikala Matsouaka Fridolin, Moussimi Franck Sylver Didi, Ngono Marvel Sérichon, Oboyo Cyr Ikafilofoula, Ondaye Yannick Olson, Ondze-Ambah Karl Léonide, Ouetinigue Frédéric, Yoka Honoré Chelmy Floril.

Parag. 3 – La nomination au TGI de Dolisie

Les magistrats étaient nommés au siège (A) et au service du parquet (B).

A – Nomination au siège du TGI de Dolisie

- **Président** : Ndinga Appolinaire. Avaient, précédemment, été nommés à ce poste : Miyoulou Raphaël qui exerçait ces fonctions cumulativement avec celles de président du tribunal du travail et de juge des enfants (arr. n° 3718 du 12 août 1972 portant nomination des magistrats), Mbika Jean Pierre (décr. n° 77-281 du 23 mai 1977 portant nomination et affectation des magistrats).

- **Vice-président** : Obea Makongo Koumou.

Le magistrat Koffi Améga avait, en 1963, exercé les fonctions de vice-président du tribunal de grande instance de Dolisie après avoir, précédemment, occupé celles de vice-président du tribunal de grande instance de Brazzaville (décr. n° 63-266 du 13 août 1963 portant affectation et détachement des magistrats, J.O, 15 août 1963, p. 724).

- **Juges** : Bonzi Sam Audrey Le Marin, Bouty Goma Charles, Diakou Mouzita Revin Aslatène, Dihoulou Grâce Angela, Ivoungou Jude Régis Gaël, Kouazoumou Loukoula Gaëllie Exaucée, Manounou Hervé Djielfat, Massoueme Sley Paterson, Matouti Moukouyou Richard Chastel, Mbilamambou Amour Modeste, Miyouna Mounianga Prisca Nadège, Moukala Moukoko René Morel, Moukouni Helma Piccioli, Moussounda Moutounou Stephin, Mouvioyi Gambou Slovy Luchrech, Neosi Tardze Humphry Fonlon, Okobo Epegne Blood Ferolh, Ongomoko Ulrich Oscar Givenchy, Ontsouka Dante Aymard, Wando Wenceslas Ruddy.

- **Cabinets d'instruction**
  - **1er cabinet** : Badiabio Diayoka Mireille Carine ;
  - **2e cabinet** : Ngono Mouemeth Ella ;
  - **3e cabinet** : Massounguila Anicet.

Ont, précédemment, exercé les fonctions de juge d'instruction, au tribunal de grande instance de Dolisie, les magistrats : Gami Yolande, Babindamana Jacques, en remplacement de Gami Yolande (arr. n° 5647 du 16 novembre 1987 portant nomination des magistrats du service public judiciaire).

B – Nomination au parquet du TGI de Dolisie

- **Procureur de la République** : Ngoto Charden Bedié.

D'autres magistrats avaient, auparavant, occupé le poste de procureur de la République près le tribunal de grande instance de Dolisie, dont : Zoubabela Louis (arr. n° 3718 du 12 août 1972 portant nomination des magistrats), Kounkou née Silou Françoise (décr. n° 76-267 du 19 juillet 1976 portant nomination et affectation des magistrats), Olouli Jean Claude (décr. n° 2002-193 du 24 avril 2002 portant nomination de magistrats au tribunal de grande instance de Dolisie…) ;

- **Procureur de la République adjoint** : Makosso Edi Blaise ;
- **Substituts du procureur de la République** : Etamantsirigui Beltrand Levite, Goma Kaya Prince Héritier Espoir, Kounga Maboko Juste Melchoir, Makaya Safou Gide, Makiminao Ikangouza Stevens, Mavoungou Yvon Clavinick Linge, Ndinga Bernadet Hoswold, Ngoyi-Mouandza Madima Roland Bob Nielvy, Tchicaya Yassinda Bepphie Ingrid, Tchicaya Yasmine.

Parag. 4 – La nomination des magistrats au TGI d'Owando

Au siège (A) et au parquet (B) du tribunal de grande instance d'Owando, furent nommés les magistrats dont les noms, prénoms et qualités sont indiqués ci-dessous.

A – Nomination des magistrats au siège

- **Président** : Ibono Ulrich Armel.

Ces fonctions furent, précédemment, exercées par le magistrat Demba Armand (décr. n° 98-66 du 23 février 1998 portant nomination des magistrats dans les tribunaux de grande instance du ressort de la cour d'appel d'Owando) ;

- **Vice-président** : Maboueki Jean Pierre ;
- **Juges** : Adoua Ndey Slim Chansil, Apana Ipemba Jeanny Gladys, Ebara Jean Robert, Eboua Dorel Gildas, Ebouna Okoundou Norlat Ulrich, Ebouniabeka Willina Chanel, Ekandabeka Jean Bruno, Kaba Bitsene Michaël Herlin, Obembo Sostaine Gladice, Oyilaka Maussaye Mao-Nic, Youndzi Vanebehi Juvanel Rodrigue.
- **Cabinets d'instruction**
    - **1er cabinet** : Ngalebaye Calixte Brice ;

- **2e cabinet** : Ngafoula Célès Gianel.

B – Nomination des magistrats au parquet

- **Procureur de la République** : Noukoumouyoula Bernard. Avaient, précédemment, assumées ces fonctions : Mpimi-Mbanga Albert (décr. n° 98-66 du 23 février 1998 portant nomination des magistrats dans les tribunaux de grande instance du ressort de la cour d'appel d'Owando), Toubi-Eko Édouard (décr. n° 76-267 du 19 juillet 1976 portant nomination et affectation des magistrats)… ;
- **Procureur de la République adjoint** : Moukilou Daniel ;
- **Substituts du procureur de la République** : Elenga Ondze Fred Rocklant, Dimi Ghislain Wilfrid, Okombi Eligos, Koumou Akonzo, Zoala Germain (décr. n° 76-267 du 19 juillet 1976 portant nomination et affectation des magistrats).

Parag. 5 – La nomination des magistrats au TGI d'Ouesso

A l'instar d'autres tribunaux de grande instance, des postes étaient, également, pourvus au siège (A) et au Parquet (B) du tribunal de grande instance d'Ouesso.

A - Nomination des magistrats au siège

- **Président** : Hamadou Belo. Étaient, précédemment, nommés à ce poste : Mbon Albert (décr. du Premier ministre n° 88-105 du 16 février 1988 portant nomination des magistrats du service public judiciaire), Mahoungou-Ngouakou Victor, Miambi Michel (décr. n° 98-66 du 23 février 1998 portant nomination des magistrats dans les tribunaux de grande instance du ressort de la cour d'appel d'Owando) ;
- **Vice-président** : Byndickou Joseph ;
- **Juges** : Mabali Aubin Giscard Lebel, Mandero Kako Ngouono Stephen Vichyle, Mbouatoba Micky Iris Bonheur, Mboungou Nicolas Fernand, Mpassi Marc Eric Vivien, Ndombi Bondo Elyse Harmonie, Ngoya Ikamba Francis, Olondo Dekambi Dirvelis.
- **Cabinets d'instruction**
  - **1er cabinet** : Ngoulou Moullath Allelua ;
  - **2e cabinet** : Ngoma Jean.

B - Nomination des magistrats au parquet

- **Procureur de la République** : Ossete Igor Boris.

Les fonctions de procureur de la République près le tribunal de grande instance d'Ouesso était, précédemment, occupé par les magistrats suivants : Mouketo Frédéric (décr. Premier ministre n° 88-105 du 16 février 1988 portant nomination des magistrats du service public judiciaire), Mbemba Robert, Armand Koulangou Ferdinand (décr. n° 98-66 du 23 février 1998 portant nomination des magistrats dans les tribunaux de grande instance du ressort de la cour d'appel d'Owando ;

- **Procureur de la République adjoint** : Benontadi Léger Evrard ;
- **Substituts du procureur de la République** : Ekouya Venceslas ; Mongo Constant Claude, Otouna Dimitri Gaël.

Parag. 6 – La nomination au TGI d'Oyo

A - Nomination des magistrats au siège

- **Président** : Oko Désiré ;
- **Juges** : Dangouono Emery Boris, Ikama Gislain Romuald, Odzala Lendouma Frédéric, Otalet Pea Vivien.
- **Cabinets d'instruction :**
  - **1er Cabinet** : Atsoutsou Ahoue Mondésir ;
  - **2e Cabinet** : Ngondo Elvine Pressia.

B - Nomination des magistrats au parquet

- **Procureur de la République** : Mbongo Juslain ;
- **Substitut du procureur de la République** : Adoua Ngala Ornella Gabrielle.

Parag. 7 – La nomination au TGI de Mossaka

A - Nomination des magistrats au siège

- **Président** : Lougbamou Bopondzo Serge ;
- **Vice-président** : Bouloukouet Kabat Mersch ;

- **Juges** : Ibara Christian Gildas, Mambi Mongo Don Edson, Okengue Mohamed.
- **Cabinet d'instruction** : Nianga Dzo Dimi (juge d'instruction).

B - Nomination des magistrats au parquet

- **Procureur de la République** : Ossete Zéphirin ;
- **Substituts du procureur de la République** : Ebata Brell Gervais ; Ngakosso Jean Noël.

Parag. 8 – La nomination au TGI de Sibiti

A - Nomination des magistrats au siège

Les postes, au tribunal de grande instance de Sibiti, en 2018, étaient ainsi pourvus au siège et au parquet.

- **Président** : Bikindou Honoré. L'avaient précédé dans l'exercice de ces fonctions : Ngatse Jean-Baptiste (décr. du Premier ministre n° 88-105 du 16 février 1988 portant nomination des magistrats du service public judiciaire), Koudinga Daniel ;
- **Vice-Président** : Mbama Aimé Michel ;
- **Juges** : Kokolo Nkabi Tony Curtis, Missamou Ahaka Lionnel Eliud ; MoussambI Gildas Achille.
- **Cabinet d'instruction** : Mikala Vladimir Matte Dimitri Laurb (juge d'instruction).

B - Nomination des magistrats au parquet

- **Procureur de la République** : Mampaha Michel Wesfally ;
- **Procureur de la République adjoint** : Issanga Riset Rodrigue Ulrich ;
- **Substituts du procureur de la République** : Mansounga Mberi Anicet, Boussoukou Hugues Juvet.

Parag. 9 – La nomination au TGI de Madingou

Au siège (A) comme au parquet (A), le Conseil supérieur de la magistrature avait pourvu les postes au tribunal de grande instance de Madingou, en 2018, ainsi qu'il suit.

A - Nomination des magistrats au siège

- **Président** : Kimbouala Raymond.

L'avaient précédé, à ce poste : Soussoulou Martin (décr. n° 86-538 du 21 avril 1986 portant nomination des magistrats du service public judiciaire), en remplacement de Makaya-Bouanga Auguste, Bissoko Armand (décr. n° 2001-261 du 26 mai 2001 portant nomination de magistrats au tribunal de grande instance de Madingou) ;

- **Vice-Président** : Souami Seybault Régis ;
- **Juges** : Abandzounou Gildas Jean Hervé, Zola Brice Roger.
- **Cabinets d'instruction**
  - **1er cabinet** : Samba Kinouani Herman Romaric ;
  - **2e cabinet** : Mouyoyi Ismou Karl Axel.

B - Nomination des magistrats au parquet

- **Procureur de la République** : Makaya Casir Roussel. Étaient, précédemment, nommés à ce poste : Apesse Charles Émile (décr. n° 86-538 du 21 avril 1986 portant nomination des magistrats du service public judiciaire), en remplacement de Monsieur Malanda Julien Pierre, Nzoala Patrice (décr. du Premier ministre n° 88-105 du 16 février 1988 portant nomination des magistrats du service public judiciaire), Kilonda Simon (décr. n° 2001-261 du 26 mai 2001 portant nomination de magistrats au tribunal de grande instance de Madingou).
- **Procureur de la République adjoint** : Missengue Gilald Quefère ;
- **Substituts du procureur de la République** : Makela Koubissa Ghislain, Moussodji Juvenal Gautier.

Parag. 10 – La nomination au TGI de Gamboma

A - Nomination des magistrats au siège

- **Président** : Ikama Nick Anderson ;
- **Juges** : Ataba Roland, Ngassa Mbama Victor Judicaël Nkouka Loussolo Destin, Nkounkou Matondo Ravel Athel.
- **Cabinets d'instruction**
  - **1er cabinet** : Nguembi Massouanga Michel ;
  - **2e cabinet** : Oyandza Chrisostome.

B - Nomination des magistrats au parquet

- **Procureur de la République** : Bamba Saturnin Lovel ;
- **Substituts du procureur de la République** : Tsamby Lhakhy Lovane, Lengouala Morel.

Parag. 11 – La nomination au TGI d'Impfondo

Conformément à l'article 65 de la loi n° 022-92 du 20 août 1992 portant organisation du pouvoir judiciaire en République du Congo, furent nommés, en 2018, les magistrats du siège (A) et du parquet (B) du tribunal de grande instance d'Impfondo ainsi qu'il suit, en 2018.

A - Nomination des magistrats au siège

- **Président** : Bombete Serge.

Exerçaient, précédemment, ces fonctions : Mabounda-Mangandza Jean-Marie (décr n° 86-538 du 21 avril 1986 portant nomination des magistrats du service public judiciaire), en remplacement de M. Langangui Nicaise ; Manota Justin (décr. n° 98-66 du 23 février 1998 portant nomination des magistrats dans les tribunaux de grande instance du ressort de la cour d'appel d'Owando) ;

- **Juges** : Likassi Yangouma Félix ; Makoka Tenene Clovis Armel ; Nianga Dimi Godefroy.
- **Cabinets d'instruction** : Bouenguele Aurelien Victor (juge d'instruction).

B - Nomination des magistrats au parquet

- **Procureur de la République** : Nziou Fred Daney.

Ces fonctions étaient, précédemment, occupées par les magistrats ci-après nommés : Panzou Mizère (décr. n° 86-538 du 21 avril 1986 portant nomination des magistrats du service public judiciaire, en remplacement de Monsieur Soussoulou Martin ; Bissoko Armand (décr. n° 98-66 du 23 février 1998 portant nomination des magistrats dans les tribunaux de grande instance du ressort de la cour d'appel d'Owando).

- **Substituts du procureur de la République** : Mobambo Maurice ; Elion Zangha Michaël ;

Parag. 12 – La nomination au TGI de Kinkala

A - Nomination des magistrats au siège

- **Président** : Thongat Guy Silver ;
- **Vice-président** : Banzouzi Ngoma Ulrich ;
- **Juges** : Louniemo Gervais Sylvère, Mbe-Massa Lucio Ferryl.
- **Cabinet d'instruction** : Tondele Massamba Nicaise (juge d'instruction).

B - Nomination des magistrats au parquet

- **Procureur de la République** : Nzenguele Ngoumba Mayeul Arnaud ;
- **Procureur de la République adjoint** : Nzitoukoulou Baniemambou Ferry Alex ;
- **Substitut du procureur de la République** : Loubelo Romaric Chrisostome ;

Parag. 13 – La nomination des magistrats au TGI d'Ewo

Les magistrats au tribunal de grande instance d'Ewo furent ainsi nommés au siège (A) et au parquet (B), en 2018.

A - Nomination des magistrats au siège

- **Président** : Ngoye Donald ;
- **Vice-président** : Moundouh Fortuné Emmanuel
- **Juges** : - Bondzale Destin, Gouampaka Rod Horly Lusmel, Mapouka Rochard Davy Rosin, Ngouabi Rominigue Giresse, Oyeke Elvery Romaric.
- **Cabinets d'instruction** :
    - **1er Cabinet** : Melanda Eboue Habib Destin ;
    - **2e cabinet** : Moyen Monkouah.

B - Nomination des magistrats au parquet

- **Procureur de la République** : Gampo Ebara Davin Clovy ;
- **Substituts du procureur de la République** : Okemba Ondongo, Akam Théodore ;

Parag. 14 – La nomination au TGI de Kindamba

A - Nomination des magistrats au siège

- **Président** : Koutsiotsiolo Ngoma Fabrice ;
- **Juges** : Gandziami Bertrand Armel, Nkouka Ngoma César Arnaud.
- **Cabinet d'instruction**
  Juge d'instruction : Tontola Kibongui Cherubin.

B - Nomination des magistrats au parquet

- **Procureur de la République** : Nguina Ndamba Dominique ;

Parag. 15 – La nomination au TGI de Mouyondzi

A - Nomination des magistrats au siège

- **Président** : Kinnegui Danny Eminence ;
- **Juges** : Bouetoumoussa Geraubreed Herman, Foutou Benzet Barroux Fanouch, Moukiama Mberi Davy Yann.
- **Cabinet d'instruction**
  - **Juge d'instruction :** Louboungou Marchi France Leman.

B - Nomination des magistrats au parquet

- **Procureur de la République** : Taty Pemba Michel Roger Alain ;
- **Substitut du procureur de la République** : Mpassi Mialoundama Ludovic ;

Parag. 16 – La nomination au TGI de Mossendjo

A - Nomination des magistrats au siège

- **Président** : Moukouri Samier Chidao ;
- **Juges** : Baneme Gilles Bertrand, Mavoungou Tengo Farell Habib, Nguellet Aimé Saurel.
- **Cabinet d'instruction**

Juge d'instruction : Babakana Le Messie Géraula Onassis

B - Nomination des magistrats au parquet

- **Procureur de la République** : Kibiti Bavoueza Kardeck Défi ;
- **Substitut du procureur de la République** : Tsiba Placide ;

Parag. 17 – La nomination au TGI de Djambala

A – Nomination des magistrats au siège

- **Président** : Saya Ngamile Amédée.

Le magistrat Ngombe Benjamin avait, précédemment, assumé ces fonctions (décr. n° 91-917 du 3 décembre 1991 portant nomination de magistrats dans les tribunaux de grande instance, en tête : Kibi Ignace) ;

- **Juges** : Akondo Willy, Ondaye Nianga Jean Bedel.
- **Cabinet d'instruction**

  Juge d'instruction : Mandzemou Botahanga Saint-Paul

B – Nomination des magistrats au parquet

- **Procureur de la République** : Ckouayoulou Rolland Wilfrid.

L'ont précédé à ce poste : Tiele-Gambia Anselme Dieudonné (Décr. n° 86-538 du 21 avril 1986 portant nomination des magistrats du service public judiciaire), en remplacement de Apesse Charles Émile, Nkounkouli Norbert (décr. n° 91-917 du 3 décembre 1991 portant nomination de magistrats dans les tribunaux de grande instance, en tête : Kibi Ignace) ;

- **Substitut du procureur de la République** : Gandou Henri Bernard ;

183 – Conseil supérieur de la magistrature, sort des magistrats non mutés ou non remplacés. L'article 2 du décret n° 2018-104 du 14 mars 2018 portant nomination des magistrats dans les tribunaux de grande instance disposait que « Les magistrats n'ayant pas fait l'objet de mutation ou de remplacement sont confirmés dans leurs fonctions ».

Section 4 – La nomination aux tribunaux administratifs

184 - Nomination des magistrats aux tribunaux administratifs en 2018. Les présidents des tribunaux administratifs de Brazzaville et de Pointe-Noire furent nommés en Conseil supérieur de la magistrature par décret n° 2018-106 du 14 Mars 2018 (cf. JORC n° 13-2018 du jeudi 29 mars 2018, p. 426).

- **Tribunaux administratifs, institution**. Non existante dans la loi n° 6-61 du 11 janvier 1961 fixant l'organisation judiciaire, la justice administrative était, formellement, instituée dans la loi n° 6-62 du 20 janvier 1962 relative à la compétence de la cour d'appel et des tribunaux de grande instance et à la procédure suivie devant ces juridictions en matière administrative. A l'article premier de la loi n° 31-59 du 30 juin 1959 relative au contentieux administratif était, auparavant, créé le tribunal administratif de la République du Congo, à Brazzaville.

- **Tribunaux administratifs, disparition**. En raison du manque de spécialisation des juges et de l'environnement socio-politique, le tribunal administratif qui était juge de droit commun du contentieux administratif, disparaissait deux années et demie plus tard par l'effet de l'extension des compétences des tribunaux de grande instance reconnus juges de droit commun en toutes matières, en première instance sous réserves des compétences d'exception de la Cour suprême, de la Cour d'appel, de la cour criminelle, des tribunaux du travail, des tribunaux d'instance et des organismes administratifs à caractère juridictionnel (art. premier, L. n° 6-62 du 20 janvier 1962 précitée).

La doctrine estimait, à cet égard, que l'expression « toutes matières » incluait, conséquemment, la matière administrative et justifiait, ainsi, la compétence des tribunaux de grande instance dans ce domaine (cf. Auguste Iloki, « La justice administrative en République du Congo », journées du barreau, Brazzaville, les 18 et 19 janvier 2000, p. 3, inédit).

- **Tribunaux administratifs, compétence exercée par les tribunaux populaires de district ou d'arrondissement**. À la suite de la réforme intervenue sur la démocratisation de la justice en République populaire du Congo par la loi n° 53-83 du 21 avril 1983 portant réorganisation de la justice, le tribunal populaire de district ou d'arrondissement, qui se substituait au tribunal de grande instance devenait juge de droit commun en premier ressort en matière administrative. Au plein contentieux, il était compétent pour interpréter les décisions des diverses autorités administratives et apprécier leur régularité juridique, à la demande de l'une des parties mais l'annulation ne pouvait être prononcée dès lors qu'elle relevait de la compétence de la Cour suprême qui statuait sur les recours pour excès de pouvoir par sa chambre administrative (art. 44, L. n° 53-83 du 21 avril 1983 portant réorganisation de la justice en République populaire du Congo).

- **Tribunaux administratifs, réinstauration**. Avec l'adoption du pluralisme politique, la nouvelle organisation judiciaire a mis fin à l'éclipse du tribunal administratif. En effet, la nouvelle organisation du pouvoir judiciaire avait ressorti de ses cendres le tribunal administratif (art. premier, L. n° 022-92 du 20 août 1992 portant organisation du pouvoir judiciaire).

L'article premier de cette loi avait, en effet, innové en faisant figurer le tribunal administratif sur la liste des juridictions compétentes pour rendre la justice au nom du peuple congolais comme suit : la Cour suprême, la Cour des comptes, les cours d'appel, les tribunaux de grande instance, les tribunaux administratifs, les tribunaux d'instance, les tribunaux de travail, les tribunaux militaires.

De même, l'article 56 de la loi n° 022-92 du 20 août 1992 portant organisation du pouvoir judiciaire en République du Congo relatif aux formations juridictionnelles de la cour d'appel énumère, entre autres chambres, « une ou plusieurs chambres administratives compétentes pour connaître des appels en matière administrative ».

Le chapitre IV de la loi n° 022-92 du 20 août 1992 portant organisation du pouvoir judiciaire était, spécialement, consacré aux tribunaux administratifs au regard de leur compétence (art. 82 à 84), de leur organisation (art. 85 et 86) et de leur administration (art. 87 à 90).

Cependant, la doctrine avait observé que la justice administrative « … connaît un dysfonctionnement du fait du défaut de nomination des personnels dans les tribunaux administratifs. Il apparaît un manque de célérité de l'exécutif dans la concrétisation de la volonté du législateur de créer les tribunaux administratifs » (cf. Auguste Iloki, « La place du droit et de la justice dans l'administration, mars 2000, p. 9).

Le manque de spécialisation des magistrats assumant les fonctions au sein des tribunaux administratifs et dans les chambres administratives des juridictions supérieures ne facilite pas l'application rationnelle des règles conçues pour régir la matière administrative.

Sous l'empire de la loi n° 53-83 du 21 avril 1983 portant réorganisation de la justice en République du Congo, qui associait aux magistrats les juges non professionnels et, donc, sans formation juridique qui devaient se prononcer sur des questions intéressant le contentieux de l'annulation ou le plein contentieux, la doctrine se situant dans le contexte de la compétence conjointe des juridictions judiciaires et administratives émettait ses regrets relatifs à « l'absence de spécialisation des magistrats qui y siègent », lesquels, constatait-elle, étaient « essentiellement issus du cadre judiciaire et ne font l'objet d'aucune spécialisation, ni dans leur formation, ni dans leur affectation, ni dans leur statut ».

La doctrine fustige, dans ces conditions, l'affectation des magistrats, qui n'ont, déjà, pas acquis la formation requise pour connaître des litiges administratifs, dans les chambres administratives et dans d'autres chambres des juridictions (cf. Placide Moudoudou, « Droit administratif congolais », Éditions L'Harmattan, 2003, pp. 86, 94-96).

Les différentes nominations aux juridictions administratives ont été opérées comme ci-après, aux termes du décret n° 2018 106 du 14 mars 2018 portant nomination des magistrats dans les tribunaux administratifs, de commerce et du travail.

Parag. 1 – La nomination au TA de Brazzaville

A – Nomination des magistrats au siège

- **Président** : Nguembi Viguier Carmen. Avait occupé, précédemment, ce poste M. Mavoungou Jérôme Patrick (décr. n° 2014-237 du 21 mai 2014 portant nomination de magistrats dans les juridictions nationales).
- **Vice-président** : Bobongo Louis ;
- **Juges** : Batiri Nganianima Jorice Esdras, Diambou Bounkita Presley Dimitri, Ekokomba Bozou Ngola Luc Rusel, Itoua Ossete Foster Chancel, Nkondi Estimée Gerles Révélation, Missie Nuptia Misline, Moukoko Jean Marie Premier, Moundaya Bazebita Aninat Raphaëlle, Ngouloumba Léger Gaël, Ntounta Mambou Norcely Honey.

B – Nomination des magistrats au parquet

- **Procureur de la République** : Matoko Prince Arnie.
- Avait, auparavant, exercé ces fonctions le magistrat Nounguini Roger.
- **Substituts du procureur de la République** : Nkouka Kipa Audrey, Nzalabomi Voglard Tharès, Boudzoumou Chriss du Christ Mondestin.

Parag. 2 – La nomination au TA de Pointe-Noire

A - Nomination des magistrats au siège

- **Président** : Tendy Fango Reno Weber ;
- **Juges** : Loembe Kaddy Garonne Gironde, Lembhet Mouandza Audrey Patricia, Mindou Audrey, Moukiakia Ndala Chandrena Mise, Mbassa Parfait Clautaire.

B – Nomination des magistrats au parquet

- **Procureur de la République** : Tsibi Ititi Stéphanie Souvenirs ;
- **Substituts du procureur de la République** : Nguimbi Adjel Yannick Chrisray, Nzahou Carine Princia.

Section 5 – La nomination aux tribunaux de commerce

185 - Nomination des magistrats aux tribunaux de commerce en 2018. Il était procédé à la nomination des présidents des tribunaux de commerce suivant décret n° 2018-106 du 14 mars 2018 (cf. JORC n° 13-2018 du jeudi 29 mars 2018, p. 426).

Parag. 1 – La nomination au TC de Brazzaville

A - Nomination des magistrats au siège

Président : Bossouba Venceslas Xavier.

Avaient occupé ces fonctions avant lui : Bikindou Gérard (décr. n° 2009-150 du 13 mai 2009 portant nomination de magistrats dans les juridictions nationales), Galebayi Jean (décr. n° 98-67 du 23 février 1998 portant nomination des magistrats au tribunal de grande instance de Brazzaville).

B - Nomination des magistrats au parquet

- **Procureur de la République** : Moukiama Alix Romain.
- **Substitut du procureur de la République** : Pandi Mokono Eric.

Parag. 2 – La nomination au TC de Pointe-Noire

A - Nomination des magistrats au siège

Président : Mouele Micky Silvanist.

La fonction de président du tribunal de commerce de Pointe-Noire était, précédemment, occupée par certains magistrats dont : Nganga Gilles (décr. n° 2014-237 du 21 mai 2014 portant nomination de magistrats dans les juridictions nationales), Iwandza Didier Narcisse (décr. n° 2009-150 du 13 mai 2009 portant nomination de magistrats dans les juridictions nationales), Boumba Narcisse (décr. n° 98-71 du 23 février 1998 portant nomination des magistrats au tribunal de grande instance de Pointe-Noire).

B - Nomination des magistrats au parquet

Procureur de la République : Biakala Christelle épouse Nkandza.

Parag. 3 – La nomination des magistrats TC de Dolisie

Selon l'article 106 de la loi n° 022-92 du 20 août 1992 portant organisation du pouvoir judiciaire en République du Congo, le tribunal de commerce comprend un magistrat du siège (A) qui en le président et des magistrats du ministère public (B).

A - Nomination des magistrats au siège

Président : Samba Moussinga Virgile Rivet.

B - Nomination des magistrats au parquet

Procureur de la République : Nzila Tombet Hugues.

Section 6 – La nomination des magistrats aux TT

186 - Nomination des magistrats aux tribunaux du travail en 2018. Les présidents des tribunaux du travail de Brazzaville, Pointe-Noire et Dolisie, étaient nommés par décret n° 2018-106 du 14 mars 2018 (cf. JORC n° 13-2018 du jeudi 29 mars 2018, p. 426).

Parag. 1 – La nomination au TT de Brazzaville

Président : Dikonda Marc.

Ces fonctions étaient, précédemment, exercées par : Ngaka Pierre (décr. n° 74-371 du 8 octobre 1974 portant nomination et affectation des magistrats) ; Kitoko-Ngoma, en remplacement de Otolo Jonas (arr. n° 5647 du 16 novembre 1987 portant nomination des magistrats du service public judiciaire), Samory Jean-Bernard, Ognimba Amedée, en remplacement de Monsieur Samory Jean-Bernard (décr. n° 80-254 du 4 juin 1980 portant nomination de Ognimba Amedée, magistrat, en qualité de président du tribunal du travail de Brazzaville), Oba Christian (décr. n° 98-67 du 23 février 1998 portant nomination des magistrats au tribunal de grande instance de Brazzaville).

Parag. 2 – La nomination au TT de Pointe-Noire

Président : Nkoulou Faustin Narcisse. Auparavant, ces fonctions étaient exercées par les magistrats : Mantissa Catherine (décr. n° 2009-150 du 13 mai 2009 portant nomination de magistrats dans les juridictions nationales), Kitombo David (décr. n° 98-71 du 23 février 1998 portant nomination des magistrats au tribunal de grande instance de Pointe-Noire).

Parag. 3 – La nomination au tribunal du travail de Dolisie

L'article 131 de la loi n° 022-92 du 20 août 1992 portant organisation du pouvoir judiciaire en République du Congo prévoit que le tribunal du travail se compose d'un magistrat qui en est le président, nommé par décret du président de la République sur proposition du Conseil supérieur de la magistrature. Ainsi fut nommé, en 2018, le président du tribunal du travail de Dolisie.

Président : Ollongo Itoua Muller Penser.

Section 7 – La nomination aux tribunaux d'instance

Selon la loi, le tribunal d'instance comprend un magistrat qui en est le président et un magistrat du parquet (L. n° 022-92 du 20 août 1992 susdite).

187 – Conseil supérieur de la magistrature, nomination des magistrats aux tribunaux d'instance. Les magistrats ci-après furent nommés, au siège et au parquet (cf. JORC n° 13-2018 du jeudi 29 mars 2018, p. 424).

Parag. 1 – La nomination au TI de Bacongo-Makélékélé

- **Président** : Wassi Praxède Aurélie Flore, épouse Mavoungou.

Cette juridiction a, successivement, été présidée par : Loutete Jérôme (décr. n° 2009-150 du 13 mai 2009 portant nomination de magistrats dans les juridictions nationales), Wassi Praxède Aurélie Flore (décr. n° 2013-194 du 17 mai 2013 portant nomination de magistrats dans les juridictions nationales). Elle, a, donc été confirmée à ce poste par le décret n° 2018-105 du 14 mars 2018 portant nomination des magistrats dans les tribunaux d'instance ; Kouloungou Delphin (décr. n° 98-67 du 23 février 1998 portant nomination des magistrats au tribunal de grande instance de Brazzaville).

- **Représentant du ministère public** : Amona Anick Valia.

Ont, précédemment, exercé ces fonctions dans cette juridiction : Amona Anick Valia qui bénéficiait d'une seconde nomination à ces fonctions (décr. n° 2013-194 du 17 mai 2013 portant nomination de magistrats dans les juridictions nationales), Eyangue Edmond (décr. n° 2001-267 du 26 mai 2001 portant nomination de magistrats aux tribunaux d'instance de Brazzaville).

Parag. 2 – La nomination au TI de Poto-Poto-Moungali

- **Président** : Obara Ngoli Reine Emeline.

Avant elle, d'autres magistrats avaient occupé ce poste : Mayinguidi Étienne, magistrat stagiaire du 3ème grade exerçant les fonctions de juge d'instance à Poto-Poto Brazzaville (décr. n° 63-266 du 13 août 1963 portant affectation et détachement des magistrats, J. O de la République du Congo, 15 août 1963), Kimbembe Yvonne, Yoba née Djembo Pauline Henriette, en remplacement de Mme Kimbembe Yvonne (arr. n° 5647 du 16 novembre 1987 portant nomination des magistrats du service public judiciaire), André Ngakala-Oko, magistrat militaire (décr. n° 2001-267 du 26 mai 2001 portant nomination de magistrats aux tribunaux d'instance de Brazzaville), Ngouloubi Jérôme (décr. n° 2013-194 du 17 mai 2013 portant nomination de magistrats dans les juridictions nationales), Etoto Ebakassa (décr. n° 98-67 du 23 février 1998 portant nomination des magistrats au tribunal de grande instance de Brazzaville) ;

- **Représentant du ministère public** : Mbouassa Maurice.

Ce poste fut, précédemment, occupé par : Alingui-Ngassaki (arr. n° 5647 du 16 novembre 1987 portant nomination des magistrats du service public judiciaire), Tounda Ouamba Franck, magistrat militaire (décr. n° 2001-267 du 26 mai 2001 portant nomination de magistrats aux tribunaux d'instance de Brazzaville), Mbouassa Maurice (décr. n° 2013-194 du 17 mai 2013 portant nomination de magistrats dans les juridictions nationales).

Parag. 3 – La nomination au TI de Ouenzé-Talangaï

- **Président** : Itoua Okombi Shaleur.

Ont exercé, précédemment, les fonctions de président du tribunal d'instance de Ouenzé-Talangaï : Nkoua Aline (décr. n° 2009-150 du 13 mai 2009 portant nomination des magistrats dans les juridictions nationales, Rebecca Oba (décr. n° 2001-267 du 26 mai 2001 portant nomination de magistrats aux tribunaux d'instance de Brazzaville), Oko-Ngakala André, magistrat militaire (décr. n° 98-67 du 23 février 1998 portant nomination des magistrats au tribunal de grande instance de Brazzaville) ;

- **Représentant du ministère public** : Ebaka Mayanga Hilgott Alfred. Il succédait, à ce poste, à : Ngouloubi Jérôme (décr. n° 2001-267 du 26 mai 2001 portant nomination de magistrats aux tribunaux d'instance de Brazzaville), Itoua Okombi Okouala Shaleur (décr. n° 2013-194 du 17 mai 2013 portant nomination des magistrats dans les juridictions nationales).

Parag. 4 – La nomination au TI d'Ignié

- **Président** : Nkouka Mbele Herman Severin. Il succédait au magistrat Ibara Ibombo Dann II (décr. n° 2013-194 du 17 mai 2013 portant nomination des magistrats dans les juridictions nationales ;
- **Représentant du ministère public** : Elion Zangha Michaël.

Ces fonctions étaient, précédemment, exercées par le magistrat Okassa Aristide (décr. n° 2013-194 du 17 mai 2013 portant nomination des magistrats dans les juridictions nationales).

Parag. 5 – La nomination au TI de Mfilou

- **Président** : Siangany Wawondo Rosine Valérie.

L'ont précédée dans l'exercice de ces fonctions, les magistrats : Itoua Okombi Shaleur (décr. n° 2014-237 du 21 mai 2014 portant nomination des magistrats dans les juridictions nationales), Ondono Fernand (décr. n° 2009-150 du 13 mai 2009 portant nomination de magistrats dans les juridictions nationales) ;

- **Représentant du ministère public** : Gaïko Dorian Bardin. Ce poste fut, précédemment, occupé par Massimba Rigobert (décr. n° 2001-267 du 26 mai 2001 portant nomination de magistrats aux tribunaux d'instance de Brazzaville).

Parag. 6 – La nomination au TI de Lissanga Ile Mbamou

- **Président** : Jolly Bois Audrey Jamaïque ;
- **Représentant du ministère public** : Nianga Dimi Godefroy.

Parag. 7 – La nomination au TI de Makoua

- **Président** : Tsetsa Guy Saturnin.

La fonction de président du tribunal d'instance de Makoua était, auparavant, exercée par le magistrat Missilou Bernard (décr. n° 2013-194 du 17 mai 2013 portant nomination des magistrats dans les juridictions nationales) ;

- **Représentant du ministère public** : Koumou Akonzo. A assumé ces fonctions, avant lui, M. Gokaba Onanga Pourou (décr. n° 2013-194 du 17 mai 2013 portant nomination des magistrats dans les juridictions nationales).

Parag. 8 – La nomination au TI de Pokola

- **Président** : Dangouono Emery Boris ;
- **Représentant du ministère public** : Otouna Dimitri Gaël.

Parag. 9 – La nomination au TI de Tié-Tié

- **Président** : Ngoubou Willi Rolien.

Ce poste fut, précédemment, occupé par : Abia Henri Faustin (décr. n° 2013-194 du 17 mai 2013 portant nomination de magistrats dans les juridictions nationales), Pambou Idriss Aloïse (décr. n° 98-71 du 23 février 1998 portant nomination des magistrats au tribunal de grande instance de Pointe-Noire) ;

- **Représentant du ministère public** : Dinghat Chris Dominique.

Avant lui un autre magistrat, en la personne de Ouetinigue Frédéric, avait exercé les fonctions de représentant du ministère public près le tribunal populaire d'instance de Tié-Tié (décr. n° 2013-194 du 17 mai 2013 portant nomination de magistrats dans les juridictions nationales.

Parag. 10 – La nomination au TI de Tchinouka

- **Président** : Ema Serge Lionel.

Ces fonctions furent, précédemment, exercées par : Gomis Christine, cumulativement avec ses fonctions de président du tribunal du travail de Mvoumvou (arr. n° 5647 du 16 novembre 1987 portant nomination de magistrats du service public judiciaire), Mavoungou Jean Patrice (décr. n° 2009-150 du 13 mai 2009 portant nomination de magistrats dans les juridictions nationales), Malonga Noëlle Elisabeth (décr. n° 2004-75 du 06 avril 2004 portant nomination de magistrats au tribunal d'instance de Tchinouka-Pointe-Noire), Ngami Yolande, épouse Mavoungou (décr. n° 2013-194 du 17 mai 2013 portant nomination de magistrats dans les juridictions nationales), Mouanza Sylvie épouse Tchinouka (décr. n° 98-71 du 23 février 1998 portant nomination des magistrats au tribunal de grande instance de Pointe-Noire) ;

- **Représentant du ministère public** : Yambi Tiele Aimé Nagy.

A assumé, auparavant, ces fonctions, M.Tchicaya Mokangou Amour

Régis (décr. n° 2013-194 du 17 mai 2013 portant nomination de magistrats dans les juridictions nationales).

Parag. 11 – La nomination au TI de Tchiamba-Nzassi

- **Président** : Loufoua Lemay Marcel Bienvenu ;
- **Représentant du ministère public** : Ondaye Yannick Olson.

Parag. 12 – La nomination au TI de Hinda

- **Président** : Mabecket Mamboni Itsa Hudel Belgenth ;
- **Représentant du ministère public** : Mikala Mantsouaka Fridolin.

Parag. 13 – La nomination au TI de Mvouti

- **Président** : Ngoma Julio Bersyl ;
- **Représentant du ministère public** : Matassa Kinkela Smith Ronald.

Parag. 14 – La nomination au TI de Foundou-Foundou

- **Président** : Bossali Urbain.

Avait occupé ce poste, avant lui, le magistrat Mankondi Jean (décr. n° 2013-194 du 17 mai 2013 portant nomination de magistrats dans les juridictions nationales ;

- **Représentant du ministère public** : Makaya Safou Gide.

Parag. 15 – La nomination au TI de Youlou-Poungui

- **Président** : Ngouya Didier.

Avait, précédemment, assumé ces fonctions, Koupena Philippe (décr. n° 2013-194 du 17 mai 2013 portant nomination de magistrats dans les juridictions nationales).

- **Représentant du ministère public** : Kounga Maboko Juste Melchior.

Le poste de président du tribunal d'instance de Youlou-Poungui était, auparavant, occupé par M. Tsoumou Fall Edgar (décr. n° 2013-194 du 17 mai 2013 portant nomination de magistrats dans les juridictions nationales).

Parag. 16 – La nomination au TI de Zanaga

- **Président** : Lakilaka Mbany Prince Rama ;
- **Représentant du ministère public** : Boussoukou Hugues Juvet.

Parag. 17 – La nomination au TI de Nkayi

- **Président** : Samba Denis.

Le magistrat Samba Denis fut, auparavant, nommé au même poste suivant décret n° 2013-194 du 17 mai 2013 portant nomination des magistrats dans les juridictions nationales le confirmant, ainsi, à ses fonctions.

- **Représentant du ministère public** : Makela Koumbissa Ghislain.

Parag. 18 – La nomination au TI d'Okoyo

- **Président** : Mowendabeka Kelly Dada Harvard ;
- **Représentant du ministère public** : Okemba Ondongo.

Parag. 19 – La nomination au TI de Makabana

- **Président** : Nguimbi Mana Jerry Lawson.

Ce poste était, précédemment, occupé par le magistrat Mbedi (décr. n° 2013-194 du 17 mai 2013 portant nomination de magistrats dans les juridictions nationales).

- **Représentant du ministère public** : Tsiba Placide.

L'a précédé, à ce poste, M. Mouyounga Ulrich (décr. n° 2013-194 du 17 mai 2013 portant nomination de magistrats dans les juridictions nationales).

Parag. 20 – La nomination au TI d'Etoumbi

- **Président** : Toni Koumba Edson Wencelah ;
- **Représentant du ministère public** : Akam Théodore.

Parag. 21 – La nomination au TI de Kellé

- **Président** : Ekoungoulou Sylvano Ravel ;
- **Représentant du ministère public** : Akam Théodore.

Parag. 22 – La nomination au TI d'Abala

- **Président** : Ayessa Vendze Edlin Jubelor ;
- **Représentant du ministère public** : Tsamby Lhakhy Lavane.

Parag. 23 – La nomination au TI de Ngo

- **Président** : Mambou Gloire Ruidnel Loris ;
- **Représentant du ministère public** : Gandou Henri Bernard.

CHAPITRE V

LA NOMINATION DES MAGISTRATS EN CSM EN 2023

188 - **Nomination des magistrats en Conseil supérieur de la magistrature en 2023**. Le Conseil supérieur de la magistrature a procédé, en 2023, à plusieurs nominations de magistrats aux fonctions à la Cour suprême (sect. 1), aux cours d'appel (sect. 2) et aux divers tribunaux (sect. 3).

Section 1 – La nomination à la Cour suprême

189 - Nomination des magistrats en Conseil supérieur de la magistrature en 2023, nomination des magistrats à la Cour suprême. Au siège de la Cour suprême, outre le Premier président, Henri Bouka, confirmé à ce poste, et le Procureur général Mbitsi Théophile, qui remplace à ces fonctions, Gilbert Mouyabi, sont nommés suivant décret n° 2023-131 du 5 mai 2023 portant nomination des magistrats à la Cour suprême (cf. JORC n° 19-2023 du jeudi 11 mai 2023, p. 662), les magistrats du siège à la Cour suprême (§. 1) et ceux du parquet général (§. 2).

Parag. 1 – La nomination des magistrats au siège

Avaient été nommés, au siège de la Cour suprême, les présidents de chambres (A) et les juges (B).

A – Les présidents de chambres

Trois magistrats étaient nommés en qualité de présidents de chambres : Soukou Jean Romain, président de la chambre administrative. Il remplaçait, à ce poste, M. Albert Mbon ; Opo Alain Michel : président de la chambre pénale. Il succédait à M. Ngalebayi

Jean ; Boukaka Dominique : président de la chambre sociale. Il remplaçait Mme M'baki Koumba Hélène.

B - Les juges à la Cour suprême

Huit (8) juges furent nommés à la Cour suprême : Bouka Rufin, Akondo Ossengue, Nsonde Léonard, Ikolo Guy Alain, Okombi André Roger, Moulongo Jean-Marie, Gampika Marcelle, Kinouani Hervé.

Parag. 2 – La nomination au parquet général

Outre le Procureur général, Mbitsi Théophile et le premier avocat général, Kouloungou Ferdinand, furent nommés les avocats généraux suivants : Ganzino Ngounga Cyprien, Nzoulani Koumbou Serge Armel, Ngouampaka Gaston, Nzaba Pierre, Mme Gampika Marcelle, Openga Gilbert.

Section 2 – La nomination aux cours d'appel

190 - Nomination des magistrats aux cours d'appel. Suivant décret n° 2023-132 du 5 mai 2023 portant nomination des magistrats dans les cours d'appel pris en Conseil supérieur de la magistrature, des magistrats furent nommés aux cours d'appel de Brazzaville (§.1), Pointe-Noire (§. 2), Dolisie (§. 3), Owando (§. 4) et Ouesso (§. 5) comme rapporté ci-après.

Parag. 1 – La nomination à la CA de Brazzaville

191 – Nomination des magistrats en Conseil supérieur de la magistrature en 2023, nomination des magistrats à la Cour d'appel de Brazzaville. Il fut procédé à la nomination des magistrats du siège (A) et du parquet (B).

A – La nomination des magistrats au siège

Au siège de la Cour d'appel de Brazzaville, ont été nommés les magistrats suivants, en qualité de :

- **Président** : Ngombo Jean (sur les magistrats ayant, précédemment, occupé le poste de président de la cour d'appel de Brazzaville, cf. supra, chap. 4, la nomination des magistrats en

Conseil supérieur de la magistrature en 2018, sect. 2, la nomination aux cours d'appel, parag. 1, la nomination à la Cour d'appel de Brazzaville, A) Nomination des magistrats au siège, 1) Président, p. 262) ;

- **Vice-présidente** : Ikobo Tombo Germaine ;

- **Présidents de chambres** : présidente de la chambre correctionnelle : Wassi Praxède Aurelie, épouse Mavoungou ; président de la chambre sociale : Elangui Séraphin ; président de la Cour criminelle : Ngantso Firmin. Les prédécesseurs de ce dernier sont énumérés ci-dessus (cf. supra, chap. 4, la nomination des magistrats en Conseil supérieur de la magistrature en 2018, sect. 2, la nomination aux cours d'appel, parag. 1, la nomination à la Cour d'appel de Brazzaville en 2018, A) nomination des magistrats au siège, 3) Présidents de chambres, p. 263 ;) ; président de la chambre d'accusation : Samba Denis ; présidente de la chambre administrative : Koubounga Sylvie, épouse Mantari.

- **Conseillers** : Balou Dick Sydney, Bongobo Mokassa Dally Christelle, Diambou Bounkita Presley Dimitri, Diebe Marianne, Gaïko Chydérique Vostel, Ibara Ibombo Dann2, Itoua Mouanday Else Rolia, Itoua Ngaporo Doriane Marlène, Kiminou Paul Claver, Kinkela Princesse Katuixia, Mabiala Makaya Emmy Darelle, Malonga Eric Clinchard, Mangue Kengne Lorie, Mokele Ekoungoula Prisca, Mombonde Mambouli Dariasse, Moukiama Alix Romain, Mouyounga Ulrich, Mpan Nganzien Okana Melaine, Ngoka Apendi Eko Horty Mélanges, Nkouka Tsamba Nuptia Naïck, Okissakossy Abonayelle Dina Dorelle Titia, Olandzobo Tsieye Assemy, Sama Ognimba Occaso, Sende Bonazebi Pardelia, Souami Seybault Régis Augèle, Tsiba Engombo Patrick Elvisse, Wando Wenceslas Ruddy.

De trente (30) conseillers en 2018 (cf. supra, chap. 4, la nomination des magistrats en Conseil supérieur de la magistrature en 2018, sect. 2, la nomination aux cours d'appel, parag. 1, la nomination à la Cour d'appel de Brazzaville, A) nomination des magistrats au siège, 4) Conseillers, pp. 263 et 264), la cour d'appel de Brazzaville avait vu ses effectifs s'accroître de plusieurs autres magistrats nommés conseillers.

La Cour d'appel de Brazzaville comprendrait, au regard des chiffres révélés par les décrets n° 2018-103 du 14 mars 2018 portant nomination des magistrats dans les cours d'appel et n° 2023-132 du 5 mai 2023 portant nomination des magistrats dans les cours d'appel, environ cinquante-sept (57) conseillers en 2023.

Les fonctions de conseillers à la Cour d'appel de Brazzaville furent, précédemment, exercées par les magistrats dont les identités sont indiquées plus haut (cf. supra, chap. 4, la nomination des magistrats en Conseil supérieur de la magistrature en 2018, sect. 2, la nomination aux cours d'appel, parag. 1, la nomination des magistrats à la Cour d'appel de Brazzaville, A) nomination des magistrats au siège, 4) Conseillers, pp. 263 et 264).

B – La nomination au parquet général

- **Procureure générale** : Nkoua Emma Aline.

D'autres magistrats avaient, auparavant, assumé les fonctions de procureur général près la Cour d'appel de Brazzaville (cf., supra, pour leur identification, chap. 4, la nomination des magistrats en Conseil supérieur de la magistrature en 2018, sect. 2, la nomination aux cours d'appel, parag. 1, la nomination des magistrats à la Cour d'appel de Brazzaville, 2) nomination des magistrats au parquet général de la cour d'appel de Brazzaville, 1) Procureur général, p. 265).

- **Avocat général** : Itoua Roméo Priva.

Avant la nomination de l'avocat général Itoua Roméo Priva, plusieurs autres magistrats l'avaient précédé à ce poste (cf. supra, chap. 4, la nomination des magistrats en Conseil supérieur de la magistrature en 2018, sect. 2, la nomination des magistrats aux cours d'appel, parag. 1, la nomination des magistrats à la Cour d'appel de Brazzaville en 2018, 2) nomination des magistrats au parquet général de la cour d'appel de Brazzaville, b) Avocat général, p. 265).

- **Substituts généraux** : Ataba Roland, Baneme Gilles Bertrand, Bemba Vouala Ednève, Dimi Nianga Nzo ; Ebaka Mayanga Hilfgoth, Elenga Aristide, Goulou Lié Maixent, Mbengou Roméo, Mberi Kelvy Jean Murphy, Milandou Lenda, épouse Sitou, Milandou Milda Harold Cardorel, Ngouloubi Jérôme, Ngoya Ikamba, Nkouka Madede, Obea M'Akongo Koumou, Samba Edmond Anicet, Taty Bayonne Saul de Tarse.

Comme indiqué ci-dessus, d'autres magistrats avaient, plus tôt, exercé les fonctions de substitut général près la cour d'appel de Brazzaville (cf. supra, chap. 4, la nomination des magistrats en Conseil supérieur de la magistrature en 2018, sect. 2, la nomination aux cours d'appel, parag. 2, la nomination des magistrats à la Cour d'appel de Brazzaville, 2) nomination au parquet général de la cour d'appel de Brazzaville, c) Substituts généraux, pp. 265 et 266).

De six (6) en 2018, le nombre de substituts généraux augmenterait de dix-sept (17) en 2023. Au total, le parquet général de la cour d'appel de Brazzaville comprendrait, en 2023, environ vingt-trois (23) substituts généraux.

Parag. 2 - La nomination à la CA de Pointe-Noire

192 - Conseil supérieur de la magistrature, nomination des magistrats à la cour d'appel de Pointe-Noire en 2018.

A - La nomination des magistrats au siège

- **Président** : Loemba Etienne.

Avant 2023, la cour d'appel de Pointe-Noire avait enregistré des présidents de cette juridiction tel qu'indiqué plus haut (cf. supra, chap. 4, la nomination des magistrats en Conseil supérieur de la magistrature en 2018, sect. 2, la nomination aux cours d'appel, parag. 2, la nomination à la Cour d'appel de Pointe-Noire, A) nomination des magistrats du siège, 1) Président, 266).

- **Vice-président** : Elenga Dieudonné ;
- **Présidents de chambres** : Président de la Cour criminelle : Mbengou Patrick Raymond ; président de la 1ère chambre correctionnelle : Younga Kissengou Daniel ; président de la chambre sociale : Dikonda Marc. D'autres magistrats avaient occupé ce poste avant M. Dikonda Marc (cf. supra, chap. 4, la nomination des magistrats en Conseil supérieur de la magistrature en 2018, sect. 2, la nomination des magistrats aux cours d'appel, parag. 2, la nomination à la Cour d'appel de Pointe-Noire, A) nomination des magistrats du siège, 3) Présidents de chambres, p. 267,) ; président de la chambre administrative : Louboungou Félicien Pierre ; président de la 3ème chambre civile : Tchibinda Koka Gay vertu ; président de la chambre commerciale : Gombe Armando Feliz ; président de la chambre d'accusation : Makaya Jean Paul ; président de la 3ème chambre correctionnelle : Braz-Tiaba-Passy Pasco.
- **Conseillers** : Adoua Ndey Slim, Atipo Bakala Aimerance Junath, Balou Dick Sdney, Banzouzi Nounguini Carcelin, Laki Laka Mbani Prince Rama, Leckaly Shella, Loembe Kaddy Garonne Gironde, Louboungou France Leman Marachi, Mbama Jean Michel, Mouemeth Ella Ngono, Mounzeo Iwangous Aimé Fiacre Saquaire, Ngouloubi Missie yull, Okieli Victorien, Ombondzo Sebi Baptiste

Gaston, Pemba Taty Michel John Alain, Kaya Nzoussi Andréa Claudine steph.

Certains autres magistrats avaient, auparavant, assumé les fonctions de conseillers à la Cour d'appel de Pointe-Noire, (cf. supra, chap. 4, la nomination des magistrats en Conseil supérieur de la magistrature en 2018, sect. 2, la nomination aux cours d'appel, parag. 2, la nomination à la Cour d'appel de Pointe-Noire, A) nomination des magistrats du siège, 4) Conseillers, 267).

B - La nomination des magistrats au parquet général

- **Procureur général** : Itsa Roger Justin.

Les anciens procureurs généraux près la cour d'appel de Pointe-Noire figurent sur la liste indicative ci-dessus (cf. supra, chap. 4, la nomination des magistrats en Conseil supérieur de la magistrature en 2018, sect. 2, la nomination aux cours d'appel, parag. 2, la nomination à la Cour d'appel de Pointe-Noire, A) nomination des magistrats au parquet général, 1) Procureur général, p. 268).

- **Avocat général** : Mankita Clément.

Les noms et prénoms des magistrats qui avaient, précédemment, exercé les fonctions d'avocat général près la cour d'appel de Pointe-Noire sont indiqués plus haut (cf. supra, chap. 4, la nomination des magistrats en Conseil supérieur de la magistrature en 2018, sect. 2, la nomination aux cours d'appel, parag. 2, la nomination à la Cour d'appel de Pointe-Noire, A) nomination des magistrats au parquet général, 2) Avocat général, 268).

- **Substituts généraux** : Bikindou Honoré, Ebemby Ambono Ondze Fleuri Marcel, Kimfoko Soumou Clevert, Mamoni Goma Jessica Valérie, Mazouvi Frédéric, Mbongo Samuel Ulrich, Ouetinigue Frédéric, Souari Tania Stelicia Ralyne.

Parag. 3 – La nomination à la CA de Dolisie

193 - Conseil supérieur de la magistrature, nomination des magistrats à la Cour d'appel de Dolisie en 2018. Les magistrats furent nommés au siège (A) et au parquet (B).

A - La nomination des magistrats au siège

- **Président** : Moukila Roger.

Certains magistrats avaient, plus tôt, occupé ce poste (cf. supra, chap. 4, la nomination des magistrats en Conseil supérieur de la magistrature en 2018, sect. 2, la nomination aux cours d'appel, parag. 2, la nomination à la Cour d'appel de Dolisie, A) nomination des magistrats au siège, 1) président, p. 269).

- **Président de la Cour criminelle** : Monkessa Judicaël ;
- **Président de la chambre d'accusation** : Ebata Brell Gervais ;
- **Conseillers** : Iwandza Didier Narcisse, Moukala Moukoko René Morel, Moussounda Moutounou Stelphin, Moyen Kipiebe Nature, Ngouma Mapaka Ulrich Dimitry, Nguimbi Mana Jerry Lawson, Obambi Wilfrid Vivien.

B - La nomination des magistrats au parquet général

- **Procureur général** : Mikala Vladimir Matte Dimitri Laurbritte ;
- **Substituts généraux** : Bamba Saturnin Lovel, Benontadidi Léger Evrard, Kibiti Bavoueza Kardeck Défi.

Parag. 4 – La nomination à la CA d'Owando

194 - Conseil supérieur de la magistrature, nomination des magistrats à la Cour d'appel d'Owando en 2018. Les magistrats étaient nommés tant au siège (A) qu'au parquet (B).

A - La nomination des magistrats au siège

- **Président** : Embenga Valérien.

Plusieurs magistrats étaient, avant M. Embenga Valérien, nommés en cette qualité (cf. supra, chap. 4, la nomination des magistrats en Conseil supérieur de la magistrature en 2018, sect. 2, la nomination des magistrats aux cours d'appel, parag. 2, la nomination des magistrats à la Cour d'appel d'Owando, A) nomination des magistrats au siège, 1) Président, p. 270).

- **Conseillers** : Ekoundzola Christian Régis, Okombi Eligos, Oyilaka Maussaye Mao-Nic, Tsetsa Guy Saturnin.

B - La nomination des magistrats au parquet général

- **Procureur général** : Obambi Fidèle Juvet.

Le nouveau procureur général succédait, à ces fonctions, aux magistrats dont la liste est indiquée supra (cf. supra, chap. 4, la nomination des magistrats en Conseil supérieur de la magistrature en 2018, sect. 2, la nomination aux cours d'appel, parag. 2, la nomination à la cour d'appel d'Owando, A) nomination des magistrats au parquet général, 1) Avocat général, pp. 270 et 271) ;

- **Avocat général :** Mbon Brice Rhodes.

Quelques magistrats avaient, avant M. Mbon Brice Rhodes, exercé ces fonctions (cf. supra, chap. la nomination des magistrats en Conseil supérieur de la magistrature en 2018, sect. 2, la nomination aux cours d'appel, parag. 2, la nomination à la cour d'appel d'Owando, A) nomination des magistrats au parquet général, 2) Avocat général, p. 271) ;

- **Substitut général** : C'Kouayoukou Rolland Wilfrid.

Parag. 5 – La nomination à la CA d'Ouesso

195 - Conseil supérieur de la magistrature, nomination des magistrats à la Cour d'appel d'Ouesso en 2018. La cour d'appel d'Ouesso comprenait, au siège, un président, des présidents de chambres et des conseillers nommés comme ci-dessous (A). Au parquet général de la cour d'appel d'Ouesso, étaient nommés le procureur général, l'avocat général et les substituts généraux dont les noms et prénoms suivent (B).

A - La nomination des magistrats au siège

- **Président** : Ngoua Gabriel ;
- **Président de la Cour criminelle** : Moko Rock Charly ;
- **Président de la Chambre d'accusation** : Boungou Mouila Taffaric Vlady.
- **Conseillers** : Gandzien Cyr Olivier, Ndombi Bondo Elize Harmonie, Olondo Dekambi Dirvelis.

B - La nomination des magistrats au parquet général

- **Procureur général** : Mobongo Paul Maxime ;
- **Avocat général** : Itoua Lawaya Amouriche Zodiac.
- **Substituts généraux** : Ngounga Lalys Roger, Ouando Etounda Albin Wenceslas.

Section 3 – La nomination aux TGI

196 - Conseil supérieur de la magistrature, nomination des magistrats aux tribunaux de grande instance en 2023. Il fut procédé à la nomination des magistrats aux dix-sept (17) tribunaux de grande instance suivant décret n° 2023-133 du 5 mai 2023 portant nomination des magistrats dans les tribunaux de grande instance, administratifs, d'instance, du travail et de commerce (cf. JORC n° 19-2023 du jeudi 11 mai 2023, p. 667).

Au moyen du décret n° 2023-133 du 5 mai 2023 susdit, le président de la République nommait, aux fins de pourvoir les postes aux tribunaux de grande instance, les magistrats dans ces juridictions ayant leurs sièges dans les communes et les districts de la République du Congo. La nomination des magistrats était, donc, intervenue dans les dix-sept tribunaux de grande instance de Brazzaville (§. 1), Pointe-Noire (§. 2), Dolisie (§. 3), Owando (§. 4), Ouesso (§. 5) Oyo (§. 6) Mossaka (§. 7), Sibiti (§. 8), Madingou (9), Gamboma (§. 10), Impfondo (§. 11), Kinkala (§. 12), Ewo (§. 13), Kindamba (§. 14), Mouyondzi (§. 15), Mossendjo (§. 16), Djambala (§. 17). Les magistrats qui occupaient, précédemment, les postes pourvus sont, le cas échéant, indiqués avec la précision des textes réglementaires y afférents.

Parag. 1 – La nomination au TGI de Brazzaville

197 – Nomination des magistrats en Conseil supérieur de la magistrature en 2023, nomination des magistrats au TGI de Brazzaville. La nomination des magistrats intégrait ceux du siège (A), du parquet (B), des cabinets d'instruction (C) et du tribunal pour enfants de Brazzaville (D).

A - La nomination au siège du TGI de Brazzaville

Le Conseil supérieur de la magistrature avait procédé à la nomination des magistrats du siège du tribunal de grande instance de Brazzaville ainsi qu'il suit.

- **Président** : Oko Désiré.

Ces fonctions étaient, auparavant, occupées par les magistrats dont la liste est indiquée ci-haut (cf. supra, chap. 4, la nomination des magistrats en Conseil supérieur de la magistrature en 2018, sect. 3, la nomination aux tribunaux de grande instance, parag. 1, la nomination au tribunal de grande instance de Brazzaville, A) nomination au siège, 1) Président, pp. 272 et 273).

- **Vice-président** : Mabika Bazenguissa Bizon Christian.

D'autres magistrats étaient nommés, plus tôt, au poste de vice-président du tribunal de grande instance de Brazzaville (cf. supra, chap. 4, la nomination des magistrats en Conseil supérieur de la magistrature en 2018, sect. 3, la nomination aux tribunaux de grande instance, parag. 1, la nomination au tribunal de grande instance de Brazzaville, A) nomination au siège, 2), Vice-président, p. 273).

- **Président de chambres** : président de la première chambre civile : Oko Désiré, président du tribunal de grande instance de Brazzaville ; président de la deuxième chambre civile : Mabika Bazenguissa Bizon Christian, vice-président du tribunal de grande instance de Brazzaville. Certains magistrats étaient nommés, à ces fonctions, précédemment (cf. supra, chap. 4, la nomination des magistrats en Conseil supérieur de la magistrature en 2018, sect. 3, la nomination aux tribunaux de grande instance, parag. 1, la nomination au tribunal de grande instance de Brazzaville, A) nomination au siège, 3) Présidents de chambres, pp. 273 et 274). ; présidente de la 3ème chambre civile : Nkonimbe Ngala Louisy Philonvie ; présidente de la 4ème chambre civile : Mayela Alida Natacha épouse Douckaga ; présidente de la 6ème chambre civile : Mabika Ndembi Sandrine épouse Louvouezo ; présidente de la 1ère chambre correctionnelle : Yoka Stella ; présidente de la 2eme chambre correctionnelle : Gandou Alexandrine Doréa. Avant sa nomination, d'autres magistrats exerçaient ces fonctions (cf. supra, chap. 4, la nomination des magistrats en Conseil supérieur de la magistrature en 2018, sect. 3, la nomination aux tribunaux de grande instance, parag. 1, la nomination au tribunal de grande instance de Brazzaville, A) nomination au siège, 3) Présidents de chambres, pp. 273 et 274) ; présidente de la 3ème chambre correctionnelle : Gondo Elvyne Pressia ; président de la 4ème chambre correctionnelle : Ntsiba Elenga Hervé ; président de la 5ème chambre correctionnelle : Mbode Julien César ; président de la 7ème chambre correctionnelle : Boundzou Christian Junior ;

- **Juges** : Adoua Ngala, Eboua Dorel Gildas, Kaba Bitsene, Mantsounga Mberi Anicet, Mboungou Pambou Dorlica Carelle, Moufouta Christin Norel Rachid, Ngakosso Jean Rodrigue, Odzala Lendouma Fredéric, Oya Guylène Prisca, Toni Koumba Edson Wencelah ;

- **Cabinets d'instruction** : Doyenne des juges d'instruction : Eoussa Ngongo Claude Viviana. Certains magistrats l'avaient précédée à ce poste (cf. supra, chap. 4, la nomination des magistrats en Conseil supérieur de la magistrature en 2018, sect. 3, la nomination aux tribunaux de grande instance, parag. 1, la nomination au tribunal de grande instance de Brazzaville, A) nomination au siège, 5) Cabinet d'instruction, pp. 275 et 276).

- **2e cabinet d'instruction** : Ombola Itoua Gervais Ferrol. Le deuxième cabinet d'instruction avait, déjà, été occupé par certains juges d'instruction (cf. supra, chap. 4, la nomination des magistrats en Conseil supérieur de la magistrature en 2018, sect. 3, la nomination aux tribunaux de grande instance, parag. 1, la nomination au tribunal de grande instance de Brazzaville, A) nomination au siège, 5) cabinets d'instruction, sp. deuxième cabinet d'instruction, p. 276).
- **3e cabinet d'instruction** : Oyandza Chrysostome. La liste des magistrats nommés juges d'instruction ayant, auparavant, assumé leurs fonctions au troisième cabinet est indiquée plus haut (cf. supra, chap. 4, la nomination des magistrats en Conseil supérieur de la magistrature en 2018, sect. 3, la nomination aux tribunaux de grande instance, parag. 1, la nomination au tribunal de grande instance de Brazzaville, A) nomination au siège, sp. troisième cabinet d'instruction, p. 276).
- **8e cabinet d'instruction** : Ngoulou Moullath Alléluia ;
- **11e cabinet d'instruction** : Nkounkou Matondo Ravel Athel ;
- **12e cabinet d'instruction** : Lekouete Justin Raudé ;
- **13e cabinet d'instruction** : Elion Armano Beaubel Auffret.

B – La nomination au parquet du TGI de Brazzaville

Outre deux procureurs adjoints, furent nommés au parquet du tribunal de grande instance de Brazzaville, des substituts.

- **Procureur de la République adjoint, chargé des affaires pénales et civiles** : Mbongo Okoyo Jikel ;

- **Procureur de la République adjoint, chargé de la surveillance du registre des pièces d'exécution, de l'établissement des pièces d'exécution et de l'exécution des sentences pénales** : Eleni Ossebi Gwladys Orlande, épouse Bobianga ;

- **Substituts** :

• **Substituts chargés de la surveillance du registre des pièces d'exécution, de l'établissement des pièces d'exécution et de l'exécution des sentences pénales** : Bonga Béranger Ernest, Boukoumou Hilarion, Essale-Ngandebouya Estella, Gneneke Patrick Stève, Kana Aneth Josiane, épouse Makiosy, Matsouele Nzonzi Prudence, Mondzongo Pépin, Mossa Mbono Gildes, Moutoueba Loukombo Ronald Stève Primaël, Ngakala Grâce La Reine d'Abo, Ngassa Mbama Victor Judicaël, Ngatse Audrey, Ngouebara Nguenoni Sheila, Nianga Dimi Godefroy, Ondongo Mouetou Jeanne Valencia, Oyo née Yaca Nélie Dyane, épouse Oyo.

• **Substituts en complément d'effectifs** : Mobambo Maurice ; Okemba Ondongo, Yoka Mboyaka Adnette Carole.

Parag. 2 – La nomination au TGI de Pointe-Noire

198 – Conseil supérieur de la magistrature, nomination des magistrats au tribunal de grande instance de Pointe-Noire en 2023. A l'instar du tribunal de grande instance de Brazzaville, le tribunal de grande instance de Pointe-Noire avait enregistré, en 2023, les magistrats nommés au siège (A) et au parquet (B).

A – La nomination au siège du TGI de Pointe-Noire

- **Président** : Tendy Fango Reno Weber Von Espier.

Les magistrats nommés, avant 2023, en qualité de président du tribunal de grande instance de Pointe-Noire sont listés ci-dessus (cf. supra, chap. 4, la nomination des magistrats en Conseil supérieur de la magistrature en 2018, sect. 3, la nomination aux tribunaux de grande instance en 2018, parag. 2, la nomination des magistrats au tribunal de grande instance de Pointe-Noire, A) nomination au siège, 1) Président, p. 279) ;

- **Vice-président** : Ongale Okoumou Dimitri Firmin. Il était précédé, dans l'exercice de ces fonctions, par ses collègues listés ci-haut (cf. supra, chap. 4, la nomination des magistrats en Conseil supérieur de la magistrature en 2018, sect. 3, la nomination aux tribunaux de grande instance en 2018, parag. 2, la nomination des magistrats au tribunal de grande instance de Pointe-Noire, A) nomination au siège, 2) Vice-président, p. 279) ;

- **Présidents de chambres** : Président de la 1ère chambre civile :

Tendy Fango Reno Weber Von Espier, président du tribunal de grande instance de Pointe-Noire ; président de la 2ème chambre civile : Ongale Okoumou Dimitri Firmin, vice-président du tribunal de grande instance de Pointe-Noire ; président de la 3ème chambre civile : Molebe Amar Zita ; président de la 4ème chambre civile : Kiminou Jaime Allegro Renish ; président de la 1ère chambre correctionnelle : Abandzounou Nguili Davy Laurien ; président de la 2ème chambre correctionnelle : Mbouassa Maurice ; président de la 3ème chambre correctionnelle : Nziou Fred Levis ;

- **Cabinets d'instruction** : Doyen des juges d'instruction : Moungamboulou Amour Ruth. Les doyens d'instruction listés plus haut ont exercé ces fonctions avant le magistrat Moungamboulou Amour Ruth (cf. supra, chap. 4, la nomination des magistrats en Conseil supérieur de la magistrature en 2018, sect. 3, la nomination des magistrats aux tribunaux de grande instance en 2018, parag. 2, la nomination des magistrats au tribunal de grande instance de Pointe-Noire, B) nomination des magistrats au siège, 5) Cabinet d'instruction, sp. a) Doyen des juges, pp. 280 et 281) ;

- **4e cabinet d'instruction** : Ondonda Aude Trésor ;
- **6e cabinet d'instruction** : Nkie Bijoux Armelle Francy ;
- **7e cabinet d'instruction** : Mbwilu-Matondo Rajiv Ivi ;
- **8e cabinet d'instruction** : Mavoungou Laure Gladys, épouse Limingui ;
- **9e cabinet d'instruction** : Okengue Mohamed.

B – La nomination au parquet du TGI de Pointe-Noire

Le Conseil supérieur de la magistrature avait pourvu les postes de procureur de la République, procureur de la République adjoint et de substitut.

- **Procureure de la République** : Tsibi Ititi Stéphanie Souvenirs. Les magistrats qui ont exercé ces fonctions en cette qualité sont indiqués ci-dessus (cf. supra, chap. 4, la nomination des magistrats en Conseil supérieur de la magistrature en 2018, sect. 3, la nomination des magistrats aux tribunaux de grande instance en 2018, parag. 2, la nomination des magistrats au tribunal de grande instance de Pointe-Noire, B) nomination des magistrats au parquet, 1) Procureur de la République, p. 281 et 282) ;

- **Procureur de la République adjoint, chargé des affaires pénales et civiles** : Dinghat Dominique Arnaud Christ. Les magistrats qui l'ont précédé à ce poste sont indiqués ci-haut (cf. supra, chap. 4, la nomination des magistrats en Conseil supérieur de la magistrature en 2018, sect. 3, la nomination des magistrats aux tribunaux de grande instance en 2018, parag. 2, la nomination des magistrats au tribunal de grande instance de Pointe-Noire en 2018, B) nomination au parquet du TGI de Pointe-Noire en 2018, 2) Procureur de la République adjoint, p. 282) ;

- **Procureur de la République adjoint, chargé de la surveillance du registre des pièces d'exécution, de l'établissement des pièces d'exécution et de l'exécution des sentences pénales** : Matsiona Massengo Destin Jeffort Ados ;

- **Substituts chargés de la surveillance du registre des pièces d'exécution, de l'établissement des pièces d'exécution et de l'exécution des sentences pénales** : Itoua Ilessa Francilie Bherlie, Nguimbi Adjel Yannick Chrisray, Nziengui Maroundou Jude Dallia.

- **Substituts en complément d'effectifs** : Nzahou Carine Princia ; Tchikaya Yassinda Belphie Ingrid ; Tchicaya Yasmine.

Parag. 3 – La nomination au TGI de Dolisie en 2023

199 - Conseil supérieur de la magistrature, nomination des magistrats au tribunal de grande instance de Dolisie en 2023. De la même façon que les tribunaux de grande instance de Brazzaville et de Pointe-Noire, le tribunal de grande instance de Dolisie avait enregistré, en 2023, les magistrats nommés tant au siège (A) qu'au parquet dudit tribunal (B).

A – La nomination au siège du TGI de Dolisie

Etaient nommés, le président du tribunal de grande instance de Dolisie et les juges composant cette juridiction.

- **Président** : Bouloukouet Kabat Mersch

- **Juges** : Ebandza Francis ; Mandero Kako Ngouono Stephen Vichyle.

B – La nomination au parquet du TGI de Dolisie

- **Procureur de la République adjoint, chargé de la surveillance du registre des pièces d'exécution, de l'établissement des pièces d'exécution et de l'exécution des sentences pénales** :

Makosso Edie Blaise ;

- **Substitut chargé de la surveillance du registre des pièces d'exécution, de l'établissement des pièces d'exécution et de l'exécution des sentences pénales** : Goma Kaya Prince Héritier Espoir.

Parag. 4 – La nomination au TGI d'Owando

A - La nomination au siège du TGI d'Owando

Président : Akouala Habib Venceslas ;

B - La nomination au parquet du TGI d'Owando

- **Procureur de la République** : Moukilou Daniel ;
- **Procureur de la République adjoint, chargé de la surveillance du registre des pièces d'exécution, de l'établissement des pièces d'exécution et de l'exécution des sentences pénales** : Dimi Ghislain Wilfrid.

Parag. 5 – La nomination au TGI de Madingou

A - La nomination au siège du TGI de Madingou

- **Président** : Mampaha Michel Wesfally ;
- **Vice-Président** : Milandou Prosper.

B - La nomination au parquet du TGI de Madingou

Procureur de la République adjoint, chargé de la surveillance du registre des pièces d'exécution, de l'établissement des pièces d'exécution et de l'exécution des sentences pénales : Missengue Quefere Gilald.

Parag. 6 – La nomination au TGI d'Ouesso

A - La nomination au siège du TGI d'Ouesso

- **Président** : Armel Ibono Ulrich.
- **Juge** : Mpassi Nkouka Ghislain Josy.

- **Cabinets d'instruction** :

- **1er cabinet d'instruction** : Mbouatoba Micky Iris Bonheur ;
- **2e cabinet d'instruction** : Mabali Aubin Giscard Lebel.

B - La nomination au parquet du TGI d'Ouesso

- **Procureur de la République adjoint, chargé de la surveillance du registre des pièces d'exécution, de l'établissement des pièces d'exécution et de l'exécution des sentences pénales** : Mongo Constant Claude ;
- **Substitut chargé de la surveillance du registre des pièces d'exécution** : Missoueli Arnaud.

Parag. 7 – La nomination au TGI d'Oyo

A - La nomination au siège du TGI d'Oyo

- **Président** : Maboueki Jean Pierre ;
- **Cabinet d'instruction** : Lengouala Morel, en qualité de juge d'instruction.

B - La nomination au parquet du TGI d'Oyo

- **Procureur de la République :** Okana Douniama ;
- **Procureur de la République adjoint, chargé de la surveillance du registre des pièces d'exécution, de l'établissement des pièces d'exécution et de l'exécution des sentences pénales** : Baralongui Bimbo Christella Raïssa.

Parag. 8 – La nomination au TGI de Sibiti

A - La nomination au siège du TGI de Sibiti

- **Président :** Mboungou Nicolas Fernand ;
- **Cabinet d'instruction** : Lengouala Morel

B - La nomination au parquet du TGI de Sibiti

- **Procureur de la République** : Issanga Rizet Ulrich ;

- **Procureur de la République adjoint, chargé de la surveillance du registre des pièces d'exécution, de l'établissement des pièces d'exécution et de l'exécution des sentences pénales** : Boussoukou Hugues Juvet ;
- **Substitut chargé de la surveillance du registre des pièces d'exécution** : Ngoyi Mouandza Madima Roland Bob Nielvy.

Parag. 9 – La nomination au TGI de Mossaka

La nomination au parquet du TGI de Mossaka

Substitut chargé de la surveillance du registre des pièces d'exécution, de l'établissement des pièces d'exécution et de l'exécution des sentences pénales : Yocka Obambe Dominique Jonathan.

Parag. 10 – La nomination au TGI de Gamboma

A - La nomination au siège du TGI de Gamboma

Président : Atsoutsou Ahoue Mondésir.

B - La nomination au parquet du TGI de Gamboma

- **Procureur de la République :** Otouna Dimitri Gaël ;
- **Substitut chargé de la surveillance du registre des pièces d'exécution, de l'établissement des pièces d'exécution et de l'exécution des sentences pénales** : Kikouama Mabounda Firmin.

Parag. 11 – La nomination au TGI d'Impfondo

Les magistrats du ministère public étaient, uniquement, nommés, en 2018, au tribunal de grande instance d'Impfondo.

La nomination au parquet du TGI d'Impfondo

- **Procureur de la République** : Mpassi Marc Eric Vivien ;
- **Substitut chargé de la surveillance du registre des pièces d'exécution, de l'établissement des pièces d'exécution et de l'exécution des sentences pénales** : Likassi Yangouma Félix.

Parag. 12 – La nomination au TGI de Kinkala

La nomination au parquet du TGI de Kinkala

- **Procureur de la République** : Nzitoukoulou Baniemambou Ferry Alex ;
- **Substitut chargé de la surveillance du registre des pièces d'exécution, de l'établissement des pièces d'exécution et de l'exécution des sentences pénales** : Loubelo Romaric Chrysostome.

Parag. 13 – La nomination au TGI d'Ewo

La nomination au parquet du TGI d'Ewo

Substitut chargé de la surveillance du registre des pièces d'exécution, de l'établissement des pièces d'exécution et de l'exécution des sentences pénales : Karanda Lin Darhyl.

Parag. 14 – La nomination au TGI de Mouyondzi

Furent nommés : le juge d'instruction, le procureur de la République et le substitut du procureur de la République chargé de la surveillance du registre des pièces d'exécution, de l'établissement des pièces d'exécution et de l'exécution des sentences pénales.

A - La nomination au siège du TGI de Mouyondzi

Juge d'instruction : Bouetoumoussa geraubreed.

B - La nomination au parquet du TGI de Mouyondzi

Etaient nommés, uniquement, les magistrats du parquet. Les magistrats du siège furent, donc, maintenus à leur poste.

- **Procureur de la République :** Mpassi Mialoundama Ludovic **;**
- **Substitut chargé de la surveillance du registre des pièces d'exécution, de l'établissement des pièces d'exécution et de l'exécution des sentences pénales** : Moutou Nkounkou Prudence.

Parag. 15 – La nomination au TGI de Mossendjo

La nomination au parquet du TGI de Mossendjo

- **Procureur de la République :** Doufilou-Zola ;
- **Substitut chargé de la surveillance du registre des pièces d'exécution, de l'établissement des pièces d'exécution et de l'exécution des sentences pénales** : Tsiba Placide.

Parag. 16 – La nomination au TGI de Djambala

La nomination au parquet du TGI de Djambala

- **Procureur de la République** : Ndinga Bernadet Hoswold ;
- **Substitut chargé de la surveillance du registre des pièces d'exécution, de l'établissement des pièces d'exécution et de l'exécution des sentences pénales** : Gandou Francis Henri Bernard.

Section 4 – La nomination aux TA

200 - Conseil supérieur de la magistrature, nomination des magistrats aux tribunaux administratifs en 2023. Il avait été pourvu les postes au siège et au parquet des tribunaux administratifs de Brazzaville (§. 1) et de Pointe-Noire (§. 2), par décret du président de la République sur proposition du Conseil supérieur de la magistrature.

Parag. 1 – La nomination au TA de Brazzaville

La nomination au parquet du TA de Brazzaville

Substituts : Akabakou Mpan Bonheur, Kila Nkodia Ulrich François.

Parag. 2 – La nomination au TA de Pointe-Noire

La nomination au siège du TA de Pointe-Noire

Président : Tsamby Lhakhy Lovane.

La nomination au parquet du TA de Pointe-Noire

- **Procureur de la République** : Vouezolo Bongat Tendance Prisca ;
- **Substituts** : Amboulou Nos-Pavi, Dantsatoud Mpassy Cytromavic Pensée.

Section 5 – La nomination au tribunal pour enfants

201 – Conseil supérieur de la magistrature, nomination des magistrats au tribunal pour enfants de Pointe-Noire. Il s'était agi, pour le Conseil supérieur de la magistrature, de nommer la présidente du tribunal pour enfants de Pointe-Noire en la personne de Mme Nsimba Lucie Rosine.

Section 6 – La nomination aux tribunaux du travail

202 – Conseil supérieur de la magistrature, nomination des magistrats au tribunal du travail en 2023. A Brazzaville (§. 1) comme à Pointe-Noire (§. 2), les présidents des tribunaux du travail furent nommés.

Parag. 1 – La nomination au TT de Brazzaville

La nomination au siège du TT de Brazzaville

Présidente : Ondzié Ngoualoki Nathalie.

Parag. 2 – La nomination au TT de Pointe-Noire

La nomination au siège du TT de Pointe-Noire

Président : Ayessa Vendze Edlin Jubelor.

Section 7 – La nomination aux tribunaux d'instance

203 - Conseil supérieur de la magistrature, nomination des magistrats aux tribunaux d'instance en 2023. Afin de pourvoir certains postes qui le nécessitaient, le Conseil supérieur de la magistrature avait procédé à la nomination des magistrats dans quelques tribunaux d'instance.

Parag. 1 – La nomination au TI de Makélékélé-Bacongo

A - La nomination au siège du TI de Makélékélé-Bacongo

Président : Itoua Okombi Okouala Shaleur.

B - La nomination au parquet du TI de Makélékélé-Bacongo

Représentant du ministère public : Ngatse Audrey.

Parag. 2 – La nomination au TI de Poto-Poto-Moungali

A - La nomination au siège du TI de Poto-Poto-Moungali

Président : Ngoka Mami Emilie.

B - La nomination au parquet du TI de Poto-Poto-Moungali:

Représentant du ministère public : Yoka Mboyaka Adnette Carole.

Parag. 3 – La nomination au TI de Ouenzé-Talangaï

La nomination au siège du TI de Ouenzé-Talangaï

Président : Siangany Wawondo Rosine Valérie.

Parag. 4 – La nomination au TI de Mfilou

A - La nomination au siège du TI de Mfilou

Président : Gaïko Dorien Bardin.

B - La nomination au parquet du TI de Mfilou

Représentant du ministère public : Angara Charel Isaac.

Parag. 5 – La nomination au TI de Tié-Tié

La nomination au parquet du TI de Tié-Tié

Représentant du ministère public : Mampouele Liane Marlise.

Parag. 6 – La nomination au TI de Tchinouka

La nomination au siège du TI de Tchinouka

Président : Ngolo Ngampio Providence Géa Pathy.

Parag. 7 – La nomination au TI de Nkayi

La nomination au siège du TI de Nkayi

Président : Nguembi Massouanga Michel.

Parag. 8 – La nomination au TI de Makabana

La nomination au siège du TI de Makabana

Président : Mbilamambou Amour Modeste.

Parag. 9 – La nomination au TI d'Abala

A - La nomination au siège du TI d'Abala

Président : Ebara Jean Robert.

B - La nomination au parquet du TI d'Abala

Représentant du ministère public : Bossali Potasse.

Parag. 10 – La nomination au TI de Makoua

A - La nomination au siège du TI de Makoua

Président : Koumou Akondzo.

B - La nomination au parquet du TI de Makoua

Représentant du ministère public : Elenga Ondze Fred Rocklant.

Parag. 11 – La nomination au TI d'instance d'Etoumbi

La nomination au siège du TI d'instance d'Etoumbi

Président : Youndzi Vanabehi Juvanel Rodrigue.

Parag. 12 – La nomination au TI de Zanaga

La nomination au siège du TI de Zanaga

Président : Diakou Mouzita Revin Aslatène.

Parag. 13 – La nomination au TI de Madingo-Kayes

La nomination au siège du TI de Madingo-Kayes

- **Président** : Makaya Casir Roussel.
- **Représentant du ministère public** : Mikala Matsouaka Fridolin.

Section 8 – La nomination aux TC en 2023

204 - Nomination des magistrats en Conseil supérieur de la magistrature en 2023, nominations des magistrats aux tribunaux de commerce. La loi n° 022-92 du 20 août 1992 portant organisation du pouvoir judiciaire en République du Congo prévoit la faculté de création des tribunaux de commerce dans deux types de circonscriptions administratives dénommés district ou arrondissement dont le siège peut regrouper une ou plusieurs de ces entités (art. 91, al. premier de ladite loi).

La compétence des tribunaux de commerce englobe : - les contestations liées aux engagements et transactions entre négociants, marchands et banquiers ainsi que celles entre associés pour raison d'une société de commerce et, enfin, les contestations ayant trait aux actes de commerce entre toutes les personnes (art. 93, L. n° 022-92 du 20 août 1992 susmentionnée).

Les tribunaux de commerce comprennent un magistrat du siège, qui en est le président, nommé par décret du président de la République sur proposition du Conseil supérieur de la magistrature et des magistrats du ministère public nommés dans les mêmes conditions (art. 106, L. n° 022-92 du 20 août 1992 susdite).

Etant donné qu'il est prévu la récusation du président du tribunal de commerce, le président de la cour d'appel pourvoit à son remplacement au moyen d'une ordonnance par laquelle il nomme un magistrat du tribunal de grande instance ayant son siège dans la localité où siège le tribunal de commerce concerné.

Il était procédé, en 2023, par le Conseil supérieur de la magistrature, à la nomination des chefs de juridictions aux tribunaux de commerce de Brazzaville (§. 1) et de Dolisie (§. 2), comme ci-après.

Parag. 1 – La nomination au TC de Brazzaville

La nomination au parquet du TC de Brazzaville

Procureur de la République : Pandi Mokono Eric.

Parag. 2 – La nomination au TC de Dolisie

La nomination au siège du TC de Dolisie

Président : Massoueme Sley Paterson Lionel.

CHAPITRE VI

LE RENDEMENT DES MAGISTRATS EN 2024

Dans le contexte de la première rentrée judiciaire de la Cour suprême, depuis dix décennies et deux ans de sa création par la loi n° 4-62 du 20 janvier 1962, le président de la République, en sa qualité de président du Conseil supérieur de la magistrature, avait saisi cette occasion pour s'adresser aux magistrats lors de l'audience solennelle organisée à cet effet le 15 janvier 2024 au Palais des congrès de Brazzaville.

205 - Le rendement des magistrats en 2024. Le rendement des magistrats a été abordé sous les aspects de la lenteur de la justice (sect. 1) et de bilan du jugement des affaires par les juridictions nationales (sect. 2) et les statistiques du personnel magistrat (sect. 3).

Section 1 – La lenteur de la justice

206 – Rendement des magistrats, lenteur de la justice. Reconnaissant la place de la justice en tant que pouvoir, à côté du pouvoir exécutif et du pouvoir législatif, comme le prévoit la Constitution du 25 octobre 2015, le président de la République avait évoqué, au cours de l'audience solennelle de rentrée judiciaire de la Cour suprême tenue pour la première fois, au Palais des Congrès, l'indépendance de la justice. Selon lui, la justice « … rendue par des magistrats, à tous égards, dignes de confiance, demeure une quête permanente qui privilégie uniquement le triomphe de la règle de droit » » (cf. Parfait Wilfrid Douniama, « Justice, Denis Sassou Nguesso appelle à l'amélioration des délais de jugement », LDB, n° 4670, mardi 16 janvier 2024, p. 16 ; cf. également, « Message du président de la République à l'audience solennelle de rentrée judiciaire de la Cour suprême », LDB, n° 4670, mardi 16 janvier 2024, p. 4).

207 – Rendement des magistrats, invite du président de la République à la persévérance dans le travail acharné et conséquent. Le président de la République avait, au cours de l'audience solennelle de rentrée judiciaire de la Cour suprême tenue le 15 janvier 2024, invité les magistrats à « persévérer dans le travail acharné et conséquent afin que les statistiques à venir et tous autres rapports sur le fonctionnement des cours et tribunaux soient désormais plus éloquents » (cf. Message du président de la République à l'audience solennelle de rentrée judiciaire de la Cour suprême, LDB, n° 4670, mardi 16 janvier 2024, p. 4).

Regrettant les insuffisances constatées dans l'exécution des tâches des magistrats en fonction dans les juridictions, le président de la République avait souhaité ceci : « Pour cette année judiciaire (2024), je souhaite que s'intensifie l'effort de modernisation de notre système judiciaire par, entre autres, une meilleure organisation du travail au sein des cours et tribunaux » (cf. Cyr Armel Yabbat-Ngo, op. cit, p. 3). Selon lui « … les faiblesses déplorées au niveau de l'effort au travail, comme au plan strictement éthique et moral, ne seront plus que de lointains mauvais souvenirs, à jamais révolus. La justice doit prendre sa juste place dans la grande œuvre nationale de construction de l'Etat de droit » (cf. Message du président de la République à l'audience solennelle de rentrée judiciaire de la Cour suprême, LDB, n° 4670, mardi 16 janvier 2024, p. 4).

Section 2 – Le bilan du jugement des affaires

208 - Rendement des magistrats, bilan du jugement des affaires. S'adressant aux magistrats sous l'angle du rendement, le président de la République, proscrivant « sans réserve une justice hâtive et précipitée, souvent aux desseins inavoués », invitait les magistrats « à améliorer fondamentalement les délais de jugements » et à « combattre la lenteur qui érode l'image de la justice, ronge sa notoriété et peut, si l'on n'y prend garde, ruiner sa crédibilité devant l'opinion (cf. Cyr Armel Yabbat-Ngo, « Magistrats et huissiers rappelés au devoir d'honneur », LSA, n° 4213, vendredi 19 janvier 2024, p. 3). S'appuyant sur le nombre élevé de magistrats, il formulait cet l'espoir : « Avec près d'un millier de magistrats en fonction dans les cours et tribunaux et en attendant l'arrivée de nouveaux auditeurs de justice, le pari de la célérité et de l'efficacité dans le traitement des affaires peut et doit être gagné » (cf. Parfait Wilfrid Douniama,

« Justice, Denis Sassou Nguesso appelle à l'amélioration des délais de jugement », LDB, n° 4670, mardi 16 janvier 2024, p. 16 ; cf. également, « Message du président de la République à l'audience solennelle de rentrée judiciaire de la Cour suprême », LDB, n° 4670, mardi 16 janvier 2024, p. 4).

Il était, en effet, apparu du rapport relatif au traitement des dossiers, présenté par le premier président de la Cour suprême, le bilan suivant en ce qui concerne le jugement des affaires par les juridictions :

- Au niveau de la Cour suprême, « 1154 arrêts ont été rendus en 2023 » et « 1295 requêtes de pourvoi en cassation demeurent, malheureusement, en cours d'instruction » (cf. Cyr Armel Yabbat-Ngo, « Henri Bouka plaide pour une justice nouvelle », LSA, n° 4214, vendredi 26 janvier 2024, p. 3). Selon le premier président de la Cour suprême, qui annonce ces statistiques, « … La Cour n'est pas heureuse de le dire, mais elle le dit et est tenue de le dire » (cf. Cyr Armel Yabbat-Ngo, « Henri Bouka plaide pour une justice nouvelle », LSA, n° 4214 du vendredi 26 janvier 2024, p. 3) ;
- Les cours d'appel de Brazzaville, Pointe-Noire, Dolisie, Owando et Ouesso « ont jugé mille neuf cent trente-huit (1938) affaires ; cent cinquante-neuf (159) affaires ont été jugées lors de la session criminelle sur les deux cent vingt (220) enrôlées » (cf. Cyr Armel Yabbat-Ngo, « Henri Bouka plaide pour une justice nouvelle », LSA, n° 4214, vendredi 26 janvier 2024, p. 3) ;
- Les tribunaux de grande instance « ont jugé neuf mille cent quarante et une (9141) affaires » (cf. Cyr Armel Yabbat-Ngo, « Henri Bouka plaide pour une justice nouvelle », LSA, n° 4214, vendredi 26 janvier 2024, p. 3) ;
- Les tribunaux d'instance ont jugées 4246 affaires (cf. Cyr Armel Yabbat-Ngo, « Henri Bouka plaide pour une justice nouvelle », LSA, n° 4214, vendredi 26 janvier 2024, p. 3) ;
- Les tribunaux administratifs ont jugé 150 affaires (cf. Cyr Armel Yabbat-Ngo, « Henri Bouka plaide pour une justice nouvelle », LSA, n° 4214, vendredi 26 janvier 2024, p. 3) ;
- Les tribunaux du commerce ont jugé 1636 affaires (cf. Cyr Armel Yabbat-Ngo, « Henri Bouka plaide pour une justice nouvelle », LSA, n° 4214, vendredi 26 janvier 2024, p. 3) ;
- Les tribunaux du travail ont jugé 1156 affaires (cf. Cyr Armel Yabbat-Ngo, « Henri Bouka plaide pour une justice nouvelle », LSA, n° 4214, vendredi 26 janvier 2024, p. 3).

209 - Rendement des magistrats, résorption du retard de traitement des dossiers. Il semblerait que le sentiment du premier président de la Cour suprême sur le rendement des juridictions ne serait pas satisfaisant, puisqu'il aurait « rassuré le Président du Conseil supérieur de la Magistrature que la Cour suprême travaille pour absorber tout ce retard » (cf. Cyr Armel Yabbat-Ngo, « Henri Bouka plaide pour une justice nouvelle », LSA, n° 4214, vendredi 26 janvier 2024, p. 3).

210 - Rendement des magistrats, apologie d'une justice nouvelle. Il est rapporté que le premier président de la Cour suprême « a plaidé pour une justice nouvelle… cette justice qui rassure et sécurise, qui protège celui qui a raison contre le nanti mais qui protège tout autant le puissant contre le faible qui veut faire de sa position sociale un passe-droit. C'est le principe de la balance. La justice ne doit pas se tromper, elle doit être juste et prompte » (cf. Cyr Armel Yabbat-Ngo, « Henri Bouka plaide pour une justice nouvelle », LSA, n° 4214, vendredi 26 janvier 2024, p. 3). Ceci aurait suscité les interrogations suivantes : « En annonçant l'avènement d'une justice nouvelle, est-ce la fin de la récréation ? Allons-nous plus assister à des délais de jugement moins longs ? Des personnes placées plus de deux ans à la maison d'arrêt sans être jugées ? A des passe-droits pour libérer certains détenus ? Des erreurs de qualifications des faits ? La perte de certains dossiers sensibles ? La lenteur dans le traitement des affaires ? La cooptation de certains magistrats dans le traitement de certaines affaires ? Le non-respect des délais de garde à vue ? » (cf. Kaud, « Le chien aboie, la caravane passe », LSA, n° 4214, vendredi 26 janvier 2024, p. 3).

Section 3 – Les statistiques relatives au personnel magistrat

211 – Statistiques relatives au personnel magistrat, nombre de magistrats dans les juridictions en 2024. Les statistiques relatives au personnel magistrat en 2024 résulteraient de l'allocution du premier président de la Cour suprême, lors de l'audience de rentrée solennelle de cette juridiction, le 15 janvier 2024, au Palais des congrès de Brazzaville. Il aurait, en effet, à cette occasion, fait savoir que le nombre de magistrats en fonction dans les juridictions se décomposerait, globalement, ainsi qu'il suit :

- 151 magistrats dans les cinq (5) cours d'appel de Brazzaville, Pointe-Noire, Dolisie, Owando et Ouesso ;

- 631 magistrats au sein des dix-sept (17) tribunaux de grande instance de Brazzaville, Pointe-Noire, Dolisie, Owando, Madingou, Ouesso, Oyo, Mossaka, Sibiti, Gamboma, Impfondo, Kinkala, Ewo, Kindamba, Mouyondzi, Mossendjo, Djambala ;

- 26 magistrats en service à la Cour suprême.

Il n'aurait, donc, pas été évoqué de statistiques relatives :

- Aux magistrats en fonction dans les vingt-trois (23) tribunaux d'instance de Bacongo-Makélékélé, Poto-Poto-Moungali, Ouenzé-Talangaï, Ignié, M'filou, Lissanga Ile M'bamou, Makoua, Pokola, Tié-Tié, Tchinouka, Tchiamba-Nzassi, Hinda, Mvouti, Foundou-Foundou (Dolisie), Youlou Poungui (Dolisie), Zanaga, Nkayi, Okoyo, Makabana, Etoumbi, Kellé, Abala et Ngo ;

- Aux magistrats des tribunaux administratifs de Brazzaville et de Pointe-Noire ;

- Aux magistrats des tribunaux du travail de Brazzaville, de Pointe-Noire et de Dolisie ;

- Aux magistrats en fonction dans les tribunaux de commerce de Brazzaville, de Pointe-Noire et de Dolisie ;

- Aux magistrats en service à l'inspection générale des juridictions et des services judiciaires ;

- Aux magistrats des tribunaux pour enfants de Brazzaville et de Pointe-Noire ;

- Aux magistrats en fonction à la Cour des comptes et de discipline budgétaire.

212 – Auditeurs de justice, nombre en 2024. L'effectif des auditeurs de justice aurait, également, été indiqué comme ci-après, par le premier président de la Cour suprême présentant le bilan de leur formation au cours de l'audience solennelle sus évoquée :

- 352 auditeurs de justice « en formation » ;

- 112 auditeurs de justice « sortis de Tunisie et de l'ENAM à Brazzaville » ;

- 34 « autres auditeurs de justice attendent leur formation à l'ENAM » (cf. Cyr Armel Yabbat-Ngo, « Henri Bouka plaide pour une justice nouvelle », LSA, n° 4214 du vendredi 26 janvier 2024, p. 3).

213 – Evolution des effectifs des magistrats en 2015, à la Cour

suprême, à la Cour des comptes et de discipline budgétaire et aux cours d'appel. En 2015, l'effectif des magistrats se présentait comme suit dans ces juridictions :

- **Cour suprême**, 23 magistrats :
  - 16 magistrats au siège : 01 premier président, 01 vice-président, 01 président de la 3ᵉ chambre civile, 01 président de la chambre pénale, 01 président de la première chambre sociale, 01 président de la deuxième chambre sociale et 10 juges ;
  - 07 magistrats au parquet général : 01 procureur général, 01 premier avocat général, 05 avocats généraux ;
- **Cour des comptes et de discipline budgétaire**, 17 magistrats :
  - 12 magistrats au siège : 01 premier président, 01 vice-président, 01 président de la chambre des collectivités locales, 01 président de la chambre des entreprises d'Etat et 08 conseillers ;
  - 05 magistrats au parquet général : 01 procureur général, 01 premier avocat général, 03 substituts généraux.
- **Cour d'appel de Brazzaville**, 29 magistrats :
  - 22 magistrats au siège : 01 premier président, 01 vice-président, 01 président de la deuxième chambre civile, 01 président de la Cour criminelle, 01 président de la chambre administrative, 01 président de la deuxième chambre correctionnelle, 01 président de la chambre d'accusation, 01 président de la chambre sociale, 14 conseillers ;
  - 07 magistrats au parquet général : 01 procureur général, 01 avocat général, 05 substituts généraux).
- **Cour d'appel de Pointe-Noire**, 28 magistrats :
  - 20 magistrats au siège : 01 premier président, 01 vice-président, 01 président de la deuxième chambre civile, 01 président de la Cour criminelle, 01 président de la deuxième chambre correctionnelle, 01 présidente de la chambre d'accusation, 01 président de la chambre commerciale, 01 président de la chambre sociale, 01 président de la chambre administrative et 11 conseillers) ;
  - 08 magistrats au parquet général : 01 procureur général, 01 avocat général, 06 substituts généraux.
- **Cour d'appel de Dolisie**, 07 magistrats :
  - 05 magistrats au siège : 01 premier président et 04 conseillers ;

• 02 magistrats au parquet général : 01 procureur général et 01 avocat général.

- **Cour d'appel d'Owando**, 06 magistrats :

• 04 magistrats au siège : 01 premier président et 03 conseillers ;

• 02 magistrats au parquet général : 01 procureur général et 01 substitut général.

- **Cour d'appel d'Ouesso**, 05 magistrats :

• 03 magistrats au siège : 01 premier président et 02 conseillers ;

• 02 magistrats au parquet général : 01 procureur général et 01 avocat général.

214 – Tableau synoptique représentant les effectifs des magistrats à la Cour suprême, à la Cour des comptes et de discipline budgétaire et aux cours d'appel en 2015

Cours	Magistrats au siège	Magistrats au parquet	Total
Cour suprême	16	07	23
CCDB	12	05	17
CA BZV	22	7	29
CA PN	20	08	28
C A Dolisie	05	02	07
C A Owando	04	02	06
C A Ouesso	03	02	05
Total général	**82**	**33**	**115**

Source : CSM, RM, édition 2015, pp. 24-49.

215 – Effectifs des magistrats en 2018, à la Cour suprême et aux cours d'appel. Les statistiques, en 2018, étaient les suivantes à la Cour suprême et aux cours d'appel :

- **Cour suprême**, 29 magistrats :

• Siège : 22 magistrats : 01 premier président, 01 vice-président, 01 président de la 3e chambre civile, 01 président de la chambre administrative, 01 président de la chambre pénale, 01 président de la chambre commerciale, 01 président de la chambre sociale, 15 juges.

- Parquet général : 07 magistrats : 01 procureur général, 01 premier avocat général, 05 avocats généraux.

- **Cour d'appel de Brazzaville**, 49 magistrats :
  - 40 magistrats au siège : 01 président, 01 vice-président, 01 président de la deuxième chambre civile, 01 président de la Cour criminelle, 01 président de la chambre administrative, 01 président de la deuxième chambre correctionnelle, 01 président de la chambre d'accusation, 01 président de la chambre sociale, 01 président de la troisième chambre civile, 01 président de la quatrième chambre civile, 01 président de la chambre commerciale ; 29 juges ;
  - 09 magistrats au parquet général : 01 procureur général, 01 avocat général et 07 substituts généraux.

- **Cour d'appel de Pointe-Noire**, 39 magistrats au siège et au parquet :
  - 33 magistrats au siège : 01 présidente, 01 vice-président, 01 président de la deuxième chambre civile, 01 président de la Cour criminelle, 01 président de la deuxième chambre correctionnelle, 01 président de la chambre d'accusation, 01 président de la chambre commerciale, 01 président de la chambre sociale, 01 président de la troisième chambre correctionnelle, 01 président de la chambre administrative et 23 conseillers ;
  - 06 magistrats au parquet général : 01 procureur général, 01 avocat général, 04 substituts généraux.

- **Cour d'appel de Dolisie**, 15 magistrats :
  - 12 magistrats au siège : 01 président, 01 vice-président, 01 président de la Cour criminelle, 01 président de la chambre d'accusation et 08 conseillers ;
  - 03 magistrats au parquet général : 01 procureur général, 01 avocat général, 01 substitut général.

- **Cour d'appel d'Owando**, 13 magistrats :
  - 08 magistrats au siège : 01 président, 01 vice-président, 01 président de la chambre d'accusation et 05 conseillers ;
  - 05 magistrats au parquet général : 01 procureur général, 01 avocat général, 03 substituts généraux.

- **Cour d'appel d'Ouesso**, 12 magistrats :
  - 08 magistrats au siège : 01 président, 01 vice-président, 01 président de la cour criminelle, 01 président de la chambre d'accusation, 04 conseillers ;

- 04 magistrats au parquet général : 01 procureur général, 01 avocat général, 02 substituts généraux.

216 – Tableau synoptique représentant les effectifs des magistrats à la Cour suprême et aux cours d'appel en 2018

Cours	Magistrats au siège	Magistrats au parquet	Total
Cour suprême	22	07	29
CA BZV	40	09	49
CA PN	33	06	39
CA Dolisie	12	03	15
CA Owando	08	05	13
CA Ouesso	08	04	12
Total général	**123**	**34**	**157**

Source : CSM, RM, édition 2018-2019, pp. 25-51.

217 - Tableau synoptique représentant les effectifs des magistrats à la Cour suprême, à la Cour des comptes et de discipline budgétaire et aux cours d'appel en 2015 et 2018

N° d'ordre	Années / Cours	2015	2018	Evolution des effectifs
01	Cour suprême	23	29	06
02	CA BZV	29	49	20
03	CCDB	17	00	-17
04	CA PN	28	39	11
05	CA Dolisie	07	15	08
06	CA Owando	06	13	07
07	CA Ouesso	05	12	07
Total général		**115**	**157**	**42**

A la CCDB, « **00** », en 2018, signifie qu'il n'y a pas eu de nomination. L'évolution des effectifs de magistrats résulte, donc, de la soustraction de l'effectif de 2018 de celui de 2015. C'est ainsi que **00 - 17 = - 17.**

Sources : CSM, RM, édition 2015, pp. 24-49 et édition 2018-2019, pp. 25-51.

218 - Effectifs des magistrats en 2015, nombre de magistrats dans les tribunaux de grande instance. L'organisation judiciaire congolaise, issue de la loi n° 6-61 du 11 janvier 1961 fixant l'organisation judiciaire, était remise en cause par les lois postérieures, en l'occurrence la loi n° 53-83 du 21 avril 1983 portant réorganisation de la justice en République populaire du Congo, la loi n° 022-92 du 20 août 1992 portant organisation du pouvoir judiciaire, la loi n° 19-99 du 15 août 1999 modifiant et complétant certaines dispositions de la loi n° 022-92 du 20 août 1992 portant organisation du pouvoir judiciaire. Nonobstant la réforme opérée en 1999, les tribunaux de grande instance conservaient leur organisation initiée en 1992.

- **Tribunal de grande instance de Brazzaville**, 90 magistrats : 60 magistrats au siège : 01 président, 01 vice-président, 01 président de la deuxième chambre civile, 01 président de la deuxième chambre correctionnelle, 01 président de la troisième chambre civile, 01 président de la troisième chambre correctionnelle, 01 président de la quatrième chambre civile, 01 président de la quatrième chambre correctionnelle, 01 président de la cinquième chambre civile, 01 président de la cinquième chambre correctionnelle, 01 président de la sixième chambre correctionnelle, 49 juges ; 30 magistrats au parquet : 01 procureur de la République, 01 procureur de la République adjoint, 28 substituts du procureur de la République ;
- **Tribunal de commerce de Brazzaville**, 02 magistrats : 01 magistrat au siège, président ; 01 magistrat au parquet, procureur de la République.
- **Tribunal du travail de Brazzaville**, 01 magistrat (président).
- **Tribunal de grande de Pointe-Noire**, 57 magistrats : 35 magistrats au siège : 01 président, 01 vice-président, 01 président de la première chambre correctionnelle, 01 président de la deuxième chambre correctionnelle, 01 président de la troisième chambre civile, 01 président de la troisième chambre correctionnelle, 29 juges ; 22 magistrats au parquet : 01 procureur de la République, 01 procureur de la République adjoint, 20 substituts du procureur de la République ;
- **Tribunal de commerce de Pointe-Noire**, 01 magistrat (président) :
- **Tribunal du travail de Pointe-Noire**, 01 magistrat (président) ;
- **Tribunal de grande instance de Dolis**ie, 16 magistrats : 11 magistrats au siège : 01 président, 10 juges ; 05 magistrats au parquet : 01 procureur de la République et 04 substituts ;

- **Tribunal de grande instance d'Owando**, 11 magistrats : 07 magistrats au siège : 01 président, 06 juges ; 04 magistrats au parquet : 01 procureur de la République et 03 substituts ;

- **Tribunal de grande instance de Madingou**, 09 magistrats : 06 magistrats au siège : 01 président, 05 juges ; 03 magistrats au parquet : 01 procureur de la République et 02 substituts du procureur de la République ;

- **Tribunal de grande instance d'Ouesso**, 11 magistrats : 07 au siège : 01 président, 06 juges ; 04 au parquet : 01 procureur de la République et 03 substituts du procureur de la République ;

- **Tribunal de grande instance d'Oyo**, 11 magistrats : 08 magistrats au siège : 01 président, 07 juges ; 03 magistrats au parquet : 01 procureur de la République et 02 substituts du procureur de la République ;

- **Tribunal de grande instance de Mossaka**, 08 magistrats : 05 au siège : 01 président, 04 juges ; 03 magistrats au parquet : 01 procureur de la République ; 02 substituts du procureur de la République ;

- **Tribunal de grande instance de Sibiti**, 07 magistrats : 04 au siège : 01 président, 03 juges ; 03 magistrats au parquet : 01 procureur de la République ; 02 substituts du procureur de la République ;

- **Tribunal de grande instance de Gamboma**, 12 magistrats : 08 magistrats au siège : 01 président, 07 juges ; 04 magistrats au parquet : 01 procureur de la République et 03 substituts du procureur de la République ;

- **Tribunal de grande instance d'Impfondo**, 07 magistrats : 04 magistrats au siège : 01 président, 03 juges ; 03 magistrats au parquet : 01 procureur de la République et 02 substituts du procureur de la République ;

- **Tribunal de grande instance de Kinkala**, 11 magistrats : 08 au siège : 01 président, 07 juges ; 03 magistrats au parquet : 01 procureur de la République et 02 substituts ;

- **Tribunal de grande instance d'Ewo**, 06 magistrats : 04 au siège : 01 président, 03 juges ; 02 magistrats au parquet : 01 procureur de la République et 01 substitut du procureur de la République ;

- **Tribunal de grande instance de Kindamba**, 07 magistrats : 04 au siège : 01 président, 03 juges ; 03 magistrats au parquet : 01 procureur de la République ; 02 substituts du procureur de la République ;

- **Tribunal de grande instance de Mouyondzi**, 07 magistrats :

05 au siège : 01 président, 04 juges ; 02 magistrats au parquet : 01 procureur de la République ; 01 substitut ;

- **Tribunal de grande instance de Mossendjo**, 04 magistrats : 02 magistrats au siège : 01 président, 01 juge du siège ; 02 magistrats au parquet : 01 procureur de la République, 01 substitut du procureur.

- **Tribunal de grande instance de Djambala**, 07 magistrats : 04 au siège : 01 président du tribunal, 03 juges ; 03 magistrats au parquet : 01 procureur de la République, 02 substituts du procureur.

219 - Tableau synoptique représentant les effectifs de magistrats aux tribunaux de grande instance en 2015

N° d'ordre	Tribunaux de grande instance	Siège	Parquet	Total
01	Brazzaville	60	30	90
02	Pointe-Noire	35	22	57
03	Dolisie	11	05	16
04	Owando	07	04	11
05	Madingou	06	03	09
06	Ouesso	07	04	11
07	Oyo	8	03	11
08	Mossaka	05	03	08
09	Sibiti	04	03	07
10	Gamboma	08	04	12
11	Impfondo	04	03	07
12	Kinkala	08	03	11
13	Ewo	04	02	06
14	Kindamba	04	03	07
15	Mouyondzi	05	02	07
16	Mossendjo	02	02	04
17	Djambala	04	03	07
Total général		**182**	**99**	**281**

Source : CSM, RM, édition 2015, pp. 54-100.

220 - Effectifs des magistrats en 2018, nombre de magistrats dans les tribunaux de grande instance, les tribunaux administratifs, les tribunaux du travail et les tribunaux de commerce. Le personnel magistrat était, ainsi, dénombré :

- **Tribunal de grande instance de Brazzaville**, 168 magistrats : 136 magistrats au siège (01 président, 01 vice-président, 01 président de la deuxième chambre civile, 01 président de la deuxième chambre correctionnelle, 01 président de la troisième chambre civile, 01 président de la troisième chambre correctionnelle, 01 président de la quatrième chambre civile, 01 président de la quatrième chambre correctionnelle, 01 président de la cinquième chambre civile, 01 président de la cinquième chambre correctionnelle, 01 président de la sixième chambre civile, 01 président de la sixième chambre correctionnelle ; 124 juges) ; 32 magistrats au parquet du procureur de la République (01 procureur de la République, 01 procureur de la République adjoint, 30 substituts du procureur de la République).

- **Tribunal administratif de Brazzaville**, 16 magistrats : 12 magistrats au siège (01 président, 01 vice-président, 10 juges) ; 04 magistrats au parquet du procureur de la République (01 procureur de la République et 03 substituts du procureur de la République.

- **Tribunal de commerce de Brazzaville**, 03 magistrats : 01 magistrat au siège (président) ; 02 magistrats au parquet (01 procureur de la République, 01 substitut).

- **Tribunal du travail**, 01 magistrat (président).

- **Tribunal de grande instance de Pointe-Noire.** On pouvait observer, qu'en 2018, après la nomination des magistrats effectuée en 2015, l'augmentation du nombre de magistrats au tribunal de grande instance de Pointe-Noire, au siège et au parquet, était de moitié par rapport à l'accroissement opéré, la même année, au tribunal de grande instance de Brazzaville, tous services confondus (parquet et siège). En effet, alors qu'au tribunal de grande instance de Brazzaville, 90 magistrats y exerçaient leurs fonctions, cette juridiction comptait 168 magistrats en 2018 soit une augmentation de 78 magistrats en trois ans. Au tribunal de grande instance de Pointe-Noire, cet accroissement fut de 39 magistrats comme le révèlent les statistiques suivantes du nombre de magistrats dans cette juridiction en 2018 : 96 magistrats : 76 magistrats au siège (01 président, 01 vice-président, 01 président de la deuxième chambre civile, 01 président de la deuxième chambre correctionnelle, 01 président de la troisième chambre civile, 01 président de la troisième chambre correctionnelle, 01 président de la quatrième chambre civile ; 69 juges) ; 20 magistrats au parquet du procureur de la République (01 procureur de la République, 01 procureur de la République adjoint, 18 substituts du procureur de la République) ;

- **Tribunal administratif de Pointe-Noire**, 09 magistrats : 06 magistrats au siège (01 président, 05 juges) ; 03 magistrats au parquet du procureur de la République (01 procureur de la République, 02 substituts du procureur de la République) ;

- **Tribunal de commerce de Pointe-Noire**, 02 magistrats : 01 magistrat au siège (président) ; 01 magistrat au parquet du procureur de la République (procureur de la République).

- **Tribunal du travail de Pointe-Noire**, 01 magistrat : président.

- **Tribunal de grande instance de Dolisie.** Il ressortait des statistiques relatives à l'effectif des magistrats, en 2018, au tribunal de grande instance de Dolisie, qu'alors que 16 magistrats étaient en service au sein de cette juridiction en 2015, ce nombre montait à plus du double pour atteindre 33 magistrats, en 2018 (cf. Troisième partie, le pouvoir judiciaire, titre 2, la nomination des magistrats de 1997 à 2024, chap. 4, le rendement des magistrats en 2024, sect. 3, les statistiques relatives au personnel magistrat, n° 222, tableau synoptique relatif au nombre de magistrats dans les tribunaux de grande instance en 2015 et 2018, p. 347). Ainsi se présentait le nombre de magistrats, au siège et au parquet du tribunal de grande instance de Dolisie en 2018 : 33 magistrats dont 21 magistrats au siège (01 président, 01 vice-président, 19 juges) ; 12 magistrats au parquet (01 procureur de la République, 01 procureur de la République adjoint et 10 substituts du procureur de la République) ;

- **Tribunal de grande instance d'Owando**, 21 magistrats : 13 magistrats au siège (01 président, 01 vice-président, 11 juges) ; 08 magistrats au parquet du procureur de la République : 01 procureur de la République, 01 procureur de la République adjoint et 06 substituts.

- **Tribunal de grande instance de Madingou**, 08 magistrats : 04 magistrats au siège (01 président, 01 vice-président, 02 juges) ; 04 magistrats au parquet (01 procureur de la République, 01 procureur de la République adjoint ; 02 substituts du procureur de la République) ;

- **Tribunal de grande instance d'Ouesso,** 17 magistrats : 10 magistrats au siège (01 président, 01 vice-président, 08 juges) ; 07 magistrats au parquet (01 procureur de la République, 01 procureur de la République adjoint, 05 substituts du procureur de la République) ;

- **Tribunal de grande instance d'Oyo**, 10 magistrats : six (06) magistrats au siège (01 président, 05 juges) ; quatre (04) magistrats au parquet (01 procureur de la République, 03 substituts du procureur de la République) ;

- **Tribunal de grande instance de Mossaka**. Du tableau synoptique représentant les effectifs de magistrats aux tribunaux de grande instance, en 2018, il apparaissait que le tribunal de grande instance de Mossaka disposait d'un nombre faible de magistrats. Le classement audit tableau montrait qu'il occupait le neuvième rang au regard du nombre de magistrats après les tribunaux de grande instance de Brazzaville, Pointe-Noire, Dolisie, Owando, Ouesso, Oyo, Gamboma et Ewo (cf. Troisième partie, le pouvoir judiciaire, titre 2, la nomination des magistrats de 1997 à 2024, chap. 4, le rendement des magistrats en 2024, sect. 3, les statistiques relatives au personnel magistrat, n° 221, tableau synoptique représentant les effectifs de magistrats aux tribunaux de grande instance en 2018, p. 346), soit 09 magistrats : 06 magistrats au siège (01 président, 01 vice-président, 04 juges) ; 03 magistrats au parquet (01 procureur de la République, 02 substituts du procureur de la République) ;

- **Tribunal de grande instance de Sibiti**, 09 magistrats : 05 magistrats au siège (01 président, 01 vice-président, 03 juges ; 04 magistrats au parquet (01 procureur de la République, 01 procureur de la République adjoint, 02 substituts du procureur de la République) ;

- **Tribunal de grande instance de Gamboma**, 10 magistrats : 07 magistrats au siège (01 président, 06 juges ; 03 magistrats au parquet du procureur de la République (01 procureur de la République, 02 substituts du procureur de la République) ;

- **Tribunal de grande instance d'Impfondo**, 05 magistrats : 03 magistrat au siège (01 président, 02 juges ; 02 magistrats au parquet du procureur de la République (01 procureur de la République, 01 substitut du procureur de la République) ;

- **Tribunal de grande instance de Kinkala**, 08 magistrats : 05 magistrats au siège : 01 président, 01 vice-président, 3 juges) ; 03 magistrats au parquet : 01 procureur de la République, 01 procureur de la République adjoint, 01 substitut du procureur de la République).

- **Tribunal de grande instance d'Ewo**, 10 magistrats : 07 magistrats au siège (01 président, 01 vice-président, 05) juges ; 03 magistrats au parquet (01 procureur de la République, 02 substituts du procureur de la République).

- **Tribunal de grande instance de Kindamba**, 03 magistrats : 02 magistrats au siège (01 président, 01 juge) ; 01 magistrat au parquet (procureur de la République).

- **Tribunal de grande instance de Mouyondzi**, 06 magistrats : 04 magistrats au siège (01 président, 03 juges) ; 02 magistrats au parquet (01 procureur de la République, 01 substitut).

- **Tribunal de grande instance de Mossendjo**, 07 magistrats : 05 magistrats au siège (01 président, 04) juges) ; 02 magistrats au parquet (01 procureur de la République, 01 substitut) ;

- **Tribunal de grande instance de Djambala**, 05 magistrats : 03 magistrats au siège (01 président, 02 juges ; 02 magistrats au parquet (01 procureur de la République, 01 substitut).

221 - Tableau synoptique représentant les effectifs de magistrats aux tribunaux de grande instance en 2018

N° d'ordre	Tribunaux de grande instance	Siège	Parquet	Total
01	Brazzaville	136	32	168
02	Pointe-Noire	76	20	96
03	Dolisie	21	12	33
04	Owando	13	08	21
05	Madingou	04	04	08
06	Ouesso	10	07	17
07	Oyo	06	04	10
08	Mossaka	06	03	09
09	Sibiti	05	04	09
10	Gamboma	07	03	10
11	Impfondo	03	02	05
12	Kinkala	05	03	08
13	Ewo	07	03	10
14	Kindamba	02	01	03
15	Mouyondzi	04	02	06
16	Mossendjo	05	02	07
17	Djambala	03	02	05
Total général		**313**	**112**	**425**

Source : Conseil supérieur de la magistrature, « Répertoire des magistrats », édition 2018-2019, pp. 58-108.

Comme on peut l'observer, sur un effectif total de 425 magistrats au sein des tribunaux de grande instance en 2018, le service du siège comportait près du triple du nombre de magistrats exerçant leur fonction au parquet du procureur de la République.

222 - Tableau synoptique relatif au nombre de magistrats dans les tribunaux de grande instance en 2015 et 2018

N° d'ordre	Tribunaux de grande instance	2015	2018	Evolution des effectifs
01	Brazzaville	90	168	78
02	Pointe-Noire	57	96	39
03	Dolisie	16	33	17
04	Owando	11	21	10
05	Madingou	09	08	-01
06	Ouesso	11	17	06
07	Oyo	11	10	-01
08	Mossaka	08	09	01
09	Sibiti	07	09	02
10	Gamboma	12	10	-02
11	Impfondo	07	05	-02
12	Kinkala	11	08	-03
13	Ewo	06	10	04
14	Kindamba	07	03	-04
15	Mouyondzi	07	06	-01
16	Mossendjo	04	07	03
17	Djambala	07	05	-02
Total général		**281**	**425**	**144**

Sources : CSM, RM, éd. 2015, pp. 54-100 et éd. 2018-2019, pp. 58-108.

223 - Effectifs des magistrats en 2015, nombre de magistrats dans les tribunaux d'instance :

- **Tribunaux d'instance** : 18 magistrats (02 magistrats par tribunal d'instance multiplié par neuf (9) tribunaux d'instance) :

- 01 magistrat au siège (01 président du tribunal d'instance multiplié par neuf (9) tribunaux d'instance) ;
- 01 magistrat au parquet (01 substitut du procureur de la République multiplié par neuf (9) tribunaux d'instance). Ainsi, comme représenté au tableau ci-dessous, le Conseil supérieur de la magistrature avait pourvu dix-huit (18) postes (neuf (9) au siège et neuf (9) au parquet).

224 - Tableau synoptique relatif au nombre de magistrats dans les tribunaux d'instance en 2015

N°d'ordre	Tribunaux d'instance	Siège	Parquet	Total
01	Bacongo-Makélékélé	01	01	02
02	Poto-Poto-Moungali	01	01	02
03	Ouenzé-Talangaï	01	01	02
04	Ignié	01	01	02
05	M'Filou	01	01	02
06	Makoua	01	01	02
07	Tié-Tié	01	01	02
08	Tchinouka	01	01	02
09	Nzassi	01	01	02
Total général		**09**	**09**	**18**

Source : Conseil supérieur de la magistrature, « Répertoire des magistrats », édition 2015, pp. 102-104.

225 - Effectifs des magistrats en 2018, nombre de magistrats dans les tribunaux d'instance : L'article 120 de la loi n° 022-92 du 20 août 1992 portant organisation du pouvoir judiciaire indique la composition du tribunal d'instance tant au siège qu'au parquet.

Au siège, cette juridiction comprend un magistrat qui accomplit les fonctions de président. Il est nommé par décret du président de la République, sur proposition du Conseil supérieur de la magistrature.

Au parquet, le tribunal d'instance comporte un magistrat, nommé dans les mêmes conditions que le président de cette juridiction, qui y représente le ministère public. Il est issu du parquet du procureur de la République près le tribunal de grande instance où il assume la fonction de substitut du procureur de la République.

Deux (02) magistrats composent, donc, le tribunal d'instance : 01 président et 01 substitut du procureur de la République. Le nombre de magistrats dans les 23 tribunaux d'instance est, donc, de 46 magistrats : 02 magistrats par tribunal d'instance multiplié par 23 tribunaux d'instance, soit 23 magistrats au siège : 01 président du tribunal multiplié par 23 tribunaux ; 23 magistrats au parquet : 01 substitut du procureur de la République multiplié par 23 tribunaux d'instance.

226 - Tableau sur le nombre de magistrats aux TI en 2018

N° d'ordre	TI	Siège	Parquet	Total
01	Bacongo-Makélékélé	01	01	02
02	Poto-Poto-Moungali	01	01	02
03	Ouenzé-Talangaï	01	01	02
04	Ignié	01	01	02
05	M'Filou	01	01	02
06	Makoua	01	01	02
07	Tié-Tié	01	01	02
08	Tchinouka	01	01	02
09	Tchiamba-Nzassi	01	01	02
10	Hinda	01	01	02
11	Mvouti	01	01	02
12	Foundou Foundou	01	01	02
13	Youlou Poungui	01	01	02
14	Zanaga	01	01	02
15	Nkayi	01	01	02
16	Okoyo	01	01	02
17	Makabana	01	01	02
18	Etoumbi	01	01	02
19	Kellé	01	01	02
20	Abala	01	01	02
21	Ngo	01	01	02
22	Lissanga Île M'Bamou	01	01	02
23	Pokola	01	01	02
Total général		**23**	**23**	**46**

Source : Conseil supérieur de la magistrature, « Répertoire des magistrats », édition 2018-2019, pp. 111-133.

227 - Effectifs des magistrats en 2015, nombre de magistrats dans les tribunaux administratifs. Deux (02) tribunaux administratifs ayant leur siège à Brazzaville et à Pointe-Noire présentaient, respectivement, les effectifs de magistrats suivants :

- **Le tribunal administratif de Brazzaville :** 08 magistrats :
  - 06 au siège : 01 président, 01 vice-président, 04 juges ;

- 02 au parquet : 01 procureur de la République ; 01 substitut du procureur de la République.

- **Le tribunal administratif de Pointe-Noire** comprenait six (06) magistrats en 2015 :

- 04 au siège : 01 président, 01 vice-président, 02 juges ;
- 02 au parquet : 01 procureur de la République ; 01 substitut du procureur de la République.

227 bis - Tableau représentant le nombre de magistrats aux tribunaux administratifs de Brazzaville et Pointe-Noire, en 2015

N° d'ordre	Tribunaux administratifs	Siège	Parquet	Total
01	Brazzaville	06	02	08
02	Pointe-Noire	04	02	06
Total général		**10**	**04**	**14**

Source : CSM, RM, éd. 2015, pp. 60 et 68.

228 - Effectifs des magistrats en 2018, nombre de magistrats dans les tribunaux administratifs. Les tribunaux administratifs de Brazzaville et de Pointe-Noire comprenaient les effectifs de magistrats ci-après :

- **Tribunal administratif de Brazzaville :** Seize (16) magistrats dont douze (12) au siège et quatre (04) au parquet ;

- **Tribunal administratif de Pointe-Noire** : neuf (09) magistrats dont six (06) au siège et trois (03) au parquet.

228 bis - Tableau représentant le nombre de magistrats aux tribunaux administratifs de Brazzaville et Pointe-Noire, en 2018

N° d'ordre	Tribunaux administratifs	Siège	Parquet	Total
01	Brazzaville	12	04	16
02	Pointe-Noire	06	03	09
Total général		**18**	**07**	**25**

Source : CSM, RM, éd. 2018-2019, pp. 139-141.

229 - Tableau synoptique relatif au nombre de magistrats dans les tribunaux administratifs en 2015 et 2018

N° d'ordre	Tribunaux administratifs	2015	2018	Evolution des effectifs
01	Brazzaville	08	16	08
02	Pointe-Noire	06	09	03
Total général		**14**	**25**	**11**

Sources : Conseil supérieur de la magistrature, « Répertoire des magistrats », édition 2015, pp. 60 et 68, et édition 2018-2019, pp. 139-141.

230 - Tableau synoptique relatif au nombre de magistrats dans les tribunaux de commerce en 2015

N° d'ordre	Tribunaux de commerce	Siège	Parquet	Total
01	Brazzaville	01	01	02
02	Pointe-Noire	01	00	01
Total général		**02**	**01**	**03**

Source : Conseil supérieur de la magistrature, « Répertoire des magistrats », édition 2015, pp. 61 et 69.

231 - Tableau synoptique relatif au nombre de magistrats dans les tribunaux de commerce en 2018

N° d'ordre	Tribunaux de commerce	Siège	Parquet	Total
01	Brazzaville	01	02	03
02	Pointe-Noire	01	01	02
03	Dolisie	01	01	02
Total général		**03**	**04**	**07**

Sources : CSM, RM, éd. 2018-2019, pp. 145-147.

L'article 106 de la loi n° 022-92 du 20 août 1992 susdite fixe la composition du tribunal de commerce à un magistrat du siège et des magistrats du ministère public.

232 - Tableau synoptique relatif au nombre de magistrats dans les tribunaux de commerce en 2015 et 2018

N° d'ordre	Tribunaux de commerce	2015	2018	Evolution des effectifs
11	Brazzaville	02	03	01
02	Pointe-Noire	01	02	01
03	Dolisie	00	02	02
Total général		**03**	**07**	**04**

Sources : Conseil supérieur de la magistrature, « Répertoire des magistrats », édition 2015, pp. 61 et 69, et édition 2018-2019, pp. 145-147.

233 - Tableau synoptique relatif au nombre de magistrats dans les tribunaux du travail en 2015

N° d'ordre	Tribunaux du travail	Siège	Parquet	Total
01	Brazzaville	01	00	01
02	Pointe-Noire	01	00	01
Total général		**02**	**00**	**02**

Source : Conseil supérieur de la magistrature, « Répertoire des magistrats », édition 2015, pp. 61 et 69.

234 - Tableau synoptique relatif au nombre de magistrats dans les tribunaux du travail en 2018

N° d'ordre	Tribunaux du travail	Siège	Parquet	Total
01	Brazzaville	01	00	01
02	Pointe-Noire	01	00	01
03	Dolisie	01	00	01
Total général		**03**	**00**	**03**

Source : Conseil supérieur de la magistrature, « Répertoire des magistrats », édition 2018-2019, pp. 151-153.

235 - Tableau synoptique relatif au nombre de magistrats dans les tribunaux du travail en 2015 et 2018

N° d'ordre	Tribunaux du travail	2015	2018	Evolution des effectifs
01	Brazzaville	01	01	00
02	Pointe-Noire	01	01	00
03	Dolisie	00	01	01
Total général		**02**	**03**	**01**

Sources : Conseil supérieur de la magistrature, « Répertoire des magistrats », édition 2015, pp. 61 et 69 et édition 2018-2019, pp. 151-153.

236 - Tableau synoptique relatif au nombre de magistrats aux tribunaux pour enfants en 2015

N° d'ordre	TE	Siège	Parquet	Total
01	Brazzaville	01	00	01
02	Pointe-Noire	01	00	01
Total général		**02**	**00**	**02**

Source : CSM, RM, édition 2015, pp. 61 et 69.

237 - Tableau synoptique relatif au nombre de magistrats aux tribunaux pour enfants en 2018

N° d'ordre	TE	Siège	Parquet	Total
01	Brazzaville	01	00	01
02	Pointe-Noire	01	00	01
Total général		**02**	**00**	**02**

Source : CSM, RM, édition 2018-2019, pp. 66 et 72.

En dépit de ce que l'article 72-3 de la loi n° 022-92 du 20 août 1992 portant organisation du pouvoir judiciaire en République du Congo prévoit le tribunal pour enfants comme formation du tribunal de grande instance, cette juridiction n'est créée qu'au sein de certains de ces tribunaux jugés plus importants.

238 - Tableau synoptique relatif au nombre de magistrats dans les tribunaux pour enfants en 2015 et 2018

N° d'ordre	TE	2015	2018	Evolution des effectifs
01	Brazzaville	01	01	00
02	Pointe-Noire	01	01	00
Total général		**02**	**02**	**00**

Sources : CSM, RM, édition 2015, pp. 61 et 69 et édition 2018-2019, pp. 66 et 72.

239 - Tableau synoptique relatif au nombre de magistrats dans les cabinets d'instruction en 2015

N° d'ordre	Cabinets d'instruction	Nombre de magistrats
01	TGI de Brazzaville	08
02	TGI de Pointe-Noire	06
03	TGI de Dolisie	03
04	TGI d'Owando	02
05	TGI de Madingou	02
06	TGI d'Ouesso	00
07	d'Oyo	02
08	TGI de Mossaka	01
09	TGI de Sibiti	01
10	TGI de Gamboma	02
11	TGI d'Impfondo	02
12	TGI de Kinkala	01
13	TGI d'Ewo	01
14	TGI de Kindamba	01
15	TGI de Mouyondzi	01
16	TGI de Mossendjo	01
17	TGI de Djambala	00
Total		**34**

Source : CSM, RM, édition 2015, pp. 59, 67, 72, 74, 76, 80, 82, 84, 86, 88, 90, 92, 94, 96, 98 et 100.

240 - Tableau synoptique relatif au nombre de magistrats dans les cabinets d'instruction en 2018

N° d'ordre	Cabinets d'instruction	Nombre de magistrats
01	TGI de Brazzaville	11
02	TGI de Pointe-Noire	08
03	TGI de Dolisie	03
04	TGI d'Owando	02
05	TGI de Madingou	02
06	TGI d'Ouesso	02
07	d'Oyo	02
08	TGI de Mossaka	01
09	TGI de Sibiti	01
10	TGI de Gamboma	02
11	TGI d'Impfondo	01
12	TGI de Kinkala	01
13	TGI d'Ewo	02
14	TGI de Kindamba	01
15	TGI de Mouyondzi	01
16	TGI de Mossendjo	01
17	TGI de Djambala	01
Total		**42**

Source : CSM, RM, édition 2018-2019, pp. 66, 72, 75, 79, 82, 85, 88, 90, 92, 94, 98, 100, 102, 104, 106, 108.

Il ressort du tableau synoptique relatif au nombre de magistrats dans les cabinets d'instruction en 2018, ci-dessus présenté, que sur les dix-sept tribunaux de grande instance, celui de Brazzaville comportait onze (11) cabinets d'instruction. Il était suivi par le tribunal de grande instance de Pointe-Noire qui comptait huit (8) cabinets d'instruction et celui de Dolisie qui en possédait trois (3).

Six (6) tribunaux de grande instance, ayant pour siège les districts d'Owando, de Madingou, d'Ouesso, d'Oyo, de Gamboma et d'Ewo comprenaient, chacun, deux (2) cabinets d'instruction et, donc, deux (2) magistrats. Les huit (8) autres tribunaux de grande instance de Mossaka, Sibiti, Impfondo, Kinkala, Kindamba, Mouyondzi, Mossendjo et Djambala étaient dotés, chacun, d'un (1) seul cabinet d'instruction.

241 - Tableau synoptique relatif au nombre de magistrats dans les cabinets d'instruction en 2015 et 2018

N°	Cabinets d'instruction	2015	2018	Evolution des effectifs
01	TGI de Brazzaville	08	11	03
02	TGI de Pointe-Noire	06	08	02
03	TGI de Dolisie	03	03	00
04	TGI d'Owando	02	02	00
05	TGI de Madingou	02	02	00
06	TGI d'Ouesso	00	02	02
07	TGI d'Oyo	02	02	00
08	TGI de Mossaka	01	01	00
09	TGI de Sibiti	01	01	00
10	TGI de Gamboma	02	02	00
11	TGI d'Impfondo	02	01	- 01
12	TGI de Kinkala	01	01	00
13	TGI d'Ewo	01	02	01
14	TGI de Kindamba	01	01	00
15	TGI de Mouyondzi	01	01	00
16	TGI de Mossendjo	01	01	00
17	TGI de Djambala	00	01	01
Total général		**34**	**42**	**08**

Sources : Conseil supérieur de la magistrature, « Répertoire des magistrats », édition 2015, pp. 59, 67, 72, 76, 78, 80, 82, 84, 86, 88, 90, 92, 94, 96, 98, 100 et édition 2018-2019, pp. 66, 72, 75, 79, 82, 85, 88, 90, 92, 94, 98, 100, 102, 104, 106 et 108.

Il ressort du tableau synoptique, ci-dessous, qui récapitule au niveau national le nombre total de magistrats en service dans toutes les juridictions de la République du Congo qu'elles comportaient, globalement, 468 magistrats en 2015.

242 - Tableau synoptique national récapitulatif du nombre de magistrats en 2015

N° d'ordre	Juridictions	Nombre de magistrats
01	Cour suprême	23
02	Cour des comptes et de discipline budgétaire	17
03	Cours d'appel	75
04	Tribunaux de grande instance	281
05	Tribunaux d'instance	18
06	Tribunaux administratifs	14
07	Tribunaux de commerce	03
08	Tribunaux du travail	02
09	Tribunaux pour enfants	02
10	Cabinets d'instruction	34
Total		**469**

Sources : CSM, RM, édition 2015, pp. 24-104.

243 - Tableau synoptique national récapitulatif du nombre de magistrats en 2018

N° d'ordre	Juridictions	Nombre de magistrats
01	Cour suprême	29
02	Cours d'appel	128
03	TGI	425
04	Tribunaux d'instance	46
05	TA	25
06	TC	07
07	Tribunaux du travail	03
08	TPE	02
09	Cabinets d'instruction	42
Total		**707**

Sources : Conseil supérieur de la magistrature, « Répertoire des magistrats », édition 2018-2019, pp. 25- 157.

244 - Tableau synoptique national récapitulatif du nombre de magistrats en 2015 et 2018

N° d'ordre	Juridictions	2015	2018	Evolution des effectifs
01	Cour suprême	23	29	06
02	Cour des comptes et de discipline budgétaire	17	00	-17
03	Cours d'appel	75	128	53
04	Tribunaux de grande instance	281	425	144
05	Tribunaux d'instance	18	46	28
06	Tribunaux administratifs	14	25	11
07	Tribunaux de commerce	03	07	04
08	Tribunaux du travail	02	03	01
09	Tribunaux pour enfants	02	02	0
10	Cabinets d'instruction	34	42	08
Total		**469**	**707**	**238**

Sources : CSM, RM, édition 2015, pp. 24-104 et CSM, RM, édition 2018-2019, pp. 25- 157.

En définitive, en 2015, le nombre total de magistrats en fonction dans toutes les juridictions était de 469 magistrats.

Cet effectif a augmenté, en 2018, à 707 magistrats, soit une évolution de 238 magistrats en trois ans.

CONCLUSION

Il apparaît que le domaine de la justice passionne, intensément, la doctrine. Son intérêt se manifeste, en effet, aux travers des positions de certains auteurs qui sont partisans de l'autorité judiciaire, adeptes du service public de la justice ou tenants du pouvoir judiciaire. Certains autres auteurs demeurent, cependant, indécis (cf. Auguste Iloki, « La justice au Congo, pouvoir ou service public ? », Penant n° 796, janvier à mai 1988, p. 137 ; RSS n° 6, avril à juin 1986).

Il y a, cependant, une constance découverte par les auteurs au travers des précédents développements issus du présent livre au sujet du statut juridique reconnu à la justice à une époque donnée. Qu'elle soit considérée comme une autorité judiciaire en 1960, un service public judiciaire en 1979 ou un pouvoir judiciaire en 1991, la justice n'est, ainsi, caractérisée que grâce à la volonté des gouvernants qui lui attribuaient, gracieusement, ce qualificatif. Bien évidemment les règles applicables sont tributaires du statut juridique imposé à la justice. Les magistrats subissent, en effet, la portée du cadre légal dans lequel est enserrée la justice, susceptible d'exercer un impact considérable sur les conditions de nomination des magistrats, leurs règles disciplinaires et, conséquemment, leur indépendance et celle du système judiciaire dans sa globalité.

En raison des effets sur le fonctionnement des juridictions, le choix du statut juridique de la justice devrait être précédé des débats motivés par les intérêts en jeu, plutôt que d'être inspiré par le mimétisme des législations étrangères sans lien avec les considérations historiques spécifiques congolaises.

Dans la recherche du statut juridique soixantenaire de la justice congolaise, les auteurs ont constaté qu'il ne présentait pas d'uniformité car de l'indépendance du Congo, en 1960, à la consécration constitutionnelle du pouvoir judiciaire en 1991, soit en cinquante-et-un (51) ans, trois (3) choix furent opérés par les gouvernants pour déterminer le statut juridique de la justice :

- De 1960 à 1979, soit dix-neuf (19) ans : période au cours de laquelle la justice eut le statut d'autorité judiciaire ;
- De 1979 à 1991, soit douze (12) ans : période où la justice avait acquis le statut de service public judiciaire ;

- De 1991 à 2024, soit depuis trente-trois (33) ans : période de son statut actuel, celle au cours de laquelle la justice est érigée en pouvoir, acquérant ainsi le statut de pouvoir judiciaire.

Il reste à souhaiter que le pouvoir judiciaire s'affirme, véritablement, et veille à pérenniser son statut juridique présent afin que cesse toute hétérogénéité antérieure en la matière et que soit préservée l'homogénéité statutaire de la justice pour espérer rendre pérenne son indépendance tant prônée.

INDEX ALPHABETIQUE

C

N

P

R

S

T

TABLE DE MATIERES

BIBLIOGRAPHIE

I – Ouvrages

Butin Claude « Ne faites jamais confiance à la justice de votre pays », Édition Orphie, 2021.

Guigou Élisabeth, Anton Gilbert, Bredin Jean-Denis, Burgelin Jean-François, Coulon Jean-Marie, Frison-Roche Marie-Anne, Jicquel Jean, Haenel Hubert, Longo Giovanni, Mandelkern Dieudonné, Mattei Jean-Pierre, Messier Jean-Marie, Nallet Henri, Phillips Nicholas, Sauvé Jean-Marc, Truche Pierre, Truchet Didier, « Le service public de la justice », Éditions Odile Jacob, 1998.

Iloki Auguste, « Le recours pour excès de pouvoir au Congo », L'Harmattan, 1ère édition, 2002.

Iloki Engamba Valencia, « Au tribunal de Wamy », tome 1, Les éditions du Panthéon, 2020.

Iloki Engamba Valencia, « Une industrie pour la justice congolaise », Éditions Mabiki, Kinshasa-Bruxelles-Wabre, 2021.

Ngoundos Idourah Silvère, « Justice et Pouvoirs au Congo-Brazzaville, 1958-1992, la confusion des rôles », L'Harmattan, 2002.

Rigaudière A., « Introduction historique à l'étude du droit et des institutions », Economica, Corpus Histoire du droit, Paris, 3e édition, 2006.

Royer J. P., « Histoire de la justice en France », PUF, Droit fondamental, Paris, 3e édition, 2001.

Quenum Mathilde, « Les responsabilités de l'avocat », Éditions universitaires européennes, 2018.

II – Articles

Foyer J., « Justice : histoire d'un pouvoir refusé, Revue Pouvoirs, n° 16, 1981.

Iloki Auguste, « La justice congolaise à l'âge de la majorité, quel progrès ? », 28 juin 1988, inédit.

Iloki Auguste, « Les tribunaux populaires en République Populaire du Congo », Penant n° 786-787, janvier à juin 1985.

Iloki Auguste « La place du droit et de la justice dans l'administration », journées de réflexion sur l'Administration publique, mars 2000, inédit.

Iloki Auguste, « La justice au Congo, pouvoir ou service public ? », Penant n° 796, janvier à mai 1988, pp. 113-142 ; RSS n° 6, avril à mai 1986, p. 133.

Iloki Auguste, « La justice administrative en République du Congo », journées du barreau, Brazzaville, du 18 au 19 janvier 2000.

Iloki Auguste « Le Conseil constitutionnel, une nouvelle institution au Congo », Penant, n° 790-791, janvier à juillet 1986, p. 9 ; Mweti n° 1032, mardi 4 septembre 1984.

Iloki Auguste, « L'organisation judiciaire congolaise », réunion de travail organisée par la fédération et la direction générale des MUCODEC, 31 mars 2001, inédit.

Iloki Auguste, « Le sort du droit dans la démocratie pluraliste au Congo », 7 février 1991, inédit.

Iloki Auguste, « Droits et devoirs du travailleur en tant que citoyen en démocratie », 2001, inédit.

III – Cours

Iloki Auguste, cours de droit judiciaire, Université Marien Ngouabi, Institut supérieur des sciences économiques, juridiques, administratives et de gestion, licence en droit, 2ème année, option droit privé, 1984-1985.

Iloki Auguste, droit juridictionnel, cours polycopié, licence en droit, 2ème année, option droit privé, Université Marien Ngouabi, faculté de droit, 1987-1988, p. 56-57.

IV – Mémoires

Kintombo David, « Le ministère public en droit congolais », mémoire pour l'obtention du diplôme de l'ENAM, division magistrature-Barreau, 1985.

Manota Justin, « Les difficultés du fonctionnement de la justice au Congo et leurs incidences sur le rendement des magistrats », mémoire pour l'obtention du diplôme de l'ENAM, division magistrature-Barreau, 1985.

Nakoumouyoula Bernard, « Les rapports entre la justice et le pouvoir politique au Congo : de l'indépendance à 1997 », mémoire pour l'obtention du diplôme du cycle supérieur de l'ENAM, filière magistrature, 2000.

Ngombe Benjamin Stéphane « La place de la justice congolaise au sein de l'Etat », mémoire pour l'obtention du diplôme du cycle supérieur de l'ENAM, filière magistrature-Barreau, 1985.

V – Comptes rendus

Compte rendu de la « semaine de la magistrature », des lois révolutionnaires appliquées par des juges révolutionnaires, République du Congo, ministère de la justice, Brazzaville, 1969.
Compte rendu des travaux de la session ordinaire du Conseil supérieur de la magistrature, LDB, n° 3150, mercredi 21 février 2018, p. 4).

VI – Répertoires

Répertoire des magistrats, édition 2015, Conseil supérieur de la magistrature, Groupe CCEE, Zi ST Mitre Est, RN8, Quartier d'entreprises 13400 Aubagne.

Répertoire des magistrats, édition 2018-2019 Conseil supérieur de la magistrature, secrétariat général, Groupe CCEE, Les Tuileries, 49 rue Jeu de Ballon, Aubagne.

Structures éditoriales du groupe L'Harmattan

L'Harmattan Italie
Via degli Artisti, 15
10124 Torino
harmattan.italia@gmail.com

L'Harmattan Hongrie
Kossuth l. u. 14-16.
1053 Budapest
harmattan@harmattan.hu

L'Harmattan Sénégal
10 VDN en face Mermoz
BP 45034 Dakar-Fann
senharmattan@gmail.com

L'Harmattan Cameroun
TSINGA/FECAFOOT
BP 11486 Yaoundé
inkoukam@gmail.com

L'Harmattan Burkina Faso
Achille Somé – tengnule@hotmail.fr

L'Harmattan Guinée
Almamya, rue KA 028 OKB Agency
BP 3470 Conakry
harmattanguinee@yahoo.fr

L'Harmattan RDC
185, avenue Nyangwe
Commune de Lingwala – Kinshasa
matangilamusadila@yahoo.fr

L'Harmattan Congo
219, avenue Nelson Mandela
BP 2874 Brazzaville
harmattan.congo@yahoo.fr

L'Harmattan Mali
ACI 2000 - Immeuble Mgr Jean Marie Cisse
Bureau 10
BP 145 Bamako-Mali
mali@harmattan.fr

L'Harmattan Togo
Djidjole – Lomé
Maison Amela
face EPP BATOME
ddamela@aol.com

L'Harmattan Côte d'Ivoire
Résidence Karl – Cité des Arts
Abidjan-Cocody
03 BP 1588 Abidjan
espace_harmattan.ci@hotmail.fr

Nos librairies en France

Librairie internationale
16, rue des Écoles
75005 Paris
librairie.internationale@harmattan.fr
01 40 46 79 11
www.librairieharmattan.com

Librairie des savoirs
21, rue des Écoles
75005 Paris
librairie.sh@harmattan.fr
01 46 34 13 71
www.librairieharmattansh.com

Librairie Le Lucernaire
53, rue Notre-Dame-des-Champs
75006 Paris
librairie@lucernaire.fr
01 42 22 67 13

v.ingramcontent.com/pod-product-compliance
ning Source LLC
ne TN
011143061026
LV00003B/576

82336506760*